공부를
공부하다

공부를 공부하다

초판 1쇄 발행 2019년 11월 20일
초판 3쇄 발행 2023년 1월 3일

지은이 박재원·정유진
발행인 김병주
마케팅 박란희
COO 이기택
뉴비즈팀 백헌탁, 이문주, 백설
행복한연수원 이종균, 이보름
에듀니티교육연구소 조지연
구성 | 편집 구해진
디자인 이근공, 박대성
펴낸곳 (주)에듀니티(www.eduniety.net)
도서문의 070-4342-6114
일원화 구입처 031-407-6368 (주)태양서적
등록 2009년 1월 6일 제300-2011-51호
주소 서울특별시 금천구 가산동 371-28 우림라이온스밸리 A동 1208호

ISBN 979-11-6425-034-9 (03370)

공부를
공부하다

사교육 이기는 공교육 효과

박재원 · 정유진 지음

에듀니티

사교육 이기는 공교육으로의 일대전환

_곽노현[(사)징검다리교육공동체 이사장, 전 서울시교육청 교육감]

연신 고개를 끄덕이며 읽었다. 때로는 나도 모르게 무릎을 쳤다. 이 책을 읽을 교사와 학생, 학부모의 모습도 다르지 않을 게다. 이 책엔 공부를 공부하며 교육문제를 성찰해온 저자들의 문제의식과 이론탐색, 실천경험이 고스란히 녹아 있다. 사교육 경험과 공교육 혁신의지, 교육이론 탐구열의 독특한 결합에 힘입어 박재원은 학부모 교육과 학습상담에서 독특한 입지를 구축했다.

〈공부를 공부하다〉는 높은 현실적합성과 강한 개혁지향성, 대중적 글솜씨를 동시에 보여준다. 이 책에서 펼쳐지는 '사교육론', '학습(부진)론', '교사역할론', '혁신학교론', '교실공동체론'은 모두 교육개혁과 교육정책의 미시적 근거와 토대로 부족함이 없다.

저자들의 문제의식은 한국 사교육의 기형적 형태에서 출발한다. 유독 우리나라에선 사교육이 공교육을 보충하지 않고 공교육을 무력화한다. 학생들이 학교 수업을 뒷전에 두고 학원의 선행학습에 매달리게 만든다. 결과적으로 학생들은 장시간 저질 학습노동에 짓눌리고 학부모들은 사교육비 부담에 허리가 휜다. 학교와 교사는 잠자는 아이들과 시끄러운 교실에서 무기력하고 왜소해진다. 학교는 지적 호기심과 사회적 책임감, 인권존중의 체험학습장이 되지 못한다. 인격도야와 민주국가, 인류공영의 꿈이 제거된 학교 교육의 현실은 아이와 학부모, 교사의 고통이자 국가와 사회의 걱정거리다.

사교육이 공교육을 압도하는 현상을 극복하려면 선행학습과 같은 사교육이 공부의 관점에서 약효가 없는 가짜 약이라는 사실을 학생과 교사, 학부모가 인지하는 데서부터 시작해야 한다. 저자들은 학교 수업시간에 열중하고 그날그날 배운 내용을 자습하는 수업연계 자습보다 효과적이고 효율적인 공부방법은 없다고 역설한다.

이 책은 요란하고 현학적이거나 이상주의적이거나 기죽이는 공부법과는 거리가 멀어서 좋다. 형편이 좋은 강남 학부모나 공부 잘하는 아이를 염두에 둔 공부법이 아니라서 더 좋다. 이 책에서 펼쳐지는 '학습부진론'이나 '사교육론'을 읽다보면 마치 공부가 뒤처지는 아이와 사교육비를 대느라 힘든 학부모의 마음속에 들어갔다 나온 듯하다.

〈공부를 공부하다〉는 '공신'의 성공기나 공부요령서가 아니다. 교육정책 전반을 다루는 교육정책서도 아니다. 그렇지만 공교육과 사교육의 이중고에 시달리는 현실의 학생들에게 학교 수업 열중과 수업연계 자습 중심의 공부방법을 일러주고 학부모에겐 사교육 의존 극복방안을 처방한다. 교사의 수업혁신과 정책 당국의 학습부진 정책 수립을 도와준다.

이 책을 '사교육을 이기는 공교육'으로 일대전환을 염원하는 모든 교사와 학부모, 교육행정가의 필독서로 추천한다.

공교육은 지금 학생들 공부에 어떤 역할을 하고 있을까

_김덕년(경기 인창고등학교 교장)

두 분의 명성이야 이미 높다. 그 정도의 명성이면 안주할 만도 한데 이 두 분은 여전히 열정적이다. 그것도 누구나 벽이라고 하는 곳에 온 몸을 던진다. 멍들고 지칠 텐데 그런 기색이 없다. 길이 없다고 돌아서는 그곳에 영락없이 두 분이 계신다. 하늘이 공교육을 위해 보낸 메시아인가. 수년의 내공이 쌓여 빚어낸 글이니 그 힘이 대단하다.

필자들은 준엄하게 질문을 던진다. "공교육은 지금 학생들의 공부에 어떤 역할을 하고 있을까요?" 두 분의 출발점은 다르지만 지금은 같은 곳에 서 있다. 시사하는 바가 크다. 이 책은 이 땅의 공교육에 주저 없이 칼을 댔다. 아프지만 상처를 치유하는 외과적 선택이니 새기고 새기면 좋겠다.

우리 교육의 숙제에 대한 정면 승부와 섬세한 전략

_김성천(한국 교원대학교 교수)

박재원, 정유진, 두 이름에 나는 늘 기가 죽는다. 두 사람은 부지런하고, 항상 학습하고, 실천하는 능력자라는 공통점을 지녔다. 그런 두 사람이 의기투합하여 이 책을 만들었다. 이 책은 '학습에 관한 학습'을 다루고 있는데, 메타학습에 관한 책으로 볼 수 있다. 학습을 다룬 책들은 다소 이론지향적 성격을 지니고 있어서 실천하기가 쉽지 않은데, 이 책은 다양한 사례를 바탕으로 이해와 실천을 독자들에게 촉진한다.

사실 예습과 복습, 자기주도학습, 독서가 학습에서 매우 중요하다는 사실을 누구나 알지만, 아이들의 삶 속에서 그것을 작동시키기는 매우 어렵다. 집집마다 아이들과 공부 때문에 전쟁을 일으키는 가정이 얼마나 많은가? 학교는 어떠한가? 사교육을 받지 않고 공교육에만 의존하여 학습을 시키는 부모들은 시간이 얼마 지나지 않아서 당혹감을 느낀다. 교육과정에서 제시한 성취수준에 도달이 되지 않았을 때, 아이를 도와주는 시스템은 없고, 고스란히 학부모의 몫으로 돌아오기 때문이다. "어머니, 아이를 학원에 보내시지요." "이 내용, 학원에서 다 배웠지?"라는 말을 교사가 버젓이 했다는 이야기를 들을 때는 더욱 화가 난다.

학급당 학생 수가 점점 줄고 있는 현실을 감안할 때, 한명 한명의 학습상황을 제대로 파악하고, 지원할 수 있는 문화와 관계, 지원 시스템의 구축은 우리 교육이 해소해야 할 숙명이다. 이것이 풀리지 않으면 미래교육은 없다고 봐야 한다.

이 책에서 다루고 있는 배움과 공부, 학습은 대한민국 학부모라면, 교사라면, 학생이라면 늘 고민하는 주제이다. "억지로 시킨다고 공부를 아이들이 하는가?" "사교육 없이도 학교 수업을 아이들이 따라갈 수 있는가", "완전학습과 보편적 학습설계(UDL)는 우리의 현실에서 불가능한가?" "자기주도학습은 일부 아이들에게만 작동되는 이야기인가?" "효과적인 학습 방법은 무엇인가?" "혁신학교를 둘러싼 학력 논쟁을 어떻게 해야 넘어설 수 있는가?" 노력은 했지만 풀지 못한 우리들의 숙제이다.

이러한 숙제들에 이 책은 정면 승부를 걸고 있다. 풍부한 자료와 학술적 근거, 그리고 저자들의 풍부한 실천 경험으로 해법을 제시한다. 저자들은 우리에게 공부와 학습은 주먹구구식으로 시키면 안 되고, 아동과 청소년에 대한 이해를 바탕으로 섬세한 학습 전략을 세우고 적용해야 한다는 사실을 상기시킨다.

아동과 청소년의 심리와 두뇌, 성격을 이해하지 못한 상태에서 우격다짐으로 공부를 강요했던 지난날을 돌아보게 만들 것이다. 이 책이 더욱 반가운 이유는 학습부진의 몫을 부모와 학생에게 돌리기보다는 '교사가 당장 무엇을 해야 하는가?'에 관한 길을 제시하고 있기 때문이다.

가짜 공부가 판치는 현실 속 기쁜 소식

_김영식(좋은교사운동 공동대표)

아이들에 대한 사랑과 열정으로 전국을 돌아다니며 학부모와 교사, 학생들을 만나고 있는 박재원 선생님의 오랜 고민과 연구의 결과들, 교사의 교사로 불리는 정유진 선생님의 고민과 실천의 결과들이 가짜 공부, 왜곡된 공부에 붙잡힌 우리 교육을 자유롭게 하는 기쁜 소식이 될 책으로 나와서 너무 반갑고 감사드린다.

이 책을 동료 교사들에게 읽히고 싶다. 매년 새롭게 만나는 학생들에게 어떻게 제대로 된 공부를 가르칠 수 있을지, 어떻게 하면 학습이 일어나는 교실을 만들 수 있을지 고민하는 동료 교사들에게 이 책을 꼭 읽게 하고 싶다. 이 책을 읽으니 학생, 교실, 수업, 학급생활 등이 새롭게 다가오면서 어떻게 새로운 학기를 시작해야 할지 감이 잡힌다. 특별히 사교육의 학습 패턴에 익숙해진 학생들과 학부모들을 어떻게 만날 수 있을지 길이 보이고 자신감이 생길 것이다.

학교에서 만나는 학부모마다 이 책을 읽히고 싶다. 자녀들에게 공부를 시키긴 해야 하는데, 방법을 모르고, 모르니 불안하고, 불안하니 남들 하는 대로 학원으로 보내고 있는 학부모들이 그 걸음을 멈추고 다시 방향을 고민하게 해줄 것이다. 당장 공부에 매달리지 않고, 쓸데없는 일에 시간을 보내고 있는 아이들을 조금은 여유 있게 기다릴 수 있는 힘을 갖게 해줄 것이다.

이 책을 내 아이들과 학생들에게 읽히고 싶다. 공부한답시고 학원, 독서실을 전전하며 많은 시간을 들이지만 막상 원하는 결과는 얻지 못하는 아이들에게 먼저 이 책을 읽게 해주고 싶다. 공부를 어떻게 해야 하는 것인지, 어떤 공부가 나를 성장시켜 줄 수 있는지를 알게 해줄 것이다. 정답 찾는 쉬운 비결을 알려주는 학원공부에 익숙해져, 스스로 생각하면서 차근차근 문제 풀어가는 일을 어려워하는 학생들에게 느리더라도 혼자 공부하는 시간이 왜 필요한지를 알게 해줄 것이다.

'불안을 소비한다'를 넘어서

_김진경(국가교육회의 의장)

근래 내가 흥미를 갖고 읽은 책들은 프랑스 아날학파의 미시사다. 아날학파의 미시사는 상층의 단기적인 정치경제적 제도 변화에 초점을 맞추지 않고 장기적으로 지속되는 밑바닥의 생활양식이랄까 살아가는 양태랄까 그 변화에 초점을 맞춘다. 서양 중세 말기의 샤먼인 마녀, 중세 말 근대 수공업이 태동하던 시기의 고양이 학대 등을 다루는 미시사는 매우 문학적이어서 재미있기도 하다. 요즈음 교육문제를 보면서 이 아날학파 미시사의 '장기지속'이란 말이 자꾸 떠오른다. 정부마다 교육개혁과 혁신을 부르짖고 이런 저런 제도 정책 변화를 시도함에도 불구하고 교육은 요지부동으로 변화하지 않고 오히려 문제가 더욱 심화되는 느낌이 들어서다. 교육 정책

제도의 변화에도 불구하고 밑바닥에서 장기지속되고 있는 건 무엇일까? 왜 문제는 더 악화되는 것일까?

우리 교육을 밑바닥에서 밀고 가는 대중적 힘은 사회 경제적 상승에 대한 욕망일 것이다. 그간 산업화 사회에서는 이 욕망이 획일적인 학력경쟁의 모습으로 나타났다. 그간의 교육개혁은 이 경쟁을 학생들의 다양한 특성과 자질을 살리는 여러 경로로의 수월성 추구로 바꾸려는 시도였지만 결과는 참담한 실패다.

왜 획일적 경쟁이 극단화된 것일까? 1980년대 초중반까지는 사회 경제적 상승에 대한 희망이 학력경쟁의 동력이었다. 이때는 공교육이 주가 되고 사교육이 보조적 역할이었다. 그러나 1990년대로 들어서면서 한국사회도 계급계층이 고착되기 시작하여 더이상 학교 교육을 통한 상승에 희망을 갖지 않게 된다. 디지털 기술의 급진전으로 직업의 불안이 커진 것 또한 학력경쟁을 부추긴 주동력이 되었다. 추락에 대한 불안이 동력인 경쟁에서는 사교육이 주가 되고 공교육이 보조가 되는 역전현상이 일어난다. 남들과 똑같이 받는 공교육보다 남들보다 더 받는 사교육이 불안을 줄이는 데 도움이 되기 때문이다. 이러한 사교육은 거의 대부분의 경우 낭비다. 학교 수업시간에는 학원에서 배웠거나 배울 거니까 걸 넘고 학원에서는 학교에서 했거나 할 거니까 걸 넘기 때문이다. 사교육의 효과는 불안을 완화하여 심리적 위안을 받는 것뿐이다. 이 책은 바로 이 지점을 다루고 있다. 불안을 소비하는 사교육을 넘어서 공교육이 제대로 역할을 하도록 하지 않으면 그다음이 없다는 것이다. 우리는 지금 이 추락에 대한 불안감과 불안을 소비하는 소모적 교육과 싸우고 있다.

강한 공교육이 대한민국 새 미래를 연다

_김택환(경기대 특임교수, 〈행복한 독일 교육 이야기〉 저자)

'만시지탄(晚時之歎)'이라는 격언이 있다. 이 책에 해당하는 용어라고 볼 수 있다. 이 책은 진작 출간됐어야 했다. 하지만 이제라도 출간된 것에 찬사를 보낸다. 사교육의 수혜자에서 공교육 바로 세우기에 나선 저자의 용기에도 감복한다. 중앙일보의 '공부 개조 프로젝트'나 SBS의 '부모 vs 학부모' 사교육 프로젝트에 참여한 저자는 자신의 체험을 기반으로 사교육의 문제점을 파헤치고 대안을 제시한다. 과연 현장에 답이 있는 법이다.

'공부를 공부하라'는 책 제목이 암시하듯, 이 책은 대한민국이 참교육을 찾아가고 정착시켜야 한다는 수많은 교사의 목소리가 집단지성으로 담겨 있다. 공교육을 직접 체험한 수많은 사람이 참여한 토론을 통해 '원 팀'의 정신으로 집필된 책이기에 능히 대한민국 공교육의 나침판 역할을 할 수 있으리라 본다. 세상의 판이 거대한 메가트렌드 앞에 바뀌고 있다. 전문가들은 다가올 4차 산업혁명 시대에 암기식 사교육은 쓸모없으리라 지적한다. 사교육으로 지쳐가는 학생들과 학부모, 또한 교사들을 살리기 위한 거대한 국민운동이 필요한 시점이기도 하다.

독일의 교육 현장은 '3무(無)'다. 사교육과 입시 지옥, 대학 등록금이 없다. 덧붙여 선행학습도 없다. 독일은 공교육만으로 인성을 갖춘 민주시민을 키워낸다. 대한민국도 이제 공교육이 강한 나라로 거듭나야 한다. 이 책에서 구체적으로 제시한 비결과 원칙들은 대한민국의 모든 교사와 학부모에게 좋은 표준과 길라잡이 역할을 할 수 있으리라. 이 책의 정신이 확산되면서 대한민국 역시 공교육이 강한 나라로 도약하길 기대해본다. 이 책을 통해 다시 한번 학교의 기본이 충실한 대한민국을 꿈꿔본다.

우리 교육의 고민을 확신으로

_성기선(한국교육과정평가원 원장)

공교육에 대한 불신이 심각하다. 이 책에서 표현하는 바와 같다. '학교에 기대가 없는 학부모들은 사교육으로 각자도생의 길을 갑니다.' 이게 현실이다. 지난 40여 년 동안 수많은 교육정책이 사교육을 잡기 위해 쏟아져 나왔지만 백약이 무효인 상황이다. 무한경쟁, 불안감 조성, 선행학습, 과도한 학습노동, 학벌사회 등 수많은 병리현상을 경험하면서 공교육은 그야말로 좌초되기 직전의 상황에 몰려 있다.

그런 의미에서 볼 때 이 책 〈공부를 공부하다〉는 참으로 그 논조가 반갑고 고맙고 또 희망적이다. 학교 교육을 제대로 따라가도록 하는 방법, 교실 공부를 제대로 하는 방법, 학생들의 자기주도적 학습을 유도하는 방법, 교실공동체를 이루는 방법 등 실천에 기반한 풍부한 사례와 저자들의 혜안이 잘 조화되어 우리 교육이 나아가야 할 방향을 분명히 정립해주고 있다. 이론으로서의 교육학이 아니라 실천에 기반한, 우리나라 교육현실과 사회적 맥락에 기초한 처방이라는 점에서 더욱 의미가 남다르다. 박재원, 정유진 선생님의 행보를 이해하고 보면 더욱 글에 힘을 느낄 수 있다. 교육을 고민하는 모든 교사와 학부모에게 새로운 확신을 던져주는 책이다.

알기 쉬운 뇌과학 기반의 공부 원리

_정성식(실천교육교사모임 회장)

평생을 살아가며 내가 하는 일을 크게 두 가지로 나누어보면 '해야 할 일'과 '하고 싶은 일'일 것이다. 그러면 공부는 어디에 해당될까? 학생들에게 공부에 대한 느낌을 물으면 가장 먼저 툭툭 튀어나오는 대답은 '힘들다', '지겹다', '싫다', '어렵다', '재미없다'와 같은 말들이다. 매일 학교에 와서 해야 하고, 학교 끝나면 학원에 가서도 해야 하고, 학원 끝나면 집에 와서도 해야 하는 공부이니 학생들이 공부에 대해 이렇게 느끼는 것은 당연한 일이다. 공부는 그저 '해야 하는 일'일 뿐이다. 이렇게 학창 시절을 보내고 어른이 된들 공부가 갑자기 좋아질 리 없다. 그렇게 부모가 되어 자신은 공부에서 멀어지고 자녀에게는 또 공부를 해야 하는 일로 가르친다. 공부와 인생을 이렇게 풀어보면 이처럼 허망한 것도 없다.

이 책이 반가운 이유가 여기에 있다. 이 책은 먼저 공부의 의미를 생각하게 한다. 그 의미를 알게 한 후에 뇌과학을 기반으로 공부의 원리를 알기 쉽게 설명한다. 그런 다음 어떻게 하는 공부가 효과적인지 자세히 안내한다. 그렇게 공부를 공부하고 나면, 그간 미뤄왔던 때로는 억지로 해왔던 공부를 찾아서 하고 싶게 만든다. 이렇게 마주한 공부는 오래가는, 하고 싶은 공부일 것이다.

사교육을 이기는 공교육, 가능하다!

_정성욱(EBS PD, 〈학교란 무엇인가〉 연출)

'사교육을 이기는 공교육'이 가능할까? 실현 불가능해 보이는 이 물음에 고개를 가로젓거나 단 한번이라도 대한민국 공교육에 대한 깊은 절망과 무기력을 느낀 사람이라면 반드시 〈공부를 공부하다〉를 읽어보길 권한다. 강남 최고 사교육 전문가와 공교육 최고 에너자이저 선생님이 힘을 합친 이 책을 읽다보면 공교육에 대한 믿음과 희망이 생긴다.

〈공부를 공부하다〉는 그 힘든 공부의 '본질'을 정확하게 꿰뚫고 있으며, 실제 학교 교실에서 해볼 만한 작은 '실천'들을 친절하고 디테일하게 소개하고 있기 때문이다. 교육이론과 책상머리에서 손으로 쓴 것이 아닌, 살아 있는 현장과 생생한 경험을 바탕으로 발로 뛰며 땀과 눈물로 썼기에 가능한 글이다. 그래서인지 온전히 책을 읽다보면 학생과 학부모, 교사의 진짜 행복을 바라는 두 저자의 진심이 고스란히 느껴진다.

'사교육을 이기는 공교육'이 가능할까? 결론은 '가능'하다. 이 책을 보면 의심이 확신으로 바뀔 것이다.

공교육 전문가와 사교육의 베테랑이 함께 내놓은 해법

_최교진(세종특별자치시교육청 교육감)

몇 해 전 KBS에서 방영한 〈공부하는 인간-호모아카데미쿠스〉라는 다큐멘터리를 흥미롭게 보았다. 여러 나라의 공부를 살펴보며 공부의 뿌리를 탐색하는 내용이었다. 공부는 지역과 역사의 영향을 받은 문화현상의 하나이기에 목적과 방법이 나라와 지역에 따라 매우 다름을 보여주었다.

공부를 오로지 출세의 도구로 만들어 지나친 경쟁으로 아이들을 내모는 우리나라의 현실이 새삼 안타까웠다. 사람의 삶은 끊임없는 공부이고 인류 역사는 공부의 역사다. 사람은 누구나 모르는 것을 알고 싶어 한다. 새로운 앎은 큰 기쁨이다. 특별한 이들만 '공부가 제일 쉬웠다'고 자랑하고 많은 아이들이 공부에서 도망치고 싶어 한다면 크게 잘못된 것이다.

누구에게나 공부는 가장 즐거운 일이어야 한다. 우리 아이들에게 공부의 즐거움을 되찾아주는 일은 아이들의 삶을 되찾아주는 일이다. 그래서 〈공부를 공부하다〉는 무척 반갑고 고마운 책이다.

공교육 전문가와 사교육의 베테랑이 만나 내놓은 해법에 눈이 번쩍 뜨인다. 교실공동체에 답이 있고 교사가 희망이라고 한다. 많은 선생님이 이 책을 만나 공부에 대해 새로운 지혜를 얻기 바란다. 어느 교실에서나 모든 아이가 '공부가 제일 즐겁다'고 외치게 되기를 소망한다.

사교육과 공교육이 만나 우리 교육의 희망을

_함영기(서울시교육청 교육연수원장)

사교육 전문가는 공교육에서 희망을 보았다고 하고, 공교육 전문가는 학교 밖에서 희망을 만든다고 한다. 제대로 된 공부법을 연구하고 전파하는 데 힘써온 박재원 소장은 먼저 공부의 이유를 묻는다. 그리고 입시라는 벽 앞에서 쉽게 실천하기 힘든 '진짜 공부'를 소개하면서 함께하자고 호소한다.

대부분의 사교육 종사자는 학생의 성적 향상에 최우선 목표를 둔다. 이 목표를 달성하기 위해 성적을 효과적으로 향상시킬 수 있는 다양한 방법을 동원한다. 문제는 이 방법에 학생들이 공감하지 않는다는 것이요, 오로지 성적 향상만을 위한 공부는 비교육적이라는 것이다. 따라서 이 책이 '학생 이해하기'에 대해 먼저 말하는 것은 자연스러운 시작이다. 그리고 나서 뇌과학, 학습동기 이론, 주기별 학습 사이클, 기억 메커니즘을 활용한 효과적 학습법을 제안한다.

한편 학교 밖에서 희망을 만드는 공교육 전문가 정유진은 누구보다 교사에게서 희망을 찾으려 한다. 그는 교사와 학생의 관계 설정하기, 사랑과 공감의 생활공동체 만들기, 성장하는 학습공동체를 위한 조언을 아낌없이 나눈다.

공부하고 싶은 마음을 일으키는 방법, 유형별 학습법 등 이 책에 제시된 여덟 가지 공부 기술은 오늘도 교실에서 학생들과 더불어 배움을 만들어가는 현장 교사들에게 주는 유익한 제안이다.

사교육 전문가, 공교육에서 희망을 보다

교사가 되고 싶었지만 기회를 놓쳤습니다. 교육자가 되고 싶은 열망을 뒤늦게 깨닫고 대치동 사교육 현장에 뛰어들었습니다. 학습법으로 시작해 진로와 입시 그리고 학부모 교육까지 '학생들의 행복한 공부'를 위해 노력했습니다.

그런데 혁신학교 이야기를 듣고 대치동 사교육 현장의 삶이 허무해졌습니다. 북유럽 교육을 접하면서 꿈에 그렸던 학교의 모습을 보는 것 같아 흥분했습니다. 제가 교사는 아니지만 비뚤어진 사교육에서 벗어나 교육자로서의 보람을 느끼고 싶었습니다. 사교육에서 쌓아온 것들을 모두 내려놓고 공교육의 동반자가 되기 위해 애쓰고 있는 이유입니다.

대치동에서 얻은 결론

제가 대치동에서 학습법을 지도하면서 얻은 결론은 하나입니다. 학생들의 학업성취와 공부효율은 바로 학교 안 교실 수업과 학교 밖 개인공부의 관계에 달려 있다는 사실입니다.

교실 수업	개인공부	관계와 효과	결과
낭비	사교육 관리에 의존	사교육이 공교육 효과를 무력화	고비용 저효율
소극적	수업과 무관한 자습	수업효과를 개인공부가 상쇄	중비용 중효율
적극적	수업과 연계된 자습	개인공부를 통해 수업효과 완성	저비용 고효율

가급적 사교육에서 별도의 수업을 받지 않고 학교 수업을 최대한 활용하여 자기주도학습을 통해 실력을 기를 수 있도록 지도했습니다. 일단 수업시간에 배우는 내용을 더이상 낭비하지 않고 자습을 하면서 활용하도록 했더니 공부 효율이 꽤 높아졌습니다. 결국 학생들의 실력은 개인적인 공부 기술보다 학교 수업을 얼마나 잘 활용하느냐에 따라 결정된다는 사실이 분명해졌습니다. 한 발 더 나아가 어떤 수업이든 최대한 활용하는 학습법을 개발했습니다. 교과목의 특성과 선생님의 수업 스타일을 종합적으로 고려하여 자습을 최적화하는 방법을 고안했습니다. 그때 지도한 학생의 이야기입니다.

"수업시간에 단 한 시간도 자지 않았습니다. 아니 잘 수가 없었습니다. 선생님 덕분에 수업시간의 중요성을 알고, 수업이 굉장히 흥미로

왔거든요. 예습·복습만 죽어라 했습니다. 많이 배우려 하지 말고 공부한 거나 까먹지 말자가 제 철칙이 되었죠."

선생님의 수업 스타일에 맞게 자습하는 방법을 찾아 활용한 학생들에게서 나타난 변화는 눈부십니다. 결국 학교 수업과 학교 밖 자습을 연결시킬 수 있다면 사교육 문제는 해결할 필요도 없이 해소될 것이라고 판단했습니다. 비록 교사는 되지 못했지만 공교육 정상화에 기여할 수 있는 역할을 찾은 것 같아 너무 기뻤습니다.

중앙일보 '공부 개조 프로젝트'

2009년 중앙일보 교육섹션의 특집기사 〈공부 개조 프로젝트〉의 진행을 맡았습니다. 전국에 있는 열아홉 가정을 방문해서 학생들의 공부에 영향을 미치는 변인들을 종합적으로 진단하고 처방했습니다. 수도권과 지방의 사정이 다르지 않았습니다. 학생들의 사교육 의존도가 심해져 대부분 자습 능력을 상실한 상태였습니다. 특히 선행학습의 폐해는 심각했습니다. 부족한 학습량을 보충하고 낭비했던 학교 수업을 제대로 활용할 수 있도록 도와주는 순기능의 사교육은 거의 없었습니다. 결과적으로 전체 공부시간은 길지만 수업 과잉, 자습 부족 때문에 대부분 장시간 저질 공부노동의 피해자로 살아가고 있었습니다.

사교육이 공교육을 교란하는 상황에서 발생하는 심각한 문제점을 계속 방관할 수 없다고 생각했습니다. 경쟁의 무기로 구매한 사교육이 공교육 효과까지 죽이면서 오히려 학생의 경쟁력을 약화시키고 있다는 사실을 확인한 학부모들의 당혹스런 표정을 기억합니다. 학원에 다니느라 학교 수업을 소홀히 하고 결국 학교에서도, 학원에서도 제대로 배우는 것이 없다고 말하는 아이를 지켜보는 부모의 심정은 어땠을까요. 사교육 덕분에 앞으로는 버는 것 같았지만 공교육을 낭비한 결과 뒤로 밑지는 공부가 더 많다는 사실을 깨달은 부모들은 분명 달라질 것입니다.

SBS '부모 vs 학부모'

SBS 스페셜 2014년 신년특집 〈부모 vs 학부모〉의 2부 '기적의 카페', 신 개념 부모 교육 프로젝트를 진행했습니다. 처음에는 집에 관찰 카메라를 설치하는 등의 조건 때문에 쉽지 않았지만 강남에서 설명회를 하자 희망자가 밀려들었습니다. 선발과정에서 확인한 학부모들의 신청 동기는 놀랄 만큼 비슷했습니다. 대부분 학교 교육에 대한 기대를 버리고 사교육에 의존하고 있었지만 기대한 만큼 성적이 나오지 않아 불만이었고 비싼 비용을 지불했지만 소극적인 아이들의 태도에 분통을 터뜨리고 있었습니다. 사교육을 동원하여 조금이라도 공부를 더 시키려는 부모와 아이 사이의 온갖 갈등으로 인해 가정은 엉망이었습니다.

　시장의 논리가 지배하는 불안한 현실에서 어떻게 해야 교육의 논리를 바로 세워 학부모들을 안심시킬 수 있을지 고심했습니다. 특히 중산층 학부모들이 다시 공교육을 신뢰해야 우리 교육에 절실한 개혁 과제들이 더는 반대 여론으로 무산되지 않을 거라는 판단 때문에 절실한 마음으로 학부모들을 만났습니다. 사교육을 떠나 시민사회 영역에서 학부모 교육에 전력투구했지만 역부족을 느꼈습니다. 학교 밖에서 공교육의 중요성을 아무리 열심히 떠들어봐야 학부모들의 판단은 학교 안에서 만난 선생님들을 통해 이루어지기 때문입니다.

사교육 전문가 '박보살'에서 사교육 저격수로

대치동에 있을 때는 학부모들이 '박보살'이라는 별명을 지어주었는데 사교육을 떠난 지금은 사교육 저격수라는 얘기를 듣고 있습니다. 하지만 저는 사교육 자체를 부정하거나 사교육 종사자들을 비난하지 않습니다. 사교육의 긍정적인 효과도 분명히 있습니다. 다만 현실에서 사교육이 학생과 학부모에게 어떤 영향을 미치는지 제가 실증적으로 파악한 결과를 가지고 얘기할 따름입니다. 이미 우리나라에서 대부분의 사교육은 학교 교육을 심각하게 흔들고 있습니다. 한국 학생과 영국 학생의 공부실태를 비교 연구한 학자[*]는 '냉전시대의 군비 경쟁'이라는 표현까지 썼습니다.

그렇다. 상대가 전함을 만들 것이라는 두려움에 우리도 전함을 만드는 거다. 상대는 우리 전함을 보고 실제로 전함을 만들고, 그러면 우리는 추가로 전함을 만들어야 하고…. 결국 경쟁이 가속화된다. 한국 부모들은 '다른 집 아이가 사교육으로 더 앞서 나갈지도 모른다' '우리 아이만 뒤처질지 모른다'고 생각하며 사교

---

[*] 조녀선 거슈니, 옥스퍼드대 사회학과 교수, 주간동아 1175호 "한국 입시경쟁, 냉전시대 끝 없는 '군비 경쟁' 같아"

육에 돈과 시간을 투자한다. 이를 본 다른 부모들도 교육에 투자하고, 다들 지지 않으려 점점 더 많은 자원을 투자해야 한다고 생각하게 된다.

저는 대치동에서 사교육 무한경쟁이 어떻게 학생들의 삶을 엉망으로 만들고 학부모들의 '부모성'을 착취하는지 절실하게 깨달았습니다. 그만큼 학교 교육이 제 역할을 할 때 학생과 학부모가 누리게 될 혜택이 너무도 크게 다가왔기에 기회가 될 때마다 공교육의 문을 두드렸습니다. 사교육 현장의 경험으로 공교육의 중요성을 깨달았으니 아이러니입니다.

혁신학교 이야기

'혁신학교 시즌2 정책 제안 설명회'로 기억합니다. 처음에는 설명회의 한 꼭지를 맡는 것으로 생각했는데 제안자는 저 혼자였습니다. 갑자기 부담감이 밀려왔지만 혁신학교의 성공을 간절히 바라는 저의 마음을 믿기로 했습니다. 하지만 사교육 출신의 한계를 뼈저리게 느낀 자리가 되었습니다.

사교육 의존도가 높은 도시지역에서 '혁신학교는 학력을 소홀히 한다'는 비난을 극복할 방안으로 제가 제안한 내용은, 혁신교육의 철학을 제대로 이해하지 못한 학력지상주의 발상이라는 비판을 받았습니다. 남들 다하는 사교육을 시키지 않으면 불안한 학부모들을 혁신학교의 우군으로 만들기 위해 제가 제안한 방안은, 일부 이기적인 학부모들의 편을 들고 있다는 비판을 받았습니다. 특히 돈이 많이 드는 영어 사교육을 대체하는 공적인 영어습득 환경의 구축과 활용 방안은, 혁신학교가 할 일이 아니라는 핀잔을 들었습니다. 중·고등학교에서도 혁신학교가 학부모들 사이에서 인기를 끌 수 있도록 하자는 저의 현실적인 제안은, 이상적인 혁신철학 앞에서 무기력했습니다.

방과 후 예습·복습 교실 이야기

새로 시작하는 혁신학교의 혁신부장 선생님과 의기투합해서, '혁신학교가 학력 면에서도 우월하다'는 사실을 입증하기로 했습니다. 학교의 수업효과가 학교 밖 사교육 때문에 약화되는 것을 막는 방법으로 방과 후 예습·복습 교실을 운영하기로 했습니다. 선생님들의 수업을 학생들의 예습·복습과 연결, 학습효과를 극대화하려는 시도였습니다. 학교에서는 예습·복습 프로그램을 개발하고, 저희 단체에서는 대학생 멘토를 동원해 학생들의 자습을 지원하기로 했습니다.

자원봉사자로 나선 대학생들도 예습·복습 교실의 취지에 적극 공감해서 멘토 교육은 순조롭게 진행되었습니다. 문제는 선생님들과 함께하기로 한 프로그램 개발이었는데, 차일피일 미뤄지더니 결국은 알아서 하라는 통보를 받았습니다. 학교 수업에 대한 예습·복습이기 때문에 교사의 영역이라고 호소했지만 소용없었습니다. 초기 혁신학교의 내부 사정을 모르고 욕심이 지나쳤다는 사실을 뒤늦게 깨달았습니다. "학원 보내지 말라는 말은 하지 않겠습니다. 학원에 가지 않아도 될 수 있도록 책임교육을 실현하겠습니다." 학부모 설명회 때 열화와 같은 박수가 쏟아졌는데, 안타까웠습니다. 학부모들의 불안감을 해소하려면 수업과 자습을 연결시켜 학습효과를 입증해야 하는데 방과 후 과외공부가 되고 말았습니다.

제가 사교육 현장에서 확인한 것은, 학생들의 실력이 결정되는 공간은 학원이 아니라 학교라는 사실입니다. 이치는 간단합니다. 학교에서 훨씬 오랜 시간을 보내기 때문입니다. 학교 수업시간을 소중하게 생각하고 선생님을 존경하는 학생들을 따라갈 수 없습니다. 단지 명분이 아니라 실리적인 측면에서도 공교육은 너무도 소중합니다. 하지만 가끔 제 처지가 처량했습니다. 공교육 주변을 배회하는, 공교육을 짝사랑하는 스토커라는 생각도 해봤습니다.

사교육이 학부모에게 미치는 영향을 빼놓고 학부모 문제를 연구하는 건 '아전인수'나 마찬가지입니다. 교육청 자문회의에 참석할 때마다 '탁상공론'이 떠올랐습니다. 공교육에서 진행하는 학부모 교육을 하면서는 '실적주의'와 '행정편의주의' 때문에 힘들었습니다. '대체 왜 이렇게 교육 본질에 어긋나는 일들이 공교육에서 흔히 벌어지는 걸까?' 한 노학자의 일갈이 제 생각을 명쾌하게 정리해줬습니다.

> 동료들 간의 지나친 배타적 경쟁, 편협한 학력주의, 통제위주의 교육정책 등과 같은 일제의 잔재는 아직도 우리 학교 교육현장에 많이 남아 있다고 할 수 있다. 결국 이러한 일제시대의 잔재를 청산해야 하는 것은 오늘에 사는 우리 모두의 과제로 남아 있다고 해도 과언이 아니다.
>
> − 〈시험, 왜 보나?〉 교육과학사, 79쪽

대입 공론화 이야기

2022학년 대입제도 개편을 위한 공론화 과정에 처음부터 끝까지 참여했습니다. 수능을 절대평가로 하자는 의제를 만들고 2차 숙의과정에 참여한 국민참여단에게 마지막 발언까지 했습니다. 표면적인 쟁점은 수시와 정시, 특히 수능과 학생부종합전형(이하 학종)의 선발비율을 조정하는 것이었지만 본질은 달랐습니다. 정시 확대를 요구하는 측에서는 끊임없이 공정성을 외쳤지만 공교육을 믿지 못하겠다는 전제에서 늘 출발했습니다. 수능의 공정성을 주장했지만 실제로는 학생부 기록을 불신하게 하는 온갖 사례들을 동원해 공교육을 믿지 못하는 민심을 파고들었습니다.

일견 공정해 보이는 수능의 문제점을, 소수의 승자를 위해 다수를 패자로 만드는 상대평가 수능의 심각한 문제점을 거듭 제기했지만 역부족이었습니다. 학교 교실이 수능으로 인해 어떻게 엉망이 됐는지, 함께 참여한 대학생의 생생한 증언을 통해 사실적으로 입증했지만 잠시 국민참여단의 호응을 얻었을 뿐입니다. 수능을 절대평가로 했을 때 기대할 수 있는 효과, 바로 국민참여단과 다수 학부모들의 자녀가 교육적으로 어떤 혜택을 누리게 되는지 구체적으로 설명하는 데 집중했고 나름의 성과를 거두었다고 자평합니다. 하지만 "공교육은 믿을 수 없고, 수능 중심의 선발방식만이 공정하다"는 공세에 계속 시달려야 했습니다. 결국 한시적으로 '교육 김영란법'을 도입해 입시의 공정성만이 아니라 공교육의 신뢰를 해치는 일체의 행위를 엄벌하자는 제안을 궁여지책으로 내놓고 마무리할 수밖에 없었습니다. 공교육 신뢰 회복으로 가는 길이 더욱 멀고 험난하게 느껴졌습니다.

'사람과교육연구소'를 만나다

우리 공교육 곳곳에 숨어 있는 일제 식민교육의 잔재가 힘겹게 느껴졌습니다. 공교육의 허점을 비집고 들어와 독버섯처럼 자란 사교육의 영향력이 버겁게 느껴졌습니다. 허약해질 대로 허약해진 공교육의 원기 회복이 급선무라는 생각이 계속 맴돌았습니다.

교육 혁신, 학교 혁신이 역부족이라면 교실이라도 먼저 혁신해 달라진 교실에서 학부모들이 아이들의 변화를 직접 체감함으로써 공교육을 신뢰하고 지지하는 기운이 일어나야 한다는 생각에 몰두하고 있을 때 '사람과교육연구소'를 만났습니다. 혁신학교 이야기를 처음 들었을 때의 기분이었습니다.

별다른 불평불만 없이 휴일에 전국에서 자발적으로 모여 교사로서의 삶을 성찰하고 책임을 다하기 위해 노력하는 선생님들의 모습에 감동받았습니다. 학교 교실을 모든 아이들이 안전하고 서로 사랑하고 힘껏 배워 성장하는 생활·학습 공동체로 꾸려나가는 모습에 존경심이 절로 일었습니다. 학교 밖에 있기 때문에 교사들이 외면하지 않을까 자주 눈치를 봤는데 전국에서 모인 선생님들이 제 얘기를 경청하고 함께 협력하자고 제안하는 모습에 눈물이 났습니다. 학부모들을 만날 때도 이런 선생님들이 계시다는 얘기를 할 수 있게 되어 너무 고마웠습니다. 사교육을 떠났지만 그렇다고 학교 안으로 들어가지도 못하고 학교 밖에서 그간 해왔던 노력이, 학교 안의 노력, 교실 교육과 연결되어 결실을 맺을 수 있다는 생각에 뭉클했습니다.

사교육을 넘어 진정한 교육으로

사교육과 공교육에서 경험한 것들을 잘 정리하면 우리 교육에 기여할 수 있겠다는 희망과 의욕을 가지게 되었습니다. 교사 경험이 없는 한계를 극복하기 위해 (주)에듀니티의 도움으로 선생님들과 함께 〈공부를 공부하다〉 모임을 만들어 '공교육과 사교육의 이중압력에 시달리는 학생의 공부'라는 관점에서 교실 수업을 바라보고 개선책을 찾기 위해 노력했고, 이제 그 결과물을 내놓게 되었습니다.

이 책의 한계를 모르지 않습니다. 교사로서의 성공경험에 근거한 것이 아니기 때문이겠지요. 한편 욕심을 부렸기 때문이기도 합니다. 사교육과 공교육을 연결시켜 함께 보면서, 공교육계에서는 사각지대나 다름없는 학생들의 학교 밖 생활과 학부모들의 현실적인 요구를 두루 살피려고 노력했지만 허점이 적지 않을 것입니다. 책임교육이 무엇인지, 실제 사례를 통해 보여주신 김태현, 차승민, 허효정 선생님 덕분에 조금은 덜 부끄러운 책을 낼 수 있게 되었습니다. 깊이 감사드립니다. 〈공부를 공부하다〉 모임을 끝까지 함께 해주신 권민지, 길준선, 오혜영, 황상숙, 허효정 선생님께 감사드립니다. 가장 큰 빚은 공저자인 '사람과교육연구소' 대표 정유진 선생님에게 졌습니다. 제가 직접 확인한 정유진 선생님의 교실은 사교육 논리가 들어설 틈이 없는 곳이었습니다. 정유진 선생님의 소중한 공교육 이야기와 함께할 수 있어 기쁘고 감사합니다.

많은 것을 포기하고 사교육을 떠났지만 이제 후회하지 않겠습니다. '사람과교육연구소' 선생님들과 함께 사교육의 굴레에서 벗어나 국민들에게 사랑받고 희망을 주는 공교육으로 나아가는 과정을 함께하겠습니다. 마지막으로 제가 하는 일에 전념할 수 있도록 늘 자기 역할을 잘 해주고 있는 가족 모두에게 고맙다는 말을 전합니다.

2019년 11월

박재원

3장. 교실에 답이 있다: 사교육 이기는 공교육 효과

4장. 학습 사이클: 학교에서 집까지

5장. 교실 학습법: 선생님이 알려주는 공부 기술

6장. 교사가 희망이다

7장. 공교육에서 교사의 10가지 실천

일러두기 이 책에서는 '공부'와 '학습'을 같은 의미로 사용했습니다.
문맥에 따라 사용하거나 필요하면 병기했습니다.

1
공부란
무엇인가

어느 날 아침 집을 나서는 길에 한 할머니가

아이를 유치원에 데려다주면서 나누는 이야기를 들었습니다.

"우리 강아지, 어느 대학 갈 거야?"

아이는 숨도 안 쉬고 자동으로 대답했습니다.

"M.I.T요."

할머니는 흐뭇한 표정으로 아이의 머리를 쓰다듬었습니다.

아이는 할머니가 좋아하니까 자랑스러운 표정이었습니다.

이제 겨우 유치원에 다니는 아이였습니다.

발음도 쉽지 않은 'M.I.T'가 반사적으로 나올 정도면 평소 얼마나 되뇌었던 것일까요.

앞으로 아이가 겪게 될 험난한 공부 인생이 걱정됐습니다.

공부란
무엇인가

'4차 산업혁명 시대를 맞아 교육도 미래 지향적으로 달라져야 한다.'

교육에 관심 있는 분이라면 대부분 이에 동의합니다. 여기저기서 교육 혁신의 필요성을 강조하고, 최근 서울대학교에서도 수업혁신 이야기가 나오고 있습니다. 교재·필기·시험 없는 3無 수업으로, 주입식 수업에서 벗어나 학생 스스로 문제를 만들고 해결하는 과정에서 자연스럽게 역량을 기르도록 한다는 겁니다.

결론을 먼저 알려주는 연역적 수업방식에서 벗어나 사례 중심으로 학생들 스스로 모델을 찾아갈 수 있도록 하는 톱다운 방식으로 수업을 바꿨다.' '사례를 먼저 던져줘서 학생들이 고민하고 의견을 나눌 수 있게 하는 등 교수보다는 학습이 중심이 돼야 한다.

여기서 '교수보다는 학습이 중심이 돼야 된다'는 표현에 주목해봅시다. 학습이 중심이라고 하는데, 그렇다면 학습(공부)이 대체 무엇일까요? 지금까지는 가르치는 것, '교수법'에만 집중했다면 새로운 변화를 위해 교수에서 학습으로, 교수자에서 학습자로의 중심 이동이 필요하다고 합니다. 거꾸로 수업 등 다양한 수업혁신 모델을 이야기하고, 교사의 가르침보다는 학생의 성장을 중시하는 배움중심 수업의 필요성을 강조하기도 합니다.

다시 학습(공부)이란 도대체 무엇인지 궁금해집니다. '학습'이 무엇인지에 대한 논의나 합의 없이 또는 애매하게 정의한 상태에서 '교수'를 말하는 것이 과연 합리적일까요? 만약 단순한 개념적 정의가 아니라 학습이라는 과정이 실제 어떻게 일어나는지 알 수 있다면 무엇이 '진짜 공부(교육)'이고 '가짜 공부(교육)'인지 가늠할 수 있지 않을까요? 어떻게 해야 교사들이 제대로 된 교육을 할 수 있고 학생들의 공부도 순조로울지, 우리 교육의 중요 문제들을 판단하는 데 결정적인 기준을 갖게 되지 않을까요?

정보를 얻고 활용하는 과정

대치동 사교육 현장에서 학습법 전문가로 활동할 때, '교수'보다는 '학습'이 더 중요하다고 생각했던 터라 과연 교수자인 교사들은 학습(공부)을 어떻게 생각할까 늘 궁금했습니다. 〈공부를 공부하다〉 모임 교사들에게 '공부란 무엇인가?' 각자의 생각을 물었습니다.

"공부는 나를 찾아가는 과정입니다."
"공부는 즐거운 것입니다."
"공부는 태도입니다."
"공부는 끊임없는 성장의 과정입니다."
"공부는 우주입니다. 하면 할수록 많아지니까요."
"공부는 삶입니다."

다양한 정의가 나왔는데 한 선생님이 반문했습니다. "학생과 교사 그리고 학부모 사이에 학습(공부)에 대한 관점이 일치되어야 하나요?" 사실 공부를 분명하게 정의하기는 쉽지 않습니다. 사전적인 정의를 모두 인정해야 한다고 주장하기에도 무리가 따릅니다. 공부라는 것이 워낙 포괄적인 개념이라서 다양한 해석의 여지를 열어두는 것이 바람직할 수도 있습니다. 하지만 공교육이라는 제도 안에서 교사는 '교수(교육)'를 하지만 학생들은 '학습(공부)'을 한다고 보면 학습(공부)에 대한 최소한의 사회적 합의는 필요해 보입니다. 교수자로서의 교사와 학습자로서의 학생이 자연스럽게 공유하는 공통분모가 있어야 '교수'와 '학습'이 충돌 없이 연결되어 제대로 된 교육이 이루어질 테니까요.

공부란 무엇일까요? '공부'를 검색하면 '학문이나 기술을 배우고 익힘'이라고 나옵니다. 우리 사회에 흔히 통용되는 정의입니다. '스터디(study)'는 '무엇 무엇을 추구하다. 무엇 무엇에 헌신하다'라는 의미의

라틴어에서 비롯되었다고 합니다. '서로 협력해서 뭔가 이룬다'는 정의도 있습니다. 한편 한 백과사전*에서는 '학습'이라는 개념을 이렇게 정의하고 있습니다. '연습이나 경험의 결과로 생기는 비교적 지속적인 유기체의 행동 변화다.' '유기체의 행동 변화'라는 말은 다른 정의들과는 사뭇 다른 느낌을 줍니다. 학습(공부)을 가장 근본적으로 정의했다는 생각도 듭니다. 관련하여 학습(공부)을 과학적으로 정의하는 데 도움이 되는 지식**을 살펴봤습니다.

사람의 몸에는 다양한 세포들이 있다. 외부의 자극을 받아들이는 감각신경세포와 자극에 반응하는 운동신경세포는 분명히 구분된다. 그리고 중간신경세포가 있는데 그중에서 가장 중요한 역할을 하는 세포 덩어리가 뇌다. 감각신경세포가 전달한 자극을 중간에 있는 뇌가 정보처리를 한 다음에 운동신경세포를 통해 반응한다. 하등동물일수록 중간신경세포인 뇌의 발달이 미진해 별다른 정보처리 과정 없이 단순하게 반응한다. 고등동물이라는 말은 그만큼 뇌가 발달되어 있다는 의미다. 뇌에 저장되어 있는 정보를 활용하여 외부에서 들어온 정보를 처리하고 그 결과를 운동신경세포로 보낸다. 하등동물처럼 외부의 자극에 단순하게 반응하지 않고 뇌가 자체적으로 정보를 처리하고 그 결과를 표현한다고 볼 수 있다. 뇌의 움직임, 바로 사람의 '지능은 생명체가 주위 환경에서 맞닥뜨리는 문제들을 해결하기 위해 마련된 일종의 도구'로 그것은 자연세계에서 결국 '행동'이라는 형태로 나타난다. — 〈지능의 탄생〉 바다출판사, 51쪽

---

* 두산백과
** 〈공부를 공부하다〉 모임에서 중요한 텍스트로 삼았던 〈지능의 탄생〉 참고

외부의 자극을 받으면 반응하는 것이 생명체이고, 우리의 삶도 다르지 않습니다. 사람이 살아가는데 주변 환경에 변화가 없다면 신경 쓸 것도, 공부할 필요도 크게 줄겠지요. 하지만 자연과 사회는 끊임없이 변화하고, 달라진 환경에 잘 적응하려면 당연히 학습을 해야 합니다. 굳이 필요성을 따져보지 않아도 학습은 우리 뇌에서 자연스럽게 일어나는 과정입니다.

뇌 과학의 연구 성과가 가르쳐준 것들

사람 뇌의 성능을 지능이라고 하고, 뇌의 활동을 학습(공부)이라고 할 때 '공부는 생명체가 환경 변화에 대처하기 위해 필요한 정보를 얻고 그 정보를 활용하여 의사결정을 하며, 또 그 결과를 예측하는 일련의 과정'이라고 할 수 있습니다.

뇌에서 대뇌피질은 이성적인 영역을 담당합니다. 어떻게 행동하는 것이 자신에게 유리한지 판단하고, '내가 이렇게 하면 어떤 결과가 나타날까' 예측까지 해냅니다. 또한 예측한 것과는 다른 결과가 나타나면 왜 그렇게 되었는지, 이유를 생각해 보고 자신의 생각과 행동을 수정하는 과정도 이루어집니다.

뇌에서 실제 이루어지는 학습 메커니즘을 기준삼아 우리 사회, 학교·교사·학부모가 학생들에게 그토록 강조하는 공부의 필요성이 과연 합당한 것인지 판단해볼 필요가 있습니다. 많은 부모와 교사들은 학생들이 공부의 필요성을 절실하게 깨닫지 못하기 때문에 열심히 공부하지 않는다고 생각합니다. 정말 학생들의 정신 상태에

1. 다양한 변화에 대한 정보 수집

2. 자신에게 필요하고 유리한 의사결정

3. 의사결정에 대한 결과 예측과 실제 결과를 보고 수정

문제가 있는 걸까요? 혹시 사람의 뇌에서 지극히 자연스럽게 일어나는 학습의 과정과 잘 맞지 않는 공부를 억지로 강요하고 있기 때문은 아닐까요?

평소 공부에 소극적인 학생들에게 수학여행을 스스로 기획하게 했습니다. 아주 신나게 관련 정보를 수집하고, 마음껏 아이디어를 낸 프로그램을 만들었습니다. 학교 공부는 싫어하면서 놀 궁리만 하는 한심한 학생들이라고 볼 수도 있습니다. 하지만 왜 학생들이 여행 기획은 신나게 하면서 공부에는 소극적인지 그 까닭이 궁금합니다. 공부는 재미없는 게 당연한 걸까요? 소극적인 학생들이 신나게 정보를 수집했듯 적극적으로 공부하도록 돕는 방법은 없는 걸까요?

선생님들과 '공부를 공부'하면서 중요한 텍스트로 삼은 책이 있습니다. 최신 뇌과학의 연구 성과를 교육 분야에 집약한 〈뇌가 배우는 대로 가르치기〉인데, 한 대목을 소개합니다.

다행히도 인류가 본래 타고난 학습법을 제대로 이해하고 학습이 이루어지는 체계를 근본적으로 바꿀 수 있다면, '교육'을 훨씬 더 흥미롭고 의미 있으며 짜임

새 있는 과정으로 변모시킬 수 있을 것이다.

– 〈뇌가 배우는 대로 가르치기〉 한국뇌기반교육연구소, 17쪽

'인류가 본래 타고난 학습법'을 '내추럴 러닝(Natural learning)'이라고도 하는데, 개인별로 공부를 잘하고 못하고의 문제에 오래 집착해온 우리에게 신선한 충격을 줍니다. 자신의 삶을 보다 잘 살기 위해 자연스럽게 일어나는 것이 공부라면, 만약 우리 사회가 그런 사실을 받아들인다면 어떻게 될까요? 무작정 공부를 다그치지 않고 교사와 부모의 관심부터 달라지지 않을까요? 어떤 것이 자연스러운 학습인지, '타고난 학습법'을 배우고 실현하기 위해 노력하는 쪽으로 방향을 바꾸게 되지 않을까요?

행동을 통제하고
성적으로 압박하는 공부

"똑바로 앉아." "조용히 하고 설명 들어."

선생님의 지시에 학생들이 바르게 앉았습니다. 자세도 반듯하고 눈길도 선생님을 향합니다. 선생님의 '교수'는 시작됐지만 학생들은 과연 '학습'을 시작했을까요?

"놀지 말고 공부해."

이 말은 '노는 행동을 멈추고 공부라는 행위를 시작해라'라는 뜻입니다. 점심시간이 끝나고 학생들이 책상 앞에 앉으면, 선생님이 말합니다.

"너희들 점심 잘 먹었지? 잘 뛰어 놀았지? 지금부터 오후 수업이니까 똑바로 앉아!"

과연 학생들은 공부를 시작할 준비가 되어 있을까요?

무식한 강화학습과 유식한 강화학습[*]

행동주의 심리학자들은 어떻게 하면 사람들이 권장행동인 학습을 하는지, 어떻게 해야 문제행동을 억제할 수 있는지 연구했습니다. 대표적 인물인 손다이크, 스키너는 이렇게 주장했습니다. "나는 학생들을 사회에 필요한 인재로 만들 수 있다. 내가 인간의 행동 원리를 완벽하게 파악하고 있으니까." 동물은 물론 사람의 행위를 자신이 원하는 대로 바꿀 수 있다고 생각한 스키너는 어린 딸을 자신이 제작한 상자 안에서 생활하게도 했습니다. 보통 그들은 '처벌과 보상'을 통해 어떤 행동을 강화시키는 원리를 적용했습니다. 그런 접근을 〈지능의 탄생〉에서는 '무식한 강화학습'이라고 합니다. 하지만 '처벌과 보상'만으로는 설명되지 않는 요인들이 밝혀졌습니다. 즉 사람의 뇌는 어떤 자극에 어떻게 반응할지 결정할 때 단순한 반사나 본능에만 의존하지 않습니다. 처벌·보상과 같은 외부의 통제에 영향 받지 않고 평소에 학습한 결과물을 활용한다는, '유식한 강화학습'의 실체를 알게 된 것입니다.

'유식한 강화학습'이라는 말처럼 사람의 뇌에는 보다 현명하고 지혜로운 반응을 위해 평소에 '유식'해지려고 작동하는 시스템이 있습니다. 당장 주변의 자극에 반응하기 위해 필요한 정보가 아니더라도 언젠가 필요할 수도 있는 정보라고 여겨지면 호기심을 느낍니다. 자연스럽게 관심을 기울이고 학습을 통해 그 결과물을 뇌에 저장하도록 하

<small>* 〈지능의 탄생〉 참고. 여기서 무식한 강화학습, 유식한 강화학습만으로 설명하기 어려운 학습 메커니즘은 논외로 하겠습니다.</small>

는 시스템을 발전시켜 왔습니다. 즉각적인 반응을 유발하는 처벌·보상과 같은 외적 동기 외에 '재미와 의미, 성취감' 같은 내적인 보상책을 마련해서 당장은 필요가 없는 미지의 세계와 먼 미래까지 공부하게 되었습니다. 궁금하면 알아보고, 호기심을 느끼면 찾아보게 되는 것이 지극히 정상적인 '내추럴 러닝'의 과정입니다.

학습에 영향 미치는 두 개의 길이 있다

학습효과와 관련해서 매우 중요한 연구 결과[*]가 있습니다. 학습의 중추인 뇌의 일시적인 상태가 학습 전반에 중대한 영향을 미친다는 사실입니다. 쉽게 말해 학습을 담당하는 뇌에는 두 개의 길이 있습니다. 하나의 길은 뇌가 주변 환경에서 안정감을 느끼고 주변 사람들과도 좋은 관계를 맺고 있다고 여겨질 때 열립니다. 바로 상위경로입니다. 이 길이 열리면 대뇌피질을 활용하여 깊이 생각하고 멀리 예측하며 개방적인 상태에서 왕성하게 학습욕구를 충족시킵니다.

반대로 하위경로가 있습니다. 길을 가다가 갑자기 사냥개를 만날 때처럼 위험을 감지했지만 도움을 받을 수 없는 상황에서 열립니다. 상위경로가 닫히고 하위경로가 열리면 파충류의 뇌라고 알려진 뇌간이 활성화되어 심장이 뛰고 마음이 다급해집니다. 차분하게 공부할 수 없는 상태가 되는 것이지요. 쉬운 예로 숙제를 내주면서 제대로 하지 않으면 처벌할 거라고 한다든지, 시험 결과가 좋지 않으면 불이익을 줄 거라고

---

[*] 〈뇌가 배우는 대로 가르치기〉 참고

압박하면 당연히 하위경로가 열리겠지요.

개인의 선택과 무관하게 사회적으로 벌어지는 경쟁상황에 노출되면, 뇌는 주로 하위경로를 작동시켜 정보처리를 합니다. 개인적으로 아무리 의지를 가지고 집중하려고 해도 사회적으로 벌어지는 상황이 뇌를 도와주지 않는다고 볼 수 있습니다.

미국 교육계에서 숙제의 학습효과에 대한 부정적인 연구 결과를 내놓았습니다. '초등학생들이 숙제를 통해 학습 이득을 얻을 수 있다는 어떤 증거도 없다는 건 충격적이다.'[*] 학습이 제대로 이루어질 수 없는 하위경로가 활성화된 상태에서 숙제를 하게 되는 것이 원인이라고 볼 수 있습니다. 상위경로가 작동하는 뇌는 포크레인 작업을 한다면, 하위경로가 움직이는 뇌는 삽질을 하는 것 같다는 생각이 듭니다.

성적으로 압박하는 공부

우리나라는 숫자로 표현할 수 있는 것의 한계를 무시하고 너무 쉽게 학생들을 성적으로 줄 세우는 경향이 있습니다. 표준화가 잘 되어 있다는 IQ도 측정 오차가 있는데, 성적이라는 숫자에 지나친 의미부여를 할 때 나타나는 부작용은 심각합니다. 한 초등학교 5학년 선생님이 국어 수업시간에 있었던 일을 들려주었습니다.

"문장의 호응관계를 찾는 단원을 가르치고 수행평가로 10문제를 냈

---

[*] 한겨레, 2006. 9. 14. 아이들에게 숙제는 필요없다?

습니다. 10분 주고 정답 개수에 따라서 A, B, C를 매긴다고 했어요.

(10-8개 맞으면 A, 7-3개 맞으면 B, 2개 이하로 맞으면 C)

'B와 C는 어쨌든 더 배워야 하니, 다시 공부하고 재시험 봐야 해.'

'그럼 계속 C면 어떡해요?'

'계속 공부해야지. 이거 오늘 공부한 거잖아. 모르면 안 되지. 계속 틀리면 안 되지!'

제 말에 학생들 표정이 어두워졌어요. 시험이 다 끝나자 절반쯤 되는 학생들이 한숨을 쉬었습니다. 4교시 수업이었는데 학생들이 급식을 받아놓고 그냥 앉아 있는 거예요. 한 남학생은 눈물을 뚝뚝 흘리면서 밥도 안 먹고요. 한 학생이 말했어요.

'선생님, 두세 문제 풀었는데 틀린 것 같아 답을 다 지워버렸어요. 다시 공부하고 시험 보면 안 돼요?'

평소 아주 열심히 공부하는 여학생들은 이러는 거예요.

'수행평가 일정을 아예 다 알려주시면 미리 공부할게요.'

너무 어렵게 출제한 저에게 문제제기를 할 수도 있었는데 학생들은 문제를 제대로 못 푼 자신을 탓하고 있었어요. 사실 가르치기는 했지만 학생들은 낱말 하나하나의 뜻을 이제 이해하기 시작했어요. 문장 호응을 따지는 것은 대부분 익숙하지 않죠. 평소 학생들이 관심도 없는 내용을 지나치게 어렵게 문제를 내고 학생들에게 상처를 줬구나 싶었습니다."

학생들이 문제가 지나치게 어렵다고 느끼는 순간 상위경로가 닫히고 하위경로가 열립니다. 교육적인 의도로 실시한 수행평가지만 학생들의 뇌를 하위경로가 작동하는 위기모드로 몰고 간 것이지요. 다행히도 이 선생님은 무엇이 문제인지 알아차리고 바로잡았습니다. 하지만 많은 경우에 정상적인 학습이 이루어지는 상위경로를 차단하고 하위경로를 작동시켜 오히려 배움과 성장이 일어나지 못하게 하는 역설적인 상황이 벌어지고 있습니다. 심지어 울며 겨자 먹기 식으로 힘들게 공부하는 일부 학생들을 내세워, "공부는 저렇게 참으면서 하는 거야"라며 다수의 학생들을 압박하기도 합니다. 비정상적인 공부를 하라고 학생들에게 요구하기 때문에 정상적인 공부가 어려워지는 상황이 흔히 벌어지고 있습니다.

시험을 위한 공부와
자연스러운 공부

2015 개정 교육과정이 추구하는 목표가 있습니다. 바른 인성을 갖춘 창의·융합형 인재 양성입니다. '자기 관리 역량, 공동체 역량, 의사소통 역량, 심리적 감성 역량, 창조 사고 역량, 지식 정보처리 역량을 갖춘 자주적인 사람, 더불어 사는 사람, 교양 있는 사람, 창의적인 사람'을 기르겠다는 목표를 내세웠습니다. 교육과정은 훌륭한데 실제 학교 교실에는 어떻게 반영되고 있을까요? 교사들의 수업도 교육과정에 근거해야 하지만, 현실에서 교육과정에 충실한 수업이 이루어지는 경우는 얼마나 될까요?

일부 교사들은 학생들에게 진정한 배움과 성장이 일어나도록, 수고스럽지만 교육과정을 재구성합니다. 하지만 일부 학부모들은 이에 반대하는 것이 현실입니다. 학생들의 삶에 필요한 민주시민역량, 미래역량을 위한 교육은 오히려 당장 급한 시험성적에 도움이 되지 않는다고 여겨서입니다. 현실이 이렇다 보니 교육과정에 근거한 교육은 사라지고 입시 준비만 남았다고 해도 과언이 아닙니다.

성적 경쟁에만 몰두한 학생들의 미래

저는 2022학년도 대입제도 개편 공론화 과정에 참여했습니다. 대부분 수시냐 정시냐, '학종'이냐 수능이냐, 하는 쟁점에 몰두했습니다. 대학에서 사용하는 선발방식 그러니까 게임의 룰을 바꾼다고 과연 무엇이 달라질까요? 교육의 목적은 '학생들이 배우고 성장하는 것'입니다. 당연히 어떤 입시제도, 어떤 평가방식이 교육의 목적 달성에 도움이 되는지 논의되어야 마땅합니다. 최소한 흔히 얘기하는 교육의 본질을 조금이라도 덜 훼손하는 제도를 모색해야 합니다. 하지만 공론화 현장은 본질적인 교육의 의미와 가치는 외면한 채 오직 입시 경쟁에만 의미를 두는 주장들에 포위되어 있었습니다. 공론화의 시작부터 끝까지 참여하면서 절실하게 다가온 것은 교육을 바라보는 화해하기 어려운 상반된 관점이었습니다.

1. 공부는 경쟁을 위해 하는 것이다. 공부한 결과를 성적으로 평가하여 공정하게 활용하는 것이 중요하다.

2. 입시 경쟁에만 매몰돼 학생들의 미래를 위태롭게 해서는 안 된다. 학생들에게 실제로 배우고 성장할 수 있는 기회를 주어야 한다.

현실에서는 첫 번째 관점이 주류입니다. 국가의 교육과정에 근거한 교육은 마비되고 입시 준비에만 매달린 탓에 지금 어떤 일이 벌어지고 있는지 사실적인 이해가 필요합니다. 교육과정은 제대로 작동하지 않지만 그래도 학생들은 공부하고 있다고 생각하면 정말 큰일입니다. 교육과정을 무력화시키는 것이 입시 경쟁이라면, 입시 위주의 교육은 결국 교육과정이 추구하는 목표에 반하는 결과를 가져올 것이 분명하기 때문입니다. 교육과정은 분명 협력과 공동체를 이야기하지만 학생들이 성적 경쟁, 입시 준비에만 매달릴 때 어떤 일이 벌어지는지, 최근 5년 동안 서울 공대생을 지도한 교수의 글*에 잘 드러납니다.

과학고와 같은 특목고에서 진학한, 또는 성적이 비교적 우수한 학생들에게서 나타나는 역량으로, 과도한 영재교육이나 사교육으로 인한 자기주도 학습능력의 상실이다. 이 학생들은 문제를 스스로 고민하고 해결책을 탐구할 수 있는 충분한 시간을 갖기도 전에 소위 선행학습, 심화학습이라는 이름으로 그 문제에 대한 답을 미리 배웠고, 그렇게 배운 답을 남보다 많이 알고 있다는 것으로 잘한다는 보상을 받아온 학생들이다. 이러한 학생들의 특징은 답을 손에 쥐어주는 교육에 익숙하여서 대학 교육에 대해서도 같은 기대를 한다는 것이다. 예를 들면, 중간/기말고사 등에서 기출문제와 다른 형태의 문제를 내었다고 항의를 하거나, 프로젝트나 졸업연구같이 독자적인 창의성을 발휘해 스스로 해결방법을 찾아야 하는 과제를 매우 어려워하는 경향을 띤다. (…) 이러한 학생들은 특히 특목고 출신이라는 우월감과 자존감이 강한데, 고학년이 될수록 자신이 일반고

* 2015 개정 교육과정과 연계한 입학전형 발전 방안 연구, 2018. 2. 서울대학교 입학본부 197~198쪽

출신 학생들과 구별되는 차별성이 줄어든다는 것을 느끼고 불안해하는 경향이 있다. 이 경우, 자신만의 길을 찾는다든가 그를 위해 노력을 하는 등 자신에게서 해결책을 찾지 않고, 치의대 진학이나, 사법시험/로스쿨, 해외 유학 등 다시 다른 학생들과 구별되는 '소속'을 찾으려는 경향이 두드러진다.

저는 '자기주도 학습능력의 상실'이 아니라 진짜 공부를 해본 적이 없는, 시험공부밖에 해보지 않은 것이 근본적이고 심각한 문제라고 판단합니다. 국가에서는 교육과정을 만들고 교사들에게 교육을 하라고 했지만 현실에서 학생들은 교육과정이 추구하는 가치와는 정반대로 경쟁에서 이기기 위한 수단으로만 공부를 한 결과를 잘 말해주고 있습니다. 조금 더 살펴보겠습니다.

특목고와 일반고의 모든 학생들에게 나타나는 성향으로 '실패에 대한 과도한 두려움'이다. 본인이 성장과정에서 단 한 번의 실패도, 단 한 번의 어려움도 겪어보지 못했다는 것을 스스로 인지하고 있으며, 그 실패나 어려움에 대해서 과도한 두려움을 갖고 있어 기성세대들이 쉽사리 이해하지 못하는 행동을 많이 한다. 예를 들면, 수업에서 B학점을 처음 받은 후부터 1년간 방에서 한 번도 나오지 않은 학생이라든가, 여자 친구가 집안에 어려운 일이 생겨서 힘들어하게 되니, "나는 어려운 일을 한 번도 겪어보지 못해서 그런 이야기를 듣는 것도 힘들어"라고 결별을 선언하는 학생, "'열심히' 해야 하는 일은 실패할 수도 있다는 뜻이니 그런 일을 잘 피해서 해야 한다"고 인생철학을 당당히 이야기하는 학생 등이다. 이러한 성향은 아직 모르는 일들, 또는 본인은 해보고 싶지만 주변에서 불안한 의견을 내는 일들에 대해 도전하지 않게 하고, 더 나아가 '노답'인 문제에 도전하는 것 자체가 멍청하다는 인식, '하면 된다'는 기성세대가 열정페이를 하도록 '노오력'을 강요하기 위해 만든 말이라는 인식을 또래 학생들과 함께 다양한 소셜네트워크를 통해 공유한다는 것이 더 큰 문제이다. 이러한 경향은 아이러니하게도 성적이 우수할수록 더 두드러진다.

결국 대학입시에서 개인적인 목적 달성에 일단 성공했다 하더라도 시험문제처럼 해결할 수 없는 현실에 부딪히면 심각한 후유증이 나타납니다. 좋은 성적 – 명문대 입학 – 높은 지위와 권력의 코스를 좇아가는 우등생들이 결국 우리 사회에 어떤 영향을 미치고 있는지 언론을 통해 자주 확인할 수 있습니다. 또한 시험이라는 게임에 약하다는 이유만으로 기회를 빼앗기고 좌절하는 많은 학생들의 문제 역시 심각한데, 경쟁사회이기 때문에 어쩔 수 없다는 말로 무마하기에는 사회적 피해가 막심합니다. 성적 경쟁의 승자들에게 지나친 특혜를 베푸는 승자독식 체제가 우리 사회에 어떤 위협이 되는지, 남을 이기기 위한 수단으로만 악용되는 시험공부를 이대로 놔둬도 되는지, 더 미루지 말고 해법을 찾아야 합니다.

인내심을 강조하는 시험공부

우리나라 학생은 물론이고 어른들도 대부분 공부를 싫어합니다. 공부하면서 재미를 느끼거나 의미를 찾는 건 사치라고 생각합니다. 오로지 시험을 잘 보기 위해 억지로 공부하다 보니 하면 할수록 점점 싫어질 수밖에 없습니다. 하기 싫은 공부지만 참고 열심히 해서 사회적으로 선망하는 일자리를 얻으면 성공했다고 합니다. 결국 공부란 하기 싫은 것이지만 성공을 위해서는 어쩔 수 없이 해야 하는 것이라는 사회적 통념이 굳어졌습니다.

만약 하기 싫은 공부를 억지로 한 사람이 교사가 되면 학생들을 어떻게 지도할까요? "나도 하기 싫은 거 열심히 했어. 실패한 인생을 살지 않으려면 지금은 참고 공부하는 수밖에 없어." 쉽게 떠오르는 말입니다. 또 부모가 되면 어떻게 할까요? "공부하기 싫지! 그래도 해야 하니까 공부 시켜주는 학원에라도 열심히 다녀." 학생들은 하기 싫은 공부를 억지로 하다 보니 스스로 공부하는 능력이 퇴화됩니다. 어쩔 수 없이 사교육의 관리에 의존하지 않으면 공부할 수 없는 악순환에 빠지는 것이지요.

학생의 자발적인 공부를 존중하는 핀란드는 2020년 시행을 목표로 새로운 과목을 준비하고 있습니다. 국어·영어·수학·사회·과학과 같은 기존 과목 외에 학생들이 이미 현실에서 관심을 가지고 있는 주제를 하나의 과목으로 만들어 교육하려는 것입니다. 핀란드 학생들은 대부분 공부를 좋아하고 열심히 합니다. 뇌의 하위경로를 자극하는 다양한 스트레스로부터 학생들을 보호하기 위해 사회가 최선을 다하는 것 같습니다. 대부분의 핀란드 학생들이 즐겁게 공부하지만 여전히 공부에 흥미를 보이지 않는 일부 학생들에 대해서도 관심을 놓치지 않았습니다. 이 문제를 연구하고 다음과 같은 결론에 이른 것 같습니다.

교과목 구성 자체가 학생들의 자발적인 공부를 억압하고 있다. 삶을 위해서 앎이 있는 건데, 앎의 과정이 오히려 삶을 억압한다고 느끼는 학생들이 공부에 관심을 가지려면 바로 학생들이 평소 알고 싶은 주제를 가지고 공부하도록 해야 한다.

관심이 없는 교과목을 공부하는 것이 아니라 자신에게 주어진 문제를 해결하기 위한 공부, 일종의 프로젝트를 수업기법이 아니라 교과목으로 도입하기 위해 열심히 준비하고 있다고 합니다. 사실 새로운 교과목을 도입하는 것은 힘든 과정입니다. 교과목에 따른 교사의 양성과 선발, 운영방식은 물론 학교의 재구조화도 해야 하니까요. 그럼에도 교육적인 이유가 분명하다면 어떻게 해서라도 실현하는 것이 핀란드 교육의 힘인 듯합니다.

자연스러운 영어공부: 미국 대학에 장학생으로 합격한 탈북 청년

17세에 알파벳을 처음 본 탈북 청소년이 미국 조지메이슨 대학에 장학생으로 합격했습니다. 한 인터뷰에서 청년은 이렇게 말했습니다. "저는 북한 사람인 동시에 한국사람, 즉 '한반도인'이었어요. 언젠가 남과 북을 연결하는 다리가 될 수도 있겠다고 생각했죠. 이때 영어는 다양한 사람들에게 나를 표현하는 도구라는 사실을, 깊은 관계를 맺으려면 나를 풍부하게 표현할 수 있어야 한다는 사실을 절실히 깨달았습니다."[**]

북한에서 꽃제비[**]로 살면서 경험한 이야기를 직접 들었을 때 극적이라는 표현이 무색할 정도였습니다. 그렇게 고생을 많이 하면 보통은 잘 먹고 잘 살겠다는 일념에 사로잡히기 쉬운데, 그 청년은 남북통일 이후에 북한사회에 기여하고 싶다는 동기가 뚜렷했습니다. 자신이 영어 공부에 어떻게 성공했는지 구체적인 방법도 소개했습니다. 저희 아이들이 어릴 때 제가 적용했던 방법과 비슷한데, 핵심은 5단계 방법입니다.

1. 자막 없이 20분간 영화의 분위기를 본다.(좋아하고 재미있는 영화를 선택하는 것이 중요)
2. 한글 자막과 함께 다시 보면서 내용을 이해한다.
3. 자막 없이 보면서 들리지 않거나 모르는 부분을 찾아낸다.
4. 듣기와 말하기를 40여 분간 연습한다.
5. 시청한 부분의 대본을 큰 소리로 읽고 노트에 정리한다.

다큐멘터리 '당신이 영어를 못하는 진짜 이유'[***]에서 실험을 했습니다. 두 그룹으로 나누어, 한 그룹은 원어민과 함께 전형적인 교재를 가지고 어학실에서 공부합니다. 다른 그룹은 교재가 없고 수업도 하지 않는 대신 자기 소개 프레젠테이션을 영어로 준비합니다. 필요하면 원어민의 도움을 받을 수 있습니다. 방송에서 '교재 없는 수업

---

[*]   조선에듀 2018. 5. 21. 17세에 알파벳 처음 본 소년이 美 장학생 된 비결은?
[**] 집 없이 먹을 것을 찾아 떠돌아다니는 북한의 어린이들을 이름
[***] 〈KBS 스페셜〉 2011. 12. 18

을 한 그룹'의 변화를 이렇게 설명했습니다.

"3주차부터 학생들이 상당히 많은 변화를 보이기 시작했고, 4주차가 끝났을 때 어떤 말을 어떤 식으로 준비해야 될지에 대해 자신감이 커진 것이 가장 큰 성과 같음."

우리는 영어를 잘하면 보통 학원에서 일찍부터 배웠다, 어학연수를 다녀왔다, 외국에서 살다왔다, 영어 조기교육을 했다는 식으로 받아들입니다. 그런데 그 다큐멘터리에서 미국 메릴랜드 대학 언어 전문가는 이렇게 말합니다.

"사람이 언어를 배우는 순서는 아주 다양합니다. 주어진 교재의 내용 순서는 통상 실질적으로 사람들이 언어를 배우게 되는 순서와 아무 관계가 없습니다. 반대로 과업중심의 교수법은 주어진 교재의 순서에 따라 언어를 배우는 것보다 더 자연스럽게 언어를 익히는 데 도움이 됩니다."

'자연스러운 방법'을 강조하고 있는데, 자연스런 교수법과 자연스런 학습법을 구분해 생각해볼 필요가 있습니다. 우리는 모국어의 기본을 '교수'를 받으면서 배우지 않았습니다. 대부분 뇌에 내장된 언어 습득 시스템을 활용해 일상에서 자연스럽게 배웠습니다. 모국어를 배울 때와 싱크로율을 높이면 쉽게 외국어를 배울 수 있다고 합니다. 그 핵심에는 교수법보다 자연스런 학습법이 있습니다.

하지만 언제부터인지 외국어 교수법, 영어 교수법이라는 것이 만들어졌고, 교육과정과 교과서 그리고 교수자로 구성된 공적인 시스템이 주도하는 외국어 교육이 시행된 지 오래되었습니다. 그런데 공교육에서 실시하는 영어교육의 공적 시스템에 들어가 대학에 들어가기까지 10년 정도 공부한 결과는 과연 어떤가요? 원어민과 간단한 의사소통이라도 제대로 하려면 초보영어부터 다시 시작해야 하는 것이 현실입니다.

개인적인 학습법의
함정

탈북 청년은 자신만의 방법으로 영어를 잘하게 된 뒤 영어 학습법 책을 냈습니다. 학습법 이전에 감동적인 내용을 담고 있지만, 다른 사람에게 얼마나 도움이 될지는 의문입니다. 탈북 청년이 영어를 잘하게 된 배경에는 남다른 삶의 맥락이 있습니다. 하루 일과에서 2시간의 영어공부를 가장 우선순위에 두었다는데, 실천하기에 별 어려움이 없었을 겁니다. 생사의 고비를 넘었는데 새로운 희망이 열린 상황에서 공부는 어찌 보면 즐거운 일이 아니었을까요.

공부방법은 사람마다 다를 수밖에 없습니다. 그런데 학생들은 다른 사람의 학습법을 맹목적으로 따르다가 잘 되지 않으면 자신을 탓하곤 합니다. 자신에게 맞지 않기 때문에 실패했다는 생각은 하지 못하고, 자신의 노력이 부족한 탓이라고 자괴감에 빠지는 것이지요.

습관의 저항을 이겨내는 방법

개인의 성공 경험을 출판한 저자들의 공부 개인기는 매우 뛰어납니다. 성공적인 개인기를 바탕으로 학습법 책을 내는 경우가 많은데, 수능에서 최초로 만점을 받은 학생의 노트가 출판된 적도 있습니다. 노트에는 보통 개인이 공부한 결과물이 담깁니다. 공부한 사람이 다른데 같은 내용의 노트가 나올 수 없지요. 단순 요약이라고 해도 사람마다 중요하게 생각하는 내용이 다르기에 요약한 내용도 같을 수 없습니다. 따라서 성공사례를 좇을 것이 아니라 과학적인 공부의 원리를 제대로 파악하는 것이 우선되어야 합니다.

예를 들면 모국어를 습득하는 원리, 수학공부를 제대로 하는 과학적인 원리가 있고, 사람마다 공부방법이 다르므로 보편적인 원리를 알고 자신에게 맞는 방법을 찾아야 하는 것이지요. 과학적인 원리에 맞고 개인에게 적합한 방법을 찾으면 공부하는 과정에서 만족감이라는 보상이 주어집니다. 유식한 강화학습의 결과라고 할 수 있습니다. 그런데 자신에게 적용하기 어려운 다른 사람의 성공사례를 좇기 때문에 대부분 실패하는 것입니다.

또 한 가지 중요한 것이 있습니다. 탈북 청년이 강조하는 것처럼 '일정 기간 꾸준히 노력해야 성공한다'는 사실입니다. 반짝 열심히 운동하다가 요요에 걸리는 사람들을 보면 단기간에 효과를 보려고 자신에게 맞지 않는 무리한 방법을 시도한 경우가 대부분입니다. 흔히 보는 '며칠 만에 몇 kg 감량 성공'과 같은 자극적인 문구들이 욕심을 부추깁니다. 원리에도, 자신에게도 맞지 않는 방법으로 시도한 다이어트는 실패하기 마련입니다.

다이어트에도 기본 원리가 있는데, 바로 조금 먹고 많이 움직이기, 즉 섭취량보다 소비량이 많아야 살이 빠진다는 겁니다. 보편적인 원리에 맞지 않는 모든 방법은 반드시 실패합니다.

새로운 일을 꾸준히 하려면 이미 굳어진 습관의 저항을 이겨내야 하는데, 이것이 쉽지 않습니다. 인류 역사만큼이나 오랜 기간 사람들을 괴롭힌 문제이기도 하니까요. 습관이란 왜 생길까요? 어려서부터 자연스럽게 반복된 언행을 습관으로 활용하면 뇌는 에너지 소비를 크게 줄일 수 있습니다. 평소 습관과 다르게 행동하는 것이 어려운 이유는 가급적 에너지 소비를 줄이려는 뇌의 속성 때문입니다. 따라서 기존 습관을 고치려고 애쓰기보다는 오히려 뇌가 에너지 소비를 권장하는 행위, 즐겁고 재미있는 행위를 찾아 자연스럽게 반복하는 것이 중요합니다. 탈북 청년도 영어공부를 잘하는 데 "흥미를 느끼는 콘텐츠를 고르는 것이 중요하다"라고 강조하듯이, 또 하고 싶은 마음이 드는 행위를 찾아 자연스럽게 반복함으로써 새로운 습관을 만들어 기존 습관을 대체하는 것이 성공 확률이 높습니다.

학생의 머리에서
학습은 어떻게 이뤄지나

"공부라는 것은 인간의 본능이고, 스스로 할 수 있다. 누구에게나 적합한 기회가 주어지면 자기 나름의 삶을 훌륭하게 이끌어갈 수 있는 잠재력을 갖고 있다."

뇌기반학습 또는 교육을 연구하는 사람들이 대체로 동의하는 사실입니다. 따라서 교육의 역할은 학생들의 배움과 성장이 자연스럽게 이루어지도록 적합한 기회와 환경을 마련해주는 데 있습니다. 먼저 학생들의 머리에서 학습이 어떻게 이뤄지는지 제대로 알면, 학습의 촉진요인도, 방해요인도 파악할 수 있기 때문에 크게 도움이 됩니다.

학습의 목적, 기억 만들기

학습의 목적은 새로운 기억을 만드는 것이라고 할 수 있습니다. 기억은 무엇일까요? 영국 엘리자베스 여왕 시대 사람들은 '사람의 기억은 양초를 쭉 긁으면 줄이 가듯이 뇌에 새로운 정보가 들어와 뭔가 흔적을 남긴 것'이라고 생각했습니다.

최근에 과학적으로 밝혀진 '기억'은, 자극이 뇌 신경세포 사이를 새롭게 연결시키고 유지되는 상태라고 합니다. 뇌 신경세포 사이에서 접착제 역할을 하는 기억 단백질이 만들어지면 새로운 신경세포의 회로가 생기는데, 뇌 신경세포의 연결 상태를 기억이라고 합니다.

새로운 정보를 받아들여 이해되었다는 느낌이 들었을 때 더이상 주의를 기울이지 않아도, 다른 생각을 했다가 돌아와도 기억할 수 있는 것이 장기기억입니다. 하지만 순간적으로 명확하게 이해했더라도 기억 단백질이 만들어지지 않은 상태에서는 계속 주의를 기울이지 않으면 연결이 끊어집니다. 다시 기억하고 싶어도 기억이 잘 나지 않는 것이지요. 결국 장기기억 만들기에 실패했다고 볼 수 있습니다. 그럼 선생님이 열심히 수업한 내용을 보고들은 학생들의 뇌에서는 어떤 일이 벌어질까요?

> 이제 우리는 감각기관을 통해 들어온 정보가 일시적으로 머물면서 정보를 조작하는 작업기억(working memory) 형태로, 개별 정보를 연결하는 연관기억(relational memory)으로, 최종적으로 장기기억(long-term memory)으로 저장되는 과정을 관찰할 수 있다.   - 〈수업혁명2〉 한국뇌기반교육연구소, 5쪽

뇌 신경학자들이 사용하는 첨단 장비가 없기 때문에 직접 '관찰'할 수는 없지만, 대신 '중다기억이론'을 활용하여 알아볼 수 있습니다. '중다'는 기억에 여러 종류가 있다는 의미입니다. 가장 중요한 것은 장기기억이 만들어지는 과정입니다. 선생님의 설명은 외부의 자극에 해당하는데 우선 감각기억으로 수용되어야 합니다. 만약 학생의 뇌가 주의를 다른 데 기울이고 있다면, 선생님의 설명은 감각기억조차도 만들지 못하고 사라집니다.

일단 감각기억으로 전환된 선생님의 설명에 학생이 주의력을 기울이면 이번에는 그 내용이 작업기억으로 넘어가서 본격적인 정보처리 과정을 밟습니다. 학생들의 여러 감각기관에 전달되는 엄청난 양의 자극 중에서 아주 적은 부분만이 작업기억으로 넘어갑니다. 학생들이 관심을 기울이지 않으면, 대부분 작업기억의 정보처리 과정 이전에 사라져버립니다.

새로운 정보를 접하는 순간 바로 알겠다는 느낌이 드는 이해의 과정은 어떤 걸까요? 새로 들어온 정보와 뇌에 저장되어 있는, 이미 기억하고 있는 정보가 서로 연결되어 새로운 정보가 만들어지고 그 의미를 파악하는 과정을 '이해'라고 할 수 있습니다. 새로 들어온 정보와 자신의 기억에서 끌어온 정보를 작업기억에서 함께 처리한 결과를 가지고 '이해되었다'는 느낌이 만들어집니다. 학생이 비로소 교사의 수업내용에 고개를 끄덕이는 순간입니다.

이 과정에서도 많은 문제가 생깁니다. 교사가 새로 전달한 내용을 제대로 이해하기 위해서는 배경지식이 필요한데 장기기억에 없거나,

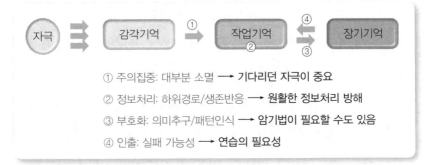

중다 기억이론 모형

① 주의집중: 대부분 소멸 ⟶ **기다리던 자극이 중요**

② 정보처리: 하위경로/생존반응 ⟶ **원활한 정보처리 방해**

③ 부호화: 의미추구/패턴인식 ⟶ **암기법이 필요할 수도 있음**

④ 인출: 실패 가능성 ⟶ **연습의 필요성**

있어도 제대로 '인출'되어 작업기억으로 넘어오지 않으면 작업기억의 정보처리 결과는 이해가 아니라 '모르겠다'가 됩니다. 또한 작업기억의 정보처리 결과가 일목요연하지 않고 뒤죽박죽이거나 별 의미가 느껴지지 않는다면 장기기억으로 가기 전에 사라진다고 봐야 합니다.

작심삼일이 되는 이유

사람이 이 일도 하고 저 일도 하다 보면 엄청난 정보가 뇌를 자극합니다. 감각기억이 일어나고 작업기억에서 처리되는 과정은 물론 장기기억으로 전환되기까지, 중간에 소멸되지 않고 기억으로 살아남으려면 여러 고비를 넘어야 합니다. 바로 여기에서 작심삼일이기 쉬운 이유가 설명됩니다. '이제부터 열심히 해야지'라는 결심을 계속 기억하고 있기가 쉽지 않기 때문입니다. 실천을 하려면 결심한 상태를 유지해야 하는데, 그러려면 결심한 내용이 작업기억에 머물러 있어야 합니다. 하지만 계속 들어오는 새로운 정보를 우선 처리하다 보면 어느 순간 작업기억 밖으로 밀려납니다. 작업기억에 없다는 말은 결심하지 않은 상태와 비슷하다는 의미입니다. 결심한 내용을 계속 확인하거나 되뇌면서 작업기억에 머물도록 해야 실천할 수 있습니다. 결심을 했으면 잘 보이는 곳에 기록하고 계속 확인해야 하는 이유입니다.

작심삼일의 원인을 보통 의지나 실천력의 부족으로 생각하는데, 순간적으로 결심을 기억하지 못한 상태에서는 실천하지 못하는 것이 당연합니다. 다시 결심한 내용을 기억하고 실천하면 되는데 자신의 의지박약을 탓하다보면 의욕을 잃고 결국 포기하기 십상입니다.

무엇이든 잘 기억하려면 자신의 머리에 계속 머무르게 되는 생각, 남이 아니라 바로 자신의 상황을 파악하고 문제를 해결하는 데 필요하다는 느낌, 바로 자기 연관성이 매우 중요합니다. 자기 삶과 얼마나 연관되어 있느냐에 따라 뇌의 반응이 달라지니까요. 자신에게 꼭 필요한 정보를 접하면 장기기억으로 만드는 정보처리 과정도 매우 활성화됩니다.

사람의 뇌가 타고난 방식에 맞게 공부하면 자연스럽게 배움이 일어날 뿐만 아니라 지적인 만족감과 함께 감동도 받게 됩니다. 감동은 매우 강력하고 의미 있는 무언가를 알게 되었을 때, '이것은 앞으로 인생에서 아주 중요한 거니까, 빨리 받아들여서 네 것으로 만들라'는 신호라고 할 수 있습니다.

뇌가 배우는 (방식)대로
가르치기

우리 몸에는 통증 세포가 있어서 정상적인 작동 원리에 맞지 않을 경우에는 통증을 유발해서 몸이 망가지는 것을 예방합니다. 그런데 뇌 신경세포에는 통증을 느끼는 세포가 없습니다. 그래서 뇌의 작동원리에 맞지 않는 공부를 하더라도 당장 통증이 일어나지 않기 때문에 '억지공부'를 할 수 있는 것입니다.

대신 뇌는 통증보다는 부드러운 방식으로 자신의 의사를 표현합니다. 바로 느낌입니다. 공부하고 싶다는 느낌, 하기 싫다는 느낌, 재미있으니까 계속 하고 싶다는 느낌, 짜증나니까 그만 하고 싶다는 느낌으로 표현합니다. 가령 별로 내준 숙제를 할 때는 인상을 찡그리지만, 궁금한 내용의 실마리가 잡히고 이해가 되면 아주 기분 좋은 표정을 짓습니다. 학생의 표정을 보면 공부하면서 어떤 느낌인지, 뇌에서 학습이 제대로 일어나고 있는지 여부를 알 수 있습니다.

학생의 머리에서 돌아가는 학습 사이클

뇌에 사이클이 돌아간다는 이론[*]이 있습니다. 우리가 새로운 정보를 접하면 빠르게 '후두엽'으로 보내 사실적인 정보를 처리합니다. 예를 들어 길을 가다 옆 골목에서 갑자기 나타난 사람을 본 '구체적 경험'을 통해 얻은 정보를 빠르게 '측두엽'으로 보내 '성찰적 관찰'을 합니다. 그냥 '사람이네'라고 사실적으로만 생각하는 것이 아니라 어떤 느낌이 동반됩니다.

'후두엽'에서는 사실적인 정보를 처리하고 순식간에 그 정보를 '측두엽'으로 보내 그 사람에 대한 순간적인 느낌을 만들어냅니다. 자동적으로 사이클이 돌아가는 것인데, 만약 험악하다는 느낌이 들면 그 정보를 '전두엽'으로 보내 '추상적 가설'을 세웁니다. '계속 가면 마주칠 텐데 돌아서 갈까?' 가설을 세우는 동시에 '그렇게 하자'고 결정하는 순간 관련 정보가 전두엽에서 '두정엽'으로 옮겨가 '활동적 실험'을 합니다. 그렇게 반대 방향으로 잠시 가다가 문득 궁금해져서 뒤돌아보니 그 사람이 안 보이는 순간 새로운 '구체적 경험'으로 이어지고, 다시 '내가 왜 겁을 먹었지?'라는 '성찰적 관찰'로 연결됩니다.

이런 과정이 그 뇌의 주인의 의지와 상관없이 자동적으로 이루어진다는 사실이 중요합니다. 심장이 쉼 없이 뛰는 것처럼 사람의 뇌는

---

* 〈뇌를 변화시키면 공부가 즐겁다〉 돋을새김. 사진 출처 49쪽

계속 사이클을 돌리면서 자기 역할을 수행하고 있습니다. 뇌에서 사이클이 돌아가는 과정은 당연히 학습에서도 이루어집니다. 교사는 수업에 무관심한 학생을 보면 공부를 회피하는 것 같아 답답하고, 교사로서 책임을 다하지 못하는 것 같기도 합니다. 그런데 꼭 그렇게 생각할 일만은 아닌 것이, 그 학생의 머리에서도 분명 정보처리 사이클은 돌아가고 있습니다. 자신에게 주어진 조건과 상황에 맞게 부지런히 정보를 처리하고 있습니다.

교실에서 진행되는 수업이 학생의 머리에서 돌고 있는 사이클 안으로 잘 들어가지 않으면 학생의 사이클과 선생님의 사이클이 따로 돈다고 할 수 있습니다. 흥미진진한 액션 영화지만 자는 사람도 있습니다. 영화의 재미에 푹 빠진 사람들은 자는 사람이 도무지 이해되지 않지만, 영화 내용이 그 사람의 사이클 안으로 들어오지 않으면 따분

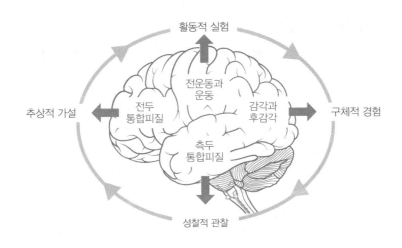

함을 느끼고 졸린 게 당연합니다.

교실의 수업장면을 조금 떨어진 위치에서 관찰하면 학생들의 모습이 한눈에 들어옵니다. 마치 교사의 지휘에 집중하는 오케스트라 단원들처럼 혼연일체가 된 학생들이 있습니다. 한편 무관심한 표정을 짓거나 심지어 딴짓을 하는 학생들도 있습니다. 너무도 비교되는 모습이지만 모든 학생들은 주어진 조건에서 나름 최적의 판단을 하고, 자신의 두뇌 사이클을 열심히 돌리고 있습니다. 단지 겉으로는 교사 중심의 수업 사이클에 동참하지 않는 것처럼 보이지만, 그렇다고 뇌가 멈춘 상태일 수 없기 때문에 아무것도 안 할 수는 없습니다. 한 초등학교 선생님의 이야기입니다.

"영어 시간에 집중을 안 하는 학생이 있었어요. 수업이 끝나고 나면 1명씩 저에게 주요 표현이나 영어로 인사를 하고 가요. 그날 수업에서도 그 학생은 계속 딴짓을 하는 것처럼 보였어요. '오늘은 이 인사를 하자'라고 했을 때 들었을까 싶었는데 그 학생이 와서는 인사를 잘 하고 가는 거예요. 그때 깨달았어요. '아! 아무렇게나 행동하는 것처럼 보여도 학생들은 다 듣고 있었고, 계속 공부하고 있었구나.'"

자칫 자신의 수업에 참여하지 않는 것처럼 보이는 학생들에게 교사가 부정적인 피드백을 하면 상황은 악화됩니다. 해당 학생들에게 교실은 갑자기 불안하고 위협적인 공간이 되니까요. 교사의 의도와 무관하게 학생의 뇌에서 하위경로를 활성화시켜 도무지 수업에 참여할 수 없는 상태로 만들어버립니다. 반대로 학생이 수업에 참여하지 않는 듯이 보이지만 자기 나름의 학습 사이클을 열심히 돌리고 있다고 생각하면 어떨까요? 학생의 사이클과 수업 사이클이 연결될 수 있는 고리를 찾기 위해 학생에게 관심을 보인다면 어떻게 될까요? 학생은 자신을 배려하고 존중하는 분위기가 되었을 때 활발하게 움직이는 상위경로 덕분에 수업에 참여하게 될 가능성이 높아지겠지요.

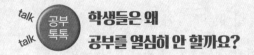

학생들은 왜
공부를 열심히 안 할까요?

A교사

해야 할 것도 많고 아무리 해도 끝없이 높아지는 목표가 학생들에게 부담이겠죠.

박재원

공교육이 정말 중요한 게 학생이 학교 수업을 중심으로 공부하면 그런 일이 벌어지지 않아요. 학교에서는 진도를 나가죠. 그럼 자기 할 일이 정해지잖아요. 학교 진도를 따라가는 공부가 가장 효율적이고 안정적입니다. 그런데 우리나라 학생들은 대부분 학원을 갑니다. 학원 공부는 끝이 있나요? 학원에 오래 다니면 대부분 피로감을 느끼고 공부 거부반응이 강해지는 이유가 학생들이 학원을 떠나지 못하도록 묶어두기 위해 여유를 주지 않기 때문입니다. 끊임없이 공부하라고 재촉합니다. 잘하면 잘할수록 더 해야 돼요. 이런 사정을 모르고 학원은 열심히 가르치고 학교는 그렇지 않다고 생각하는 사람들이 많습니다. 학교 선생님들이 학생들에게 꼭 필요한 교육활동을 하려고 노력해도 사교육과 비교되고 방해받는 현실이 안타깝습니다.

B교사

공부는 어릴 때부터 계속 해야 하는 거고, 결과도 바로바로 눈에 들어오는 게 아니잖아요. 대신에 세상에 재밌는 게 너무 많잖아요. 유튜브라든가 게임, 화장처럼 친구들과 같이 할 수 있는 즐거움이 너무 많아요.

박재원

학생들이 즐거움을 느끼는 것들을 잘 활용해야죠. 학생들의 관심을 프로젝트로 기획해서 많은 내용들을 담을 수 있잖아요. 학습과학의 첨단을 보여주는 〈뇌가 배우는 대로 가르치기〉의 핵심이기도 합니다. 학생들이 자연스럽게 관심을 보이는 다양한 변화들을 교육과정에 흡수해야 하는데 쉽지 않은 일이지요. 학생들의 삶과 교육과정이

＊＊ '공부 톡톡'은 〈공부를 공부하다〉 모임에서 주제별로 나눈 이야기를 정리한 것입니다.

너무 동떨어져서 동기부여가 잘 안 됩니다. 학생들의 관심을 반영하려면 선생님들이 교육과정을 재구성해야 하는데 평가권부터 인정해줘야 되잖아요. 하지만 평가는 여전히 일제고사니까 힘들 수밖에요. 초등학교 때는 괜찮아요. 특히 고등학교에서 교육과정을 재구성해서 많은 학생들이 좋아하는 수업을 한 걸 학부모들이 알면 싫어하는 정도가 아니라 일부 학부모들은 항의하고 못 하게 할걸요. 왜냐하면 시험은 일제고사니까요. 학생들이 수업에 열심히 참여하려면 학원의 시험 대비보다 학교 수업에 참여하는 것이 더 유리하다고 생각해야 합니다. 직접 수업하는 교사의 평가권을 인정해야만 수업혁신은 물론 사교육 문제 해결도 비로소 가능하다고 봅니다.

C교사

부모의 능력에 따라 사교육을 못 받는 아이들이 박탈감을 느끼면서 더 공부를 하고 싶은데도 할 수 없는 환경에 가로막혀 공부를 안 할 수도 있어요.

박재원

사실 핀란드가 국가 수준에서 노력하는 게 바로 선생님이 말씀하신 그 부분이에요. 핀란드는 학생이 어느 학교를 가느냐에 따라서 학업 성취가 달라지는 요인을 제거하기 위해 노력해요. 학교별 학력 편차를 최소한으로 줄이는 걸 매우 중요한 교육적 목표로 삼지요. 또 부모의 사회·경제적 배경이 학업 성취에 미치는 영향도 최소화하기 위해 노력합니다. 누구나 다 노력한 만큼 정당하게 평가받을 수 있다는 신뢰를 주는 거죠. 나머지 문제는 대부분 일선 학교의 재량이에요. 우리 현실은 어떤가요? 자신의 노력을 우리 사회가 정당하게 평가해줄 거라고 믿는 학생들이 얼마나 될까요? 많은 학생들이 열심히 해봤자 소용없다는 생각을 너무 일찍부터 하는 건 아닌지 걱정됩니다. 공부는 어차피 불공정한 게임이라고 생각하면 평소 학교 수업시간에도 열심히 할 이유가 없어지잖아요.

D교사

요즘 추세인데 관심 분야도 다양해져서 책도 많이 안 읽잖아요. 그만큼 아이들이 공부에 집중하기 어렵게 만드는 부분도 있고요. 또 학습량이 너무 많고 수준도 너무 높아요. 그렇게까지 배울 필요가 없는데도 집에서 혼자 공부하기에는 학교 진도가 너무 벅차다보니 학원의 도움을 받지 않으면 도태될 수밖에 없으니까, 부담을 크게 느낀 아이들이 더 공부를 안 하게 되는 거 같아요.

박재원

그게 악순환이죠. 실제로 사교육을 시키는 이유를 물어보면 '학교 수업 보충'이 높은 비율로 나옵니다. 만약 학교에서 학생들이 제대로 배우고 잘 마무리되면 학교 밖에서 또 공부할 이유가 없잖아요. 그런데 학교 공부가 마무리가 안 되니까 학교 밖에서 또 공부하게 되죠. 학원에 다니면 전체적으로 공부의 양이 늘어나니까 질은 떨어질 수밖에 없어요. 학교 수업에도 집중하기 어렵지요. 학교 수업에서 배우는 공부의 질이 떨어지니 또 양으로 채워야 되니까 학원에 보내야 되죠. 그러면 또 학교 공부의 질이 떨어지고, 악순환에 빠집니다.

제가 학습법에 크게 눈을 뜨게 된 계기가 있습니다. 대치동 사교육 현장에 있을 때 성적 좋은 학생들이 두 부류가 있었습니다. 사교육에서 관리하는 학습량으로 버티는 학생들은 얼굴이 다 누렇게 떴어요. 슬럼프가 자주 오고, 갑자기 멍하니 있기도 하고요. 그런데 드물지만 표정이 밝고 '쌩쌩한' 학생들이 있어요. 학교 수업시간을 소중하게 생각하고 선생님을 존경하더라고요. 초반전에는 학원에서 관리 받는 학생들, 공부 시간이 긴 학생들을 못 따라가요. 초등학교, 중학교까지는 보통 밀립니다. 그런데 점점 공부 수준이 올라가 사고력이 필요한, 진짜 실력이 필요한 순간이 되면 성적이 쭉 올라갑니다. 한 번 정상을 찍으면 계속 가요. 학원에서 아무리 공부를 많이 해봐야 학교 수업만큼 길 수 없잖아요. 그러니까 학교 수업을 통해서 '공부소득'이 많은 거예요. 학교에서 많이 버니까 여유가 있죠. 공부에 여유가 있으니까 학원에 많이 안 다녀도 되고, 학교로 다시 왔을 때 컨디션이 좋아요. 선순환 구조를 이루는 거죠. 하지만 대부분의 학생들은 학교 수업을 낭비하고 학원에서 보충하는 과정을 반복합니다. 악순환 구조에 빠져 있어요. 학원에서 학생들의 공부효율을 높여주는 건 근본적인 한계가 있다는 사실을 깨닫고 나서 대치동을 떠나야겠다고 생각했습니다.

E교사
저는 학생들의 자발성이나 선택권이 무시되는 것이 요인이라고 생각했어요.

박재원
그렇죠. 자기가 골라야 되죠. 아주 실용적인 방법인데, 학생들에게 문제를 골라서 풀게만 해도 달라져요. 제가 다음과 같이 실험을 해봤는데 확실히 효과가 있었습니다.

1. 영어 독해 지문 열 개씩 나눠준다.
2. 쉽다고 느껴지는 지문을 고르게 한다.
3. '재밌겠다, 읽어볼 만하다' 싶은 것들을 고르게 한다.
4. 교재의 순서를 무시하고 자신이 정한 순서대로 독해한다.

학생들이 스스로 고르는 행위만 해도 집중력이 크게 좋아집니다. 문제집도 '처음부터 풀어라'가 아니라 골라서 풀라고 선택권을 주면 학생들의 집중도가 상당히 달라집니다. (구체적인 학습법은 5장에서 다룹니다.)

2
학습자
이해하기

공부 모임에서 선생님들에게 물었습니다.

"수업 준비를 열심히 했고, 수업도 잘하고 있는 것 같은데

학생들이 안 따라오는 경우가 있지요?

그런 장면을 얼마나 자주 경험하세요?

하루에도 수십 번이요?"

"한 시간에 수십 번이요."

한 선생님의 대답에 모두 공감하며 웃었습니다.

흔히 "수업을 방해하는 10퍼센트 때문에 교사의 에너지 90퍼센트가 소진된다"고

합니다. 교사들이 이미 겪고 있듯이,

학생들을 수업에 참여시키기가 점점 어려워지고 있습니다.

무엇이 문제일까요? 정말 해법은 없는 걸까요?

포기하면
편해요

"교실에서 '도전 골든벨'을 했어요. 시작하자마자 한 무리의 학생들이 첫 문제부터 틀리고는 보드판을 내려놓는 거예요. '아예 포기하면 편해요.' 한 학생이 장난스러운 표정으로 툭 던진 그 말에 마음이 아팠어요. 시작부터 틀려서 속상했을 텐데도 아무렇지 않은 척한 거 같았거든요. 아니 사실은 아예 문제를 맞히려 애쓰지도 않은 거예요."

공부 모임에 참여했던 초등 교사의 이야기입니다. 학생은 아주 쿨하게 "아예 포기하면 편해요"라고 말했지만, 속내가 편치 않다는 걸 선생님은 아프게 느꼈습니다. 학생의 과장된 말과 몸짓은 중요한 걸 말해줍니다. 공부 못한다는 사실 때문에 상처 받지 않기 위해 애써 보호막을 치고 있다는 것이지요. "행복은 성적순이 아니잖아요!" 대신에 "빨리 포기하는 게 더 행복하다"라고 말하는 것 같습니다.

반(反)문화를 만드는 학생들의 심리

'포기하면 편하다'는 말은 단순히 개인적인 반항심의 표현이 아닙니다. 어차피 경쟁에서 질 것 같고, 해도 안 될 것처럼 느끼는 학생들이 나름의 자구책을 찾은 것으로 봐야 합니다. 집단적으로 '하위문화'를 만들어 자신을 적극적으로 보호하려는 것이지요.

어떤 선생님이 특정한 학생, 공부 잘하는 학생만을 예뻐하면 그 교실에는 대부분 하위문화가 만들어집니다. 하위문화를 상징하는 행위에 적극적으로 가담해야 소속감을 느끼기 때문에 소극적인 수업 거부 수준을 넘어 적극적으로 수업을 방해하기까지 합니다. 하나의 문화로 통합되지 못하고 주류문화와 하위문화로 갈라진 상태에서 나타나는 갈등상황이 교실을 종종 통제 불능상태로 몰아가기도 합니다.

> 오늘날 학교 현장에서는 교사들이 아마도 좋은 의도로 했을 행동이 부작용을 낳고 있다. 다시 말해, 학생들이 서로가 다른 사회범주에 속해 있음을 더 잘 느끼게 만드는 것이다. 나는 교사의 역할이 학생들 사이의 문화적 차이를 부각시키는 게 아니라 그 차이를 사소하게 만드는 것이라고 본다. 교사가 해야 할 일은 공통의 목표를 제시하여 학생들이 서로 협력하게 하는 것이다.
>
> – 〈양육가설〉 이김, 382쪽

사회적 동물인 사람은 소속집단에서 존재감을 느끼고 자기 역할을 하면서 기여한다고 인정받을 때 비로소 고립의 두려움에서 벗어나 정상적인 삶을 살 수 있습니다. 하지만 지금 대부분의 학생들이 처해 있는 상황은 사뭇 위협적입니다. 성적 때문에 친구들과는 대부분 경쟁관계이고, 부모와는 갈등관계여서 매일 간섭받고 야단맞기 일쑤입니다. 공부하면서 칭찬을 들어본 적도 없습니다. 비록 정답을 맞히지는 못했지만 애쓴 보람이라도 있어야 하는데, 오직 결과만을 놓고 따지니 보람은커녕 좌절감뿐입니다. 공부하는 내용이 재미있거나 유익하면 또 모르겠지만 아무짝에도 쓸모없는 것들로 가득한 것 같습니다. 당연히 공부에 동반하는 좌절감 대신 당당하게 공부를 거부했을 때 느낄 수 있는 감정이 더 매력적으로 다가옵니다.

스스로 패배자임을 인정하는 것은 자신의 존재 자체가 부정당하는 것과 비슷한 절망감으로 다가옵니다. 우등생들은 열심히 했고 자신은 열심히 안 했다고 인정할 때 느끼는 열등감에서 벗어나려면 나름의 명분이 필요하지요. 척척 정답을 맞히는 친구들에게 열등감을 느끼지 않으려면 끼리끼리 모여 적극적으로 '그들'을 비난해야 마음이 편해집니다. "쟤는 별 쓸데없는 걸 저렇게 많이 알아, 그러니까 재미가 뭔지 모르지. 어휴! 따분하고 불쌍한 인생!"

인생에 하등 쓸모없는 공부에 전념하는 '그들'과 진정한(?) 인생의 의미와 재미를 추구하는 '우리'는 다르다고 분명하게 선을 그었을 때 마음이 안정됩니다. 우등생인 '그들'과 '우리'는 다르다는 집단적인 문화에 가담함으로써 더이상 마음의 상처를 받지 않으려는 것입니다. 분명 자기 파괴적인 모습이지만 당당하기까지 한 것은 미래의 피해를 생각할 여력도 없어서입니다. 또한 미래를 걱정하기보다 지금 누리는 심리적 안정이 더 필요하기 때문입니다.

교실에 존재하는 하위문화의 영향력을 충분히 고려하지 않으면 개별 학생들의 모습을 제대로 이해할 수 없습니다. 고립의 두려움을 피하기 위해 적극적으로 공부를 거부하는 학생들을 학원에 보내면 달라질까요? 오히려 학교보다 주류문화에 속한 학생들이 더 밀집되어 있는 학원에서 학생들은 어떤 핑계라도 만들어 공부를 회피하거나 적당히 시간만 보내며 자기 생활을 즐기기 십상입니다.

하고 싶은 게 없어요

한 교육청에서 학부모 연수를 마치고 질문을 받았습니다. "우리 아이가 중학교 1학년인데 아무것도 하고 싶은 게 없답니다. 지금 제가 너무 힘듭니다. 저는 아이가 어려서부터 공부하라고 강요한 적이 없고, 하고 싶은 거 하라고 늘 그랬거든요. 근데 이제 와서 하고 싶은 게 아무것도 없다는 거예요." 어머니는 아이가 왜 무기력해졌는지 도무지 이해할 수 없다고 하소연했습니다. 가정, 학교, 사회 전반이 성적 경쟁으로 내모는 상황에서 공부에 자신감을 잃고 무기력해진 학생들이 급증하고 있습니다. 그 학생들은 "공부가 싫으면 적성에 맞는 일을 찾아"라는 조언에 거의 정해진 답을 합니다. "내 적성도 모르겠고, 하고 싶은 것도 없으니 그냥 내버려두세요."

공부에 의욕을 잃은 학생들의 사정을 제대로 이해하지 못하면, 학생들을 비난하기 쉽습니다. 공부도 못하면서 어떻게 마음이 편할 수 있는지, 사회에 쓸모 없는 존재가 될 텐데 세상을 어떻게 살아가려고 공부를 안 하는지 모르겠다고 말입니다. 하지만 경쟁사회가 권장하는 모범생이 되기 위해 노력해본 결과 돌아온 것이 패배감이고 열등 감이었기 때문에 학생들은 다른 방도가 없습니다. 하고 싶은 것이 없다고 스스로 설득하는 데 성공해야 살아갈 수 있는 것입니다. 무기력이 가져다주는 당장의 편안함이라도 없으면 심리적으로 버티기 어려운 상태인 것이지요. 따라서 무기력은 결코 개인적인 문제가 아니라 경쟁 일변도의 사회에 드리운 어두운 그림자입니다. 개별적으로 드러나지만 하위문화에 숨어 자신을 보호하려는 집단행동입니다.

학생들의 집단 무기력은 학부모는 물론 현장 교사들에게도 엄청난 시련입니다. "선생님! 공부하기 싫어요. 제가 하고 싶은 거 따로 있어요." 학생이 당당하게 요구하면 속이라도 시원할 텐데 그 어떤 조언에도 긍정적으로 반응하지 않습니다. 마지못해 "알았어요, 할게요"라고 대답만 해도 고마울 정도입니다. "다른 데 관심 있니?" 물어봐도 "아니요, 알아서 할게요"라는 시큰둥한 대답뿐입니다. 도와주고 싶지만 무작정 거부하고, 수업 분위기까지 망치는 학생들 때문에 교사들도 무력감을 느낍니다.

왜 꿈이 없을까요

한 아버지가 중3 아들이 꿈이 없어 걱정이라고 상담을 요청했습니다. "아들이 공부는 곧잘 하는데 아직도 꿈이 없어요. 주변 친구들은 이런저런 꿈이나 희망 직업을 정했습니다. 다들 목표를 향해 열심히 달려가고 있더라고요. 우리 아이만 의미 없이 학교 가고, 학원 가는 것 같아요. 꿈을 갖게, 목표의식을 심어주려고 다양한 직업을 경험할 수 있는 강소기업 박람회에도 데려갔는데 시큰둥합니다. 안정적인 직업을 가지고 무난하게 살았으면 하지만, 원하는 꿈이 있다면 적극적으로 밀어줄 생각도 있습니다. 그런데 중3이 되도록 꿈이 없다고 하니 답답합니다. 아이의 진로, 어떻게 지도해야 하나요?"

어른들이 보면 정말 유치하지만 어린 아이는 마음에 품은 꿈을 말한 적이 있습니다. "아빠, 나는 커서 아빠랑 결혼할 거야!" 지금까지 만나본 남자 중에 최고인 아빠를 선택한 것은, 특히 다른 남자를 만나본 적이 없는 그 나이에 가질 법한 희망사항입니다. "아무리 애라도 그렇지, 어디 말이 되는 소리를 해야지. 아빠랑 결혼한다고…." 낭만적인 꿈 이야기에 어른들은 논리적인 비판을 하기 일쑤입니다. 아이들이 몇 번 비슷한 상황에 직면하고 나면 꿈 이야기는 하고 싶지 않겠지요. 또 부모가 아이의 꿈을 지원하겠다고 적극 나서는 경우에 오히려 아이는 '꿈이 없는 척할' 가능성이 높습니다. 괜히 꿈을 얘기했다가 곤욕을 치른 경험 때문입니다. "왜 너는 꿈도 없니!" 주로 부모들의 꿈 고문에 시달리다가 어쩔 수 없이 말하는 순간, 그 꿈을 향해 끝없이 달려야 하니까요. "넌 꿈이 있잖아. 그 꿈을 이루려면 열심히 노력해야지."

경쟁교육의 대안으로 진로교육을 강화하면서 꿈 이야기를 자주 하지만 오히려 학생들은 꿈 이야기를 스트레스로 받아들입니다. 스스로 자기 길을 찾아가는 꿈과 진로가 아니라, 남보다 좋은 직업을 바라는 부모의 욕망에 떠밀려서입니다.

"대학에 전공적합성을 어필하려면 가급적 빨리 진로를 정하고 고등학교에 올라가기 전에 전공 학과를 결정해야 하잖아요. 목표를 가급적 빨리 정하는 게 유리한 건 맞잖아요?" 자주 듣는 항의성 질문입니다. 물론 목표는 늦게 정하는 것보다는 빨리 정하는 것이 유리합니다. 하지만 질문을 바꿔볼까요? "목표를 대충 정하는 것과 충실하게 정하는 것, 어느 쪽이 유리한가요?" 프레임 싸움이라는 말처럼 어떻게 판단하느냐에 따라 전혀 다른 결론에 도달합니다. '빨리'와 '늦게'도 있지만 '조급하게'와 '신중하게'라는 프레임도 있습니다. 빨리 정하느라 대충 정한 것이라면 지속가능한 목표가 될 수 없습니다.

학부모들에게 강의를 하면서 종종 묻습니다. "어릴 적 꿈을 구체화시켜서 목표를 정하고, 목표를 달성하기 위해 계획하고 하루하루 실천하면서 살아온 사람 있습니까?" 아무도 손을 들지 않습니다. "그러면 어찌어찌 살다보니 여기까지 왔다, 손들어 보세요." 대부분 손을 듭니다. 진로설계는 '인생은 51퍼센트 이상이 우연'이라는 사실을 인정하고 출발해야 합니다. 정말 안정적인 삶을 원한다면 억지로 사다리를 올라가는 게 아니라 정글짐을 만드는 것처럼 다양한 경험을 해야 합니다. 꿈은 찾는 것이 아니라 채우는 것입니다.

사람은 주어진 상황마다 경험하면서 성장하도록 치밀하게 설계된 초고성능 학습생물입니다. 매 순간 관심이 생기고 좇는 과정에서 다양한 경험을 하면서 자신과 세상을 알아갑니다. 경험이 쌓이면 관심의 폭과 깊이가 더해지고 학습욕구가 발동하지요. 몸소 체험해야 하는 직접 경험의 한계를 느끼고 책과 스승을 찾아 효과적으로 배우고 싶어 합니다. 그런데 요즘 학생들은 정상적인 성장·발달과정을 가로막는 시험과 성적이라는 장애물 때문에 꿈을 꿀 여력이 없습니다. 꿈의 소재가 되는 일상의 경험이 심하게 왜곡되어 있습니다. 학생들의 마음 깊은 곳에 숨어 있는 진심은 이것이 아닐까요?

"나도 꿈이 있는 삶을 살고 싶으니까, 꿈이 생기도록 제발 좀 내버려두세요!"

안 하는 걸까,
못하는 걸까

흔히 성적이 낮으면 공부를 못한다고 합니다. 하지만 못하는 것이 아니라 공부를 안 하는 것으로 봐야 합당한 경우가 많습니다. 과연 어떤 차이가 있을까요? 공부 못하는 아이는 결과(성적)가 안 좋은 걸 말합니다. 공부 안 하는 아이는 하면 잘할 수 있지만 제대로 해본 적이 없는 경우로 구분할 수 있습니다. 못하는 것과 안 하는 것에는 매우 중요한 차이가 있는데, 한 교사의 이야기에서 그 실마리를 찾을 수 있습니다.

"학기 초에 학부모님들에게 편지를 쓰고 있었어요. '초임이고 긴장되지만 열심히 최선을 다해서 가르치겠습니다.' 그런데 옆에 계신 선생님이 '자꾸 그런 편지 보내지 마라. 너희들이 그러니까 우리들은 놀고먹는 것처럼 느껴지잖아. 제발 분위기 파악 좀 해!' 그러는 거예요.

순간 의욕이 확 꺾여 편지 보내는 걸 포기하고 말았어요."

학교 분위기를 읽은 선생님은 학부모들과 잘 소통하지 않게 됩니다. 학부모들을 만날 때마다 어려움을 겪는데, 소통능력이 부족해서가 아니라 제대로 소통하기 위한 노력을 안 했기 때문이지요. 학생들도 주변 분위기를 읽고 어떻게 하는 게 자신에게 유리한지 나름대로 판단합니다. 자기 딴에는 열심히 했는데 성적이라는 결과만으로 비난받으면 공부하고 싶은 의욕이 떨어지기 마련입니다. 해봤자 좋은 꼴을 보지 못할 게 빤한데 괜히 에너지를 빼앗기고 싶지 않겠지요. 마음만 먹으면 충분히 잘할 수 있지만 관심이 없기 때문이라고 자신을 설득해서 공부를 안 해야 열등감, 패배감에서 벗어나 마음이라도 편할 수 있으니까요.

학부모에게 보낸 편지가 일으킨 나비효과

만약 교사가 주위 시선과 상관없이 학생과 학부모를 위한 마음을 낸다면 어떻게 될까요? 고등학교 1학년 어느 반 담임 김태현[*] 선생님은 고등학교 첫 시험에 가슴 졸일 학부모들의 마음을 헤아려 편지를 보냈습니다.

> … 공부한 만큼 잘 나오지 않는 점수로 인해서, 실망하는 학생들이 많이 나

---

[*] 경기도 안양 백영고등학교 교사. 〈교사, 삶에서 나를 만나다〉 저자.

오게 될 겁니다. 그럴 때, 우리 부모님들께서는 '속상하지? 점수가 너의 전부를 말해주는 것은 아니야'라는 격려를 해주면 좋을 겁니다. 죄송한 말씀이지만, '몇 등 했어? 그거 가지고 되겠니?' 혹은 '내 그럴 줄 알았어!'라는 말은 정말 피해야 할 말입니다. 이런 말을 듣는 순간, 자녀들은 자존감이 땅에 떨어지고, 고등학교 공부에 대한 의욕을 잃어버리게 될 겁니다.

공부는 결국 자신감이 붙어야 합니다. 스스로 자신에게 더 깊은 신뢰를 보낼 때, 학습 효과도 높아지고, 성적도 올라가게 되어 있습니다. 그런데 많은 학생이 '이거 해도 안 돼'라는 패배적인 생각이 많은데, 여기에 부모님께서 성적 혹은 등수의 잣대로 자녀의 기를 꺾어버리면, 자녀들은 낙담하고 이내 공부를 포기하는 경우가 나옵니다.

자녀들의 자신감은 부모님께서 '결과'에 대해 칭찬하는 것이 아니라, '과정'에 대해 격려할 때 생깁니다. 저도 두 자녀의 부모이기에 이것이 너무 어렵다는 것을 알고 있습니다. 하지만 부모이기에, 의지적으로 우리가 노력해야 할 부분인 거 같습니다……

선생님의 편지를 받자마자 많은 학부모님이 감사 문자를 보내왔다고 합니다. 교사의 편지가 학부모와 소통하는 문을 연 것입니다. 교사가 학부모와 협력하여 학생들이 긍정적인 분위기에서 공부하도록 노력한다면 공부 안 하는 학생들이 빠르게 줄어들 것입니다. 시험과 성적 때문에 늘 부담을 느끼던 마음에 격려하고 지지하는 기운이 스며들면 당연히 공부 의욕이 생기겠지요.

학생들도 공부 잘하고 싶다

사실 학생들도 공부를 열심히 해서 좋은 성적을 받고 싶어 합니다. 그렇다면 왜 노력하지 않는 걸까요? '공부를 잘하고 싶은 마음이 있다면 저렇게 행동하면 안 되지!' 대부분 부정적인 시선으로 학생을 책망하는 데 그칩니다. '왜 공부가 싫은 걸까?' 학생들이 왜 그런 마음을 갖게 됐는지 궁금해지면 해결의 실마리가 보입니다.

학생들이 공부하다가 집중력이 떨어지는 순간을 관찰해보았습니다. 핵심은 바로 '난이도'였습니다. 공부를 시작했지만 어렵다고 느끼는 순간 집중력이 뚝 떨어졌습니다. 원인을 파악하고 학생들의 평소 실력에 맞게 난이도와 학습량, 속도를 조절해주니 집중력이 다시 살아났습니다.

처음에는 저도 오해를 했습니다만 성적이 나쁠수록 잘하고 싶은 마음은 더 간절하다는 사실을 알게 되었습니다. 가난한 사람에게 돈이 더 절실한 것처럼 말입니다. 하지만 이렇다 할 성공경험이 없는 상태에서 주어진 공부가 감당하기 어렵다고 느끼는 순간, 자신도 모르게 거부하는 마음이 일어나는데 그걸 이겨내는 것이 쉽지가 않습니다. 게다가 주변에서는 공부하기 싫어서 일부러 그러는 것이라고 하면 거부감이 더 커지겠죠. 학생들도 앞으로 나아가고 싶습니다. 지금 당장 앞이 막혀 있다는 느낌 때문에 잠시 멈춰 서 있을 때에 누군가가 공감하고 지지해주는 것이 필요할 뿐입니다. 그때 필요한 공감과 지원을 받으면 얼마든지 다시 힘을 내볼 수 있을 텐데, 비난만 쏟아지니까 공부 자체가 싫어지는 거지요. 공부라면 생각도 하기 싫어지는 경험이 쌓이면서 거부반응은 점점 강해집니다.

생존 모드에서는 공부할 수 없다

학생이 안절부절 눈치를 보면 심리적으로 위기 상황에 빠져 있다고
봐야 합니다. 부정적인 감정을 유발하는 상황에서는 일단 빠져나올
궁리부터 하느라 공부가 되지 않습니다. 〈뇌가 배우는 대로 가르치기〉
에 이런 말이 나옵니다.

> 현행 교육체계의 비극은 교육이라는 미명하에 이루어지는 일들의 상당수가 하
> 위경로를 자극하며 따라서 상위 인지기능의 작동과 효과적인 학습을 방해한다.
> – 〈뇌가 배우는 대로 가르치기〉 한국뇌기반교육연구소, 222쪽

사람의 뇌는 불수의기관으로 주인의 의지와는 상관없이 독자적으
로 움직입니다. 1장에서 살펴본 것처럼 인간의 뇌에는 하위경로와 상
위경로, 서로 다른 길이 있습니다. 하위경로는 위기모드인데, 무언가
가 자신을 위협하고 있다고 느낄 때 활성화됩니다. 하위경로가 작동
하면 조급해지고 생각도 짧아지면서 생존반응을 보입니다. 당장 필요
한 행동을 빨리 찾고 실행해서 안정부터 취하려고 합니다. 뇌의 변연
계(감정영역)와 뇌간(생명영역) 부분이 주로 활성화되는데 외부에서 들
어오는 자극에 감정적으로 반응하고 시야도 좁아집니다. 보통 터널시
야라고 하는데, 초조하다는 느낌이 밀려와서 합리적으로 생각하지를
못합니다.

반대로 상위경로는 변연계와 대뇌피질(이성영역)이 활성화된 상태를 말합니다. 변연계가 움직여 감정도 일어나지만 대뇌피질에 저장된 지식을 활용하여 충분히 생각하고 판단합니다. 안정모드 상태인데 비로소 미래를 대비하는 일에도 관심을 기울여 학습이 제대로 일어납니다. 하위경로 활성화 상태와 상위경로 활성화 상태에서는 감정은 물론 생각과 언행 모두 달라집니다. 지킬 박사와 하이드처럼 서로 다른 사람이라고 볼 수 있을 정도입니다.

뇌의 주도권은 감정이 쥐고 있다

뇌는 이성과 감정을 담당하는 부위가 서로 다른데, 주도권은 합리적인 이성이 아닌 다분히 즉흥적이고 변화무쌍한 감정이 쥐고 있습니다. 감정과 이성 영역의 영향력 정도를 9:2로 파악한 연구결과도 있습니다. 공부 역시 감성코드로 접근해야 실마리가 잡힙니다.

뇌는 공부하면서 느낀 감정을 잘 기억합니다. 불쾌한 공부를 많이 경험할수록 점점 공부와 멀어지는 이유는 뇌의 지시 때문이라는 해석이 가능합니다. 특히 감성적으로 싫어하는 공부를 계속 하도록 강요하면 공부를 기피대상으로 뇌에 등록해서 아예 공부를 안 하게 만들 가능성이 높습니다. 자신도 모르게 나타나는 뇌의 거부반응 때문에 공부를 기피하는 것이지요. 뇌가 가장 싫어하는 공부를 현실에서 찾자면, 무작정 암기하는 것과 단순한 반복학습, 부담감을 주는 숙제와 시험공부 등이 대표적입니다.

학생들이 공부를 게을리할 때, 흔히 하는 말이 있습니다. "목표를 정해서 열심히 하면 잘할 수 있어." "공부는 원래 힘든 거야. 참고 이겨내야 성공하는 거야." 목표가 없다, 의지가 약하다, 집중력이 떨어진다, 실천력이 부족하다 등등 학습자에게 화살을 돌립니다. 공부와 멀어지게 된, 공부를 '안 하는' 근본원인은 살피지 않고 공부를 '못하는' 아이로 둔갑시켜 학습자에게만 책임을 묻는 것이지요.

학생들이 적극적인 학습자로 성장하는 길은 분명히 있습니다. 공부를 하면서 건강한 욕구가 충족된 경험이 쌓이면 적극적인 학습자, 즉 자기주도학습이 가능해집니다. 자기주도학습은 단지 혼자 공부하는 걸 의미하지 않습니다. 공부하면서 욕구가 충족되었을 때 느꼈던 만족감을 다시 느끼고 싶은 상태가 되면 비로소 자기주도학습이 자연스럽게 이루어집니다.

공부 못하게 만드는 요인들:
경쟁과 상대평가

사람은 누구나 좋아하는 것과 싫어하는 것을 구분합니다. 좋아하는 운동과 싫어하는 운동이 있고, 즐겨먹는 음식이 있고 싫어하는 음식도 있습니다. 공부도 이와 비슷해서 좋아하는 공부가 있고 반대로 싫어하는 공부도 있습니다. 하지만 우리는 유독 공부 문제만큼은 개인의 선호를 인정하지 않습니다. 모두 같은 과목을 공부해야 하고 시험 범위도 똑같습니다. 궁금하고 좋아하는 공부를 할 수 있다면, 먹고 싶은 음식을 맛있게 먹는 것처럼 즐겁고 신나게 공부할 수 있습니다. 그런데 지금 학생들은 관심도 없고 하기 싫은 공부를 억지로 해야 합니다. 경쟁사회에서 살아남기 위한 생존수단으로 전락한 공부, 바로 시험공부라는 매우 기형적인 공부만이 허용되고 있어서입니다.

경쟁이 주는 긴장감, 공부에 미치는 영향

시험 스트레스가 성적에 미치는 영향에 관한 연구 결과[*]를 재구성했습니다.

학생들을 모아놓고 사전 시험을 봤다. 두 그룹 사이에 성적 차이가 별로 나지 않았다. 다시 시험을 봤는데, 한쪽 그룹은 성적이 5퍼센트 올라갔고 한쪽 그룹은 12퍼센트 떨어졌다. 중간에 어떤 일이 있었던 걸까?

1차 시험에서는 학생들에게 이렇게 말했다.

"여러분들의 평소 실력을 테스트하는 거니까 부담 갖지 말고 편하게 시험 보세요!"

하지만 두 번째 시험을 볼 때는 다르게 이야기했다.

"이번 시험 성적으로 장학금 대상자를 선정합니다. 둘째, 시험 성적은 다 공개합니다. 세 번째, 개인 성적이 전체에 미치는 영향을 평가해서 책임을 묻겠습니다. 네 번째, 시험 보는 과정은 영상으로 기록하고 부정행위를 철저하게 차단할

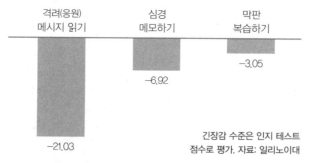

긴장감 수준은 인지 테스트 점수로 평가. 자료: 일리노이대

시험 직전 행동에 따른 긴장감 변화(단위=퍼센트)[**]

것이며 직접 교수가 채점합니다."

당연히 긴장할 수밖에 없는 상황을 연출했다. 그러고는 성적이 5퍼센트 오른 그룹에게는 이렇게 말했다.

"여러분, 지금 긴장되시죠. 지금부터 시간을 드릴 테니 여러분들의 긴장된 마음을 글로 써보세요."

한편 성적이 떨어진 그룹에게는 단지 이렇게 말했다.

"여러분, 시험 잘 보세요."

실험 결과에서 알 수 있듯이, 시험 걱정을 글로 써보는 과정에서 변화가 있었습니다. 스트레스 상황을 바라보게 함으로써 메타인지의 작동이 가능하도록 도왔다고 할 수 있는데, 결과적으로 시험 스트레스를 완화한 그룹과 그렇지 않은 그룹 사이의 성적이 1차 시험과 비교했을 때 17퍼센트 차이가 났습니다. 2017년 실험도 결과가 비슷합니다. 학생이 평소 노력해서 쌓은 실력만이 아니라 시험이라는 조건과 여러 상황적인 요인이 성적에 미치는 영향이 밝혀지고 있습니다.

앞서 〈사이언스〉에 소개된 '심경 메모하기'보다 '격려(응원) 메시지 읽기'의 효과가 훨씬 크다는 사실이 놀랍습니다. 과연 합격선 위와 아래의 성적 차이를 노력이나 실력 차이라고 할 수 있을까요? '합격'과 '불합격'에 대한 우리 사회의 차별에는 어떤 근거가 있는 걸까요?

---

* Science, 2011. 1.
** 매일경제 2017. 11. 5.

상대평가: 작은 차이를 위해 끝없이 달리기

"엄마, 나 평균 90점 넘었어."

아이는 엄마의 칭찬을 기대하고 신나서 말했습니다.

"몇 등인데? 100점은 몇 명이야?"

엄마는 칭찬 대신 되물어 따졌습니다.

가정에서 흔히 볼 수 있는 풍경입니다.

상대평가 방식의 경쟁은 학생들을 끝없는 공부 전쟁으로 내몹니다. 달리기로 예를 들면, 100m 달리기 기록 14초 4와 14초 5를 구분하여 1등과 2등을 정하는 것이 상대평가입니다. 절대평가는 14초대면 비슷하게 인정해주자, 0.1초 기록 단축을 위해 애쓰지 않고, 달리기 말고 다른 일에도 관심 가질 수 있는 여유를 주자는 겁니다.

상대평가는 비록 기록 단축에 성공했더라도 다른 학생이 기록을 더 단축하면 아무 소용이 없습니다. 아무리 노력해도 남들의 기록에 따라 자신의 순위가 결정되기 때문에 최종 결과가 나올 때까지 불안할 수밖에 없습니다. 자신만의 목표를 정해 도전하고 성공할 때 느낄 수 있는 성취감을 허락하지 않습니다. 시험 스트레스까지 겹쳐 자신이 노력한 만큼 결과를 제대로 인정받지 못한 경험이 쌓이면 공부하고 싶은 마음을 유지하기가 어렵습니다.

우리 사회의 지나친 메리토크라시(meritocracy, 실적에 따라 지위와 보수가 결정되는 사회체제), 극단적인 상대평가 제도 자체가 변화하지 않는 상황에서 부모들이 자식에게 성공보다는 인성이 중요하다라는 말을 한다는 게 쉽지 않죠."

— 세계일보 2018. 8. 9. "고질적 줄 세우기 문화부터 사라져야"

결국 상대평가의 문제는 인성과 창의성처럼 교육적으로 소중한 것들을 포기하게 합니다. '캠벨의 법칙'이라는 것이 있습니다. 정량적 지표를 많이 사용할수록 오히려 부정과 비리가 심해진다는 의미를 담고 있습니다. 성적표에 등수가 기록되는 나라는 전 세계적으로도 드문데, 패자는 물론 승자에게도 후유증을 남기는 상대평가 방식의 유래가 궁금합니다.

특정 집단 내에서의 상대적인 서열을 말해주는 석차를 제시하는 일은 일제 강점기 이전의 개화기 초·중등교육에서는 찾아볼 수 없었다. 일제강점기에 초·중등 교육기관에 상대평가에 의한 석차를 도입한 것은, '학력에 따른 민족 분할 정책'에 따라 학교의 '교육적 기능'보다 '사회적 선발 기능'을 더 강화하고 학생들의 경쟁 혹은 투쟁 대상이 함께 지내는 동료 학생들이 되도록 함으로써 반일· 항일 운동에 대한 관심을 약화시키기 위한 것이었다. 참고로 '학력에 따른 민족 분할 정책'이란, 식민지 지배의 전형적인 전략의 하나로 학력에 따라 민족의 분할을 도모하여, 높은 학력을 가진 자가 낮은 학력을 가진 자를 대리 통치케 함으로써 식민 지배를 용이하게 하기 위한 것이었다. 그리고 '너의 성공이 곧 나의 실패'를 의미하는 서열 위주의 상대평가는 동료 학생들 간의 협동학습을 저해하고 민족 공동체의식을 파괴하여 기회주의적이고 이기주의적인 개인을 양산하기 위한 것이었다.   — 〈시험 왜 보나?〉 교육과학사, 77쪽 매우 중요한 지적입니다. 우리 사회는 오랫동안 상대평가 제도를, 특히 대학입시에서 아주 편리하게 활용해 왔습니다. 교육적으로 보면 매우 심각한 부작용이 있지만 여전히 별 문제를 삼고 있지 않습니다. 교육과정에서 추구하는 목표와는 정반대로 '협동학습 저해', '공동체 의식 파괴', '기회주의적이고 이기적인 개인 양산' 등을 목적으로 도입된 제도라면 아무리 편리하더라도 계속 사용해서는 안 됩니다. 국가의 교육과정은 아름답지만 현실 교육은 살벌한 이유를 상대평가 방식에서 찾을 수 있습니다. 아무리 노력해도 과정의 의미는 사라지고 오직 결과만을 가지고 따지는 상대평가 때문에 많은 학생들의 마음이 공부 상처투성이가 됩니다. 자신에게 적합한 성취목표(절대평가 기준)를 정해주면 열심히 공부할 수 있는 학생들, 다소 독특하거나 느린 학습자들이 얼마나 많은가요? 소수의 성공을 위해 다수를 들러리로 만드는 상대평가 방식 때문에 얼마나 많은 학생들이 공부를 포기하고 있나요.

상대평가의 틈에서 희망을 꽃피우는 교사 이야기

7급 공무원 한국사 시험 문제 때문에 한참 시끄러웠습니다. 고려 후기 역사서를 시간 순으로 올바르게 배열한 선지를 찾는 문제였습니다. 정답을 맞히려면 저술년도인 1284년, 1287년, 1317년, 1357년을 모두 기억해야 합니다. 특히 보기 1번의 1284년과 2번의 1287년은 불과 3년 차이입니다. 과연 이런 문제를 내는 이유는 뭘까요? 사소한 내용을 가지고 근소한 성적 차이를 만들어 다수를 실패자로 몰아가는 것이지요. 비슷한 상황이 학교에서도 흔히 벌어지고 있습니다. 하지만 변별력, 공정성을 위해 어쩔 수 없다는 생각이 지배적입니다. 결국 아주 사소한 내용에 매달려서 많은 시간을 자리에 앉아 힘겹게 공부해야 하는 학생들을 생각하면 안타깝기만 합니다.

현실은 어렵지만 수업은 물론 평가에서도 교육의 본질을 놓치지 않기 위해 최선을 다하는 선생님들이 있습니다. 김태현 선생님의 이야기입니다.

수업 내용, 활동도 디자인을 잘 해야 하지만, 이것 못지않게 평가문제 또한 고심해서 내야 합니다. 수업시간에 했던 활동들을 기반으로, 목적이 분명한 문제를 내야 합니다. 그렇지 않으면, 학생들은 또다시 학원으로 달려가서, 단편적인 지식을 암기하는 형태의 공부를 하게 됩니다. 윤동주의 '자화상'이 시험 범위에 들어가면, 학원에서는 '자화상'에 대한 단편적인 100 문제를 인쇄해서 나눠줍니다. 문제는 참으로 조악합니다. 이런 문제를 풀게 되면, 학생들은 '자화상'에 등장하는 화자는 의지적, 절망적, 우물은 자아성찰의 매개 등 이런 식으로 시를 외워버립니다. 이렇게 되면, 수업과 평가가 분리되어 학생들은 수업 속 활동에 대한 신뢰를 보내지 않고, 단편적인 암기 위주의 공부만을 하려고 합니다. 물론 이것은 복합 지문이 나오는 수능 시험에도 전혀 도움이 되지 않습니다. 이를 미연에 방지하기 위해서, 우리 학교에서는 학생들에게 평가에 대비하기 위한 편지를 아주 길게 씁니다. 선생님들이 어떤 마음으로 수업 활동을 디자인했고, 이를 어떻게 평가에 녹여냈는지를 알려줍니다. 학생들이 어떻게 공부할 것인지에 대한 자세한 지침도 줍니다. 이번에 '자화상' 문제를, '자화상'에 대한 최신 논문을 같이 실어서, 그 논문의 관점으로 '자화상'을 재해석하게 하고, 방탄소년단의 'love yourself' 화자와 '자화상'의 화자를 비교하는 문제를 냈습니다. 수업시간에 감상했던 그림, 노래, 토론했던 주제들을 바탕으로 언어적 사고력을 묻는 문제를 냈습니다.

이렇게 할 때, 학생들은 내신용 공부, 수능용 공부가 따로 있지 않고, 작품 그 자체를 깊게 감상하려고 합니다. 물론 서열화 평가가 가지고 있는 한계를 근본적으로 해결할 수 없지만, 그래도 수업과 평가가 통합되어 학생들에게 학교 수업에 대한 신뢰감을 줄 수 있습니다.

김태현 선생님은 어떤 생각을 가지고 출제했는지 시험 전에 학생들에게 편지를 썼습니다.

(…) 이번 1차 지필고사에서 가장 중요한 메시지는 '우리 학생들이 언어적 사고력 훈련을 스스로 해야 한다'는 것입니다. 그래서 여러분은 선생님들의 수업을 잘 복습하면서, 사실적 사고력, 추론적 사고력, 비판적 사고력, 창의적 사고력, 성찰적 사고력이 무엇인지 잘 이해하고 있어야 합니다. 특히 내용 구조도를 그리는 훈련을 계속 잘 하면서, 중요한 정보를 찾고, 각 정보들의 의미적 관계를 이해하고, 이를 바탕으로 작가의 생각을 추리하고, 또 작가의 생각을 비판적으로 판단하기 위해 노력해야 합니다. 이것은 지필고사 공부

가 수능 준비가 되도록 지필고사 문제를 출제했다는 것을 의미합니다.

그래서 여러분이 스스로 사고력 훈련이 얼마만큼 되어 있는가를 묻기 위해, 알쏭달쏭 독해 지문이 세 개가 나올 예정입니다. 수업시간에 다루지 않은 낯선 지문이지만, 여러분이 수업시간에 각각의 사고력만 잘 훈련했다면, 큰 무리 없이 풀 수 있는 수능형 문제이니, 스스로 수업시간에 활동했던 것들을 기억하면서, 독해 지문을 읽고 해결하는 훈련을 잘 해주시기 바랍니다. 수업시간에 했던 활동들을 바탕으로 문제를 냈기 때문입니다. 그리고 모든 문제의 단서는 본문 속에 있다는 것을 잘 기억하길 바랍니다.

다음은 '자화상'입니다. 고1 초반에 왜 윤동주의 시를 선택했는지를 생각해야 합니다. 그것은 바로 윤동주 시 속에 흐르고 있는 '성찰'이라는 키워드 때문입니다. 다 알다시피, 윤동주는 어둔 밤 속에서 별을 노래하는 마음으로 살았던, 순수한 청년이었습니다. 그래서 그의 시는, 무의미하게 시간을 보내고 있는 우리에게 잔잔한 감동을 줍니다. 무엇보다 윤동주의 시는 지금 우리가 어디에 서 있고, 어디로 향해야 하는지를 알려줍니다. 그래서 여러분이 시 공부를 할 때도, 시험공부를 하기 위해 윤동주 시를 공부하지 말고, 여러분의 삶에 적용하면서 윤동주 시를 감상하면 좋겠습니다. 그리고 나눠준 자화상의 비평문을 보면서, 시 속에서 화자가 어떤 고민을 하고 어떤 자세의 삶을 살아야 했는지를 잘 정리해주기 바랍니다. 특히 우물 속에 비치는 나의 모습을 화자가 어떻게 화해하고자 하는지 그것에 초점을 잘 맞추기 바랍니다. 시 문제는 해석이 다양하게 나오는 것을 출제하지 않습니다. 시 문제는 우리가 사고력을 훈련한 대로, 주어진 조건에 맞추어 논리적으로 추론하고 해석하면 되겠습니다. (…)

배움과 성장보다는 성적과 등수에만 집착하는 현실에서 교사 개인의 노력이 무슨 소용이 있느냐고 물을지도 모를 일입니다.

김태현 선생님은 말합니다.

"적어도 학생들이 우리 선생님들이 어떤 마음으로 수업을 준비하는지, 시험 문제를 내면서 어떤 기대와 소망을 갖고 있는지를 알게 되면, 학교의 본질에 대한 새로운 자각이 있을 거라고 생각합니다."

선생님의 마음이 전달된 것인지, 많은 학생이 선생님이 보낸 편지를 여러 번 읽으면서 공부할 마음을 가다듬었다고 합니다.

근본적인 제도의 문제 때문에 학교 현장과 교실 수업에 많은 어려움이 있습니다. 하지만 실제 교육이 이루어지는 수업 장면의 주인공은 여전히 교사와 학생입니다. 여러 제약이 있더라도 학생들에게 진정한 배움이 일어나도록 노력하는 선생님들의 모습을 볼 때마다 느끼는 감동이 있습니다. 개인을 구속하는 사회적인 한계를 뛰어넘어 개인적인 노력이 오히려 사회 전체를 변화시킬 수 있다는 믿음과 의지, 실천이 우리 교육의 희망이라고 믿습니다.

평균적인 교육은
단 한 사람도 만족시킬 수 없다

하버드 교육대학원의 토드 로즈* 교수는 개별화교육의 세계적 권위자입니다. 성적 부진 때문에 고등학교를 중퇴했는데, 자신의 학창시절 경험을 이렇게 이야기합니다. "선생님을 비롯해서 주위 사람들 열에 아홉은 내가 문제라고 했다. 나를 게으르고 한심한 아이로 취급했고, 내가 가장 많이 들었던 말은 '문제아'라는 핀잔이었다."

토드 로즈는 밤새 시를 썼지만, 선생님은 F를 줬습니다. "이렇게 잘 쓴 시를 네가 썼을 리가 없다"라는 이유였습니다. 선생님의 편견 때문에 공부에서 멀어졌고, 왕성한 호기심은 ADHD라는 낙인으로 돌아왔습니다. 토드 로즈 교수는 학교에서 흔히 사용하는 '평균'이라는 기

---

* EBS 다큐 〈공부 못하는 아이〉 참고

준 자체가 잘못된 허상이라고 비판합니다.

"미국 공군 비행기 조종석을 설계하면서 조종사들의 가슴둘레, 팔 길이 등 10개 항목의 평균값을 적용했다. 하지만 그렇게 만들어진 조종석이 자신에게 잘 맞는다고 느낀 조종사는 단 한 명도 없었다. 조종석을 각 개인의 몸에 맞게 조절할 수 있도록 설계하고 나서야 문제가 해결되었다." 개별화교육을 역설한 토드 로즈 교수는 말합니다. "평균적인 교육은 단 한 사람도 만족시킬 수 없다."

수학 잘하는 학생에게 시(詩)는 암호다

학습법 지도를 할 때마다 새삼 느낍니다. 학생들은 저마다 타고난 재능이 정말 다릅니다. 암기력이 좋은 학생이 있는가 하면 상황 판단이 빠른 학생이 있고, 수리적 이해가 높은 학생이 있는가 하면 예술적 감각이 뛰어난 학생이 있습니다. 하지만 작은 차이를 가지고 승부를 가리는 시험만을 중시하면, 다차원적인 개성은 무시하고 오로지 '시험 잘 보는 능력'만으로 학생들을 판단해야 합니다. '연령별 평균 지능'이라는 기준에 따라 교과목의 내용과 난이도를 정해놓고, 시험 성적으로 줄을 세워 학생들을 판정합니다.

대치동 학원가에 있을 때 일입니다. 자연계 최상위권으로 의대를 지망하는데 국어 특히 문학에 발목이 잡힌 학생들이 있었습니다. 비문학은 되는데 시는 아무리 읽어도 '말이 안 되는데?' 싶고 도무지 이해할 수가 없는 것이지요. 비슷한 사례들을 상담하면서 얻은 결론인데, 언어적 사고와 수리적 사고는 서로 모순적인 측면이 있습니다. 언어적 사고가 발달돼 있다는 건, 쉽게 말해 '아 하면 어' 하는 겁니다. 짧은 글만으로도 정확한 의미를 전달하기도, 파악하기도 합니다. 저는 언어적 사고의 특징을 '생략과 유추'라고 개념화했습니다. 생략이 많아 압축적일수록 효율적인데 생략된 내용을 잘 유추할 수 있으면 되기 때문입니다. 하지만 수학은 그렇게 하면 큰일 납니다. 모든 게 연결되어야 합니다. 연결도 문학적 맥락의 연결이 아니라 수학적 논리에 따른 연결이어야 합니다.

보통 자연계에서 성적이 아주 우수한, 수학적 연결과 논리에 강한 학생들에게 생략이 많은 시는 암호인 셈입니다. 엄청난 생략이 특징인 시의 구절들을 논리적으로 연결해서 이해하려고 하니 어려울 수밖에 없습니다. 생략된 언어의 유추는 연결이 아니라 추론을 통해 맥락을 파악해야 합니다. 당연히 논리적으로 접근하면 시를 이해하기 어렵습니다. 수리적 사고, 그러니까 연결과 논리적 사고가 강한 학생들에게 시 문제의 해법으로 원인과 결과라는 논리를 적용해 보았습니다. 시의 원인은 시인의 삶과 개성, 시대적 배경입니다. '이 사람은 이런 시대에 태어나 이런 시대적 상황을 겪고 이런 문제의식을 가지고 있었기 때문에 이런 시가 나왔다.' 배경 설명을 원인으로 충분히 이해한 다음에 시라는 결과물을 해석하도록 했습니다. 배경지식을 충분히 공부하고 시를 읽으니까 시가 들어오더라는 겁니다.

영어공부도 비슷한 측면이 있습니다. 종종 문법을 배울수록 독해력이 더 떨어지는 경우가 있습니다. 언어적 사고가 발달한 학생들은 그냥 읽으면 무슨 말인지 알겠는데, 자꾸 1형식, 2형식, 목적어, 보어,

따지라고 하면 갑갑해집니다. 문법지식이 생략과 유추라는 언어적 사고의 강점을 억압하기 때문인 것 같습니다. 보통 수학을 잘하는 학생들은 문법공부를 통해 논리적으로 문장을 분석하고 독해하는 게 더 편하고 빠릅니다. 반대로 언어적 사고가 발달한 학생들은 문법을 의식하지 않고 단어와 문장 사이에서 파악할 수 있는 문맥을 중심으로 접근하는 것이 훨씬 쉽습니다.

　문제는 다양한 공부개성을 억압하지 않고 순조롭게 발휘할 수 있도록 돕는 방법을 찾는 것입니다. 사교육에서는 맞춤형 지도를 한다고 광고하지만 언제 떠날지도 모르는 학생 개개인에게 관심을 기울이기 어렵습니다. 수익이 목적인 사교육의 한계라고 할 수 있습니다. 공부개성을 살리는 학습법은 5장에서 자세히 다루겠지만, 책임교육 기관으로서 공교육이 담당해야 시간을 두고 학생들을 관찰하면서 공부개성을 살려줄 수 있습니다.

뇌 가소성:
'1초 전의 나'와 '1초 후의 나'는 다른 사람

사람의 뇌는 환경과 민감하게 상호작용하면서 끊임없이 바뀌고 있다는 사실이 확인됐습니다. 학습자는 늘 변화하는 과정에 있는데, 우리 교육은 뇌의 일시적인 상태를 특정해서 '학습부진'이라고 판정하고 있습니다. 과연 옳은 일일까요?

학생들은 변화 중이다

흔히 사람의 뇌를 컴퓨터와 비교하는데, 중요한 차이가 있습니다. 사람의 뇌는 컴퓨터와 달리 같은 자극에 반응하는 방식이 계속 달라집니다. 뇌의 하드웨어 자체가 변하는 것입니다. 심지어 이렇게 말하기도 합니다. "1초 전의 나와 1초 후의 나는 다른 사람이다." 1초 사이에 어떤 자극이 뇌에 전달되면 뇌의 상태에 미세하지만 변화가 생깁니다. 바로 뇌 가소성이라고 하는데, 이전까지 지배적인 학설은 국재론이었습니다. 뇌의 특정 부위가 신체의 특정 부위와 일대일 대응관계로 연결되어 있다고 보았습니다. 그런데 국재론으로 설명되지 않는 사례들이 많이 보고되었습니다. 구소련의 벽돌 쌓는 조적공의 뇌를 촬영해 보니 뇌의 일부가 없었지만 일상생활에 별다른 지장이 없었던 것입니다. 이런 사례들을 연구하면서 뇌 가소성을 밝혀냈습니다. 뇌는 원래 맡았던 역할이 아닌 새로운 역할도 상황에 따라 무난히 해낸다는 연구결과[*]가 나온 것입니다.

원숭이를 대상으로 한 실험에서, 원숭이 손가락의 특정 부위를 바늘로 콕콕 찌르면서 그때마다 뇌에서 반응하는 부위를 확인했습니다. 손가락의 해당 부분을 자르고 나서 뇌의 변화를 살펴봤습니다. 단순하게 생각하면 잘린 손가락 부위와 연결되어 있는 뇌의 부위도 함께 사라졌다고 볼 수 있습니다. 아니면 할 일이 없어진 뇌의 해당 부위는 아무 일도 하지 않고 있을 수도 있습니다. 그런데 실제 결과는 놀랍게도 해당 부위의 뇌는 놀지 않고 자기가 알아서 다른 일을 하고 있었습니다.

한 뇌성마비 아동은 오른쪽 팔은 멀쩡한데 왼쪽 팔이 마비상태였습니다. 당연히 평소에 자유로운 오른쪽 팔만 썼습니다. 뇌 가소성 원리에 근거한 치료법에 따라 멀쩡한 오른쪽 팔을 못 움직이게 묶고 마비된 왼쪽 팔을 강제로 움직이게 했습니다. 강제유도치료법이라고 하는데, 계속 마비된 왼쪽 팔을 움직인다고 해서 마비를 불러온 오른쪽 뇌의 손상된 부위가 회복되지는 않습니다. 하지만 마비된 왼쪽 팔의 움직임은 뇌에 전달될 것이고 일시적인 연결 상태를 거쳐 안정되면 서서히 마비가 풀립니다. 뇌성마비로 태어났지만 치료에 성공하여 운동선수로 활약한 사례**가 보고되기도 했습니다.

　'사람은 교육을 통해 달라진다'는 말을 신뢰하려면 변화를 판정하는 기준이 필요합니다. 교육을 통해 어떤 변화가 일어났는지 입증할 수 있어야 합니다. 열심히 다이어트를 했으면 몸무게가 결과를 말해주듯이 말입니다. 사람의 뇌가 끊임없이 변화한다는 뇌 가소성은 교육의 성립 근거가 되는 잠재력의 과학적 증거입니다. 뇌 가소성은 인생의 비상금이라고도 할 수 있습니다. 누구나 가지고 있지만 그 존재를 모르거나 제대로 써먹지 못하면 무용지물이 되고 마니까요. 숨겨진 비상금, 즉 잠재력이 있음을 학생들에게 알려주고 활용법을 가르치는 것이 바로 교육이 아닐까요.

---

* 〈기적을 부르는 뇌〉 (지호, 2008) 참고
** 〈기적을 부르는 뇌〉 208~211쪽

뇌는 주변 환경을
시뮬레이션 한다

인생을 제대로 살아가려면 자기 삶의 무대에 해당하는 '세계의 모형'을 가지고 있어야 합니다. 연극배우가 무대를 충분히 파악하지 못하면 제대로 연기하기 어려운 것과 같은 이치입니다.

> 의식이란 목적(음식과 집, 그리고 짝 찾기 등)을 이루기 위해 다양한 변수(온도, 시간, 공간, 타인과의 관계 등)로 이루어진 다중 피드백회로를 이용하여 이 세계의 모형을 만들어내는 과정이다.
>
> – 〈기적을 부르는 뇌〉 참고

사람은 태어나 성장하면서 자기가 살아갈 세상을 머리에 그리기 시작합니다. 자신의 경험을 종합해서 살아갈 세상을 시뮬레이션한다고 볼 수 있습니다. 가령 애착 형성이 필요하다, 회복탄력성이 중요하다, 작은 성공경험을 해야 한다 등등 많은 주장들의 과학적 근거가 설명됩니다. 사람은 주어진 상황을 있는 그대로 받아들이지 않고 시뮬레이션 한 결과, 바로 자신의 의식세계에 그리고 있는 세상이 어떤지에 따라 크게 영향을 받는다는 사실입니다.

예를 들어 한 아이의 머리에 시뮬레이션 되어 있는 세상은 아주 긍정적인 모습입니다. 태어나 성장하면서 좋은 사람들만 만났고, 좋은 일만 있었기 때문에 세상을 긍정적으로 그리는 것은 당연합니다. 그렇게 긍정적인 세상에서 살아가는 자신은 참 괜찮은 사람이라고 인식하는 것도 당연합니다. 낙관적인 세계관과 긍정적인 자아상이 형성된 것이지요. 반대로 태어날 때부터 힘든 세상을 경험했다면 그 아이는 자기가 살아갈 삶의 무대를 비극으로 생각하고 자기 인식도 상당히 부정적일 가능성이 높습니다.

'당장의 즐거움을 포기하는 대신 나중에 더 큰 보상을 얻을 수 있는 일에 시간과 에너지를 투자해야 한다'고 배우려면, 아이들은 세상이 공정하고 질서정연하며 예측 가능한 곳이라고, 그러므로 우리는 뿌린 만큼 거둔다고 가정해야만 한다. 이런 '공정한 세상'에 대한 믿음이 '지금의 만족이나 즐거움을 뒤로 미뤄두면 더 커져서 돌아온다'는 '고진감래'식 사고방식을 뒷받침한다.

– 〈마음챙김 학습혁명〉 더퀘스트, 81쪽

우리는 보통 어떤 사람을 판단할 때 개인적인 성향이나 태도에 주목합니다. 타고난 기질이라면 모르겠지만 성공 가능성을 예측하는 데 자주 사용하는 '자존감'이나 '회복탄력성' 등을 개인 영역으로 좁혀서 생각하는 것은 무리가 있습니다. 자신이 살아갈 세상을 어떻게 그리고 있는지, 삶의 배경과 역사를 함께 고려하지 않으면 핵심을 놓칩니다. 비슷하게 노력하고 성취했지만 사람마다 자존감은 많이 다르기도 합니다. 주변 사람들로부터 존중받는 경우와 무시당한 경우의 차이는 개인의 자존감에 적지 않은 영향을 미칩니다. 어려운 위기의 순간에 누군가 반드시 도와줄 것이라고 믿는 사람과 고립무원 상태에 있는 사람이 발휘할 수 있는 회복탄력성도 같을 수 없습니다.

교사의 시선, 학생의 시뮬레이션

교실에서도 비슷한 일이 벌어집니다. 교사도 학기 초에 '올해는 어떤 학생들과 1년을 보내게 될까' 긴장합니다. 예상 밖으로 문제행동을 하는 학생들이 많이 눈에 띄면 '이번 학기는 망했다!' 하고 부정적인 시뮬레이션을 하기 십상입니다. 그때부터 자신도 모르게 학생들을 부정적인 시선으로 바라봅니다. 학생들의 모습과 상태를 있는 그대로 파악하지 못할 가능성이 다분합니다. '저 몇 명만 우리 교실에서 사라지면 내 삶의 질은 물론 수업도 좋아지고 많은 학생들한테 골고루 혜택이 돌아갈 텐데.' 학생은 선생님의 시선에 묻어 있는 부정적인 감정을 모를까요? 메라비언의 법칙이 있습니다. 의사소통에서 언어적 메시지는 7퍼센트이고, 나머지는 모두 비언어적이라고 합니다. 꼭 말로 하지 않아도 느낌으로 안다는 뜻이겠지요. 아무리 긍정적인 표현을 써도 전달되는 것은 부정적인 감정이 되는 셈입니다.

"선생님은 너를 믿기로 했단다"라고 하지만 당사자는 그 말이 곧이곧대로 믿겨지지 않습니다. 이를 '이중구속'이라고 하는데, 자신을 믿는다고 하니까 할 말은 없지만 딱히 믿기지 않는 겁니다. '진짜 날 믿어?' 믿는다는 말을 믿고 방심하다 꼬투리를 잡혀 혼나는 건 아닐까 혼란스럽고 위축됩니다. 자신에게 부정적인 시선을 보내는 교사가 있는 교실에서 앞으로 보낼 1년이 우울하게 그려집니다. 그런 교실 분위기에서는 의욕적으로 공부하기 어렵습니다.

물론 교사의 부정적인 시선에는 다 이유가 있습니다. 하지만 일단 부정적으로 기울면 앞으로 서로 잘 지내고 학생을 도울 수 있는 가능성은 차단됩니다. 머리에 그리고 있는 부정적인 시뮬레이션 때문에 서로 진심으로 만나는 것이 어렵기 때문입니다. "한 번 찍히면 헤어 나오지 못한다"는 학생들의 말처럼, 1년 동안 서로를 탓하면서 힘겹게 견뎌야 하는 상황이 흔히 벌어집니다.

우리 교육은
학생들을 잘 알고 있을까

사교육 현장에 있을 때 간혹 상담하기 싫은 학생들을 만났습니다. 어찌나 제멋대로인지 '상담해봐야 헛수고'라는 생각이 절로 일었습니다. 하지만 고객이라 피할 수 없어 만나긴 하는데 저도 모르게 부정적인 감정이 일어나 데면데면한 경우가 적지 않았습니다.

어느 날 한 여학생이 밤늦게 찾아왔습니다. 조그마한 강아지를 안고 와서 다짜고짜 말했습니다. "이 강아지를 맡아주실 수 있어요?" 학원에서 늘 천방지축이었는데 진지하게 부탁하는 모습이 다른 사람 같았습니다. 잠시 머뭇거리던 학생은 사연을 털어놓았습니다. "우리 집안이 완전히 망했어요. 대치동에서 더이상 못 살고 이사 가야 되는데. 이 강아지를 어떻게 해야 될지 모르겠어요. 선생님한테 맡기면 그래도 강아지가 행복할 거 같아 부탁드리는 거예요."

저를 믿고 맡긴다는 말이 놀랍기도, 고맙기도 했습니다. 평소와 너무도 다르게 차분하고 진지한 모습을 보면서 반성했습니다. '아 내가 정말 이 아이를 너무 가볍게 생각했구나.' 제 기준에 맞으면 긍정적으로, 마음에 안 들면 부정적으로 학생들을 대하고 있는 제 자신을 보게 되었습니다.

그 일이 있은 후로 저의 인식이 바뀌니까 사이가 좋아졌습니다. 지방으로 이사를 가기 전까지 많은 조언을 해주었는데 반응이 전과 달랐습니다. 무슨 얘기를 할 때마다 "아, 나도 안다니까요!" 짜증만 내던 아이가 정말 진지하게 빠짐없이 적으면서 경청했습니다. 그때 많은 걸 느꼈습니다. '나도 나의 역사가 있고, 그 아이도 그 아이의 역사가 있다는 걸 받아들여야 교육은 시작되는 거구나. 그렇게 만나 새로운 역사를 만드는 것이구나!'

학습을 가로막는 요인이 있다고 생각할 때

한 선생님이 고민을 이야기했습니다.

"공부는 하기 싫은 게 당연하고, 선생님이 끌고 가야 된다고 생각했어요. 그러다보니까 학생들을 이끄는 데도 한계가 느껴지고 소통하는 것도 점점 더 어려워지더라고요."

학생들이 공부에 관심을 보이지 않는데 억지로 이끌려면 힘이 들 수밖에 없지요. 저도 공부에 관심 없는 학생들을 보면 '왜 저 모양이지!' 하는 부정적인 감정이 먼저 일어났습니다. 하지만 미국 최고의 학습 전문가 멜 레빈을 알게 된 다음부터 달라졌습니다. 우리는 학

'수능 포기, 건들지 마세요!' 인터넷에서 우연히 본 사진입니다. 이 학생이 생각하는 우리 사회는 과연 어떤 모습일까요?

생이 아주 산만해서 수업시간에 집중하지 못하면 학습부진이라는 판정을 쉽게 내립니다. 그러나 멜 레빈의 생각은 달랐습니다. '이 아이는 주의력조절계*에 문제가 있구나' 마치 몸이 아픈 것처럼 학습부진을 과학적인 관점으로 바라본 것입니다. 그러면 쉽게 학생에게 책임을 물을 수 없지요. 건강했던 사람에게 병이 생겼을 때 책임을 물어 야단치지 않듯이 말입니다. 단지 어떻게 치료할 것인지를 생각하게 됩니다.

멜 레빈은 '이 아이도 충분히 잘할 수 있는데 무엇 때문에 어려움

* 〈아이의 뇌를 읽으면 아이의 미래가 열린다〉소소, 참고. 멜 레빈은 주의력조절계, 기억계, 언어계, 순서정렬계와 공간정렬계, 운동계, 고등사고계, 사회적 사고계라는 체계를 갖춘 학습부진 진단과 해결 시스템을 개발했다.

을 겪고 있는 걸까' 학생을 탓하지 않고 오히려 마음 아파하면서 어떤 도움이 필요한지 파악했습니다. 그의 관점에 감동을 받은 뒤로는 공부에 의욕을 보이지 않는 학생들을 원망하던 마음이 안타까움으로 바뀌었습니다. 공부에 손을 놓은 문제학생이 공부 때문에 아파하는 환자처럼 보이기 시작했습니다. 본인도 잘하고 싶은데 어떻게 해야 할지 모르는 학생들이야말로 얼마나 답답하고 괴로울까요? 그럴 때 누군가 자신을 진심으로 믿고, 자신의 어려움에 공감하고, 자기를 도우려는 느낌을 감지한다면 어떻게 될까요? 그 학생은 공부에 마음이 열리겠지요. 뇌에서는 상위회로가 활성화되면서 수업에도 집중하고 열심히 공부하는 뇌로 바뀌겠지요.

학습부진:
공부 못한다는 판정

한국 사회에서 공부 못한다는 판정이 내려지면 어디에서도 환영받지 못합니다. 학습부진 학생들의 마음을 읽은 선생님들이 그 학생들이 살아가는 세상을 말해주었습니다.

- 개인에게 책임을 돌리고 공동체의식이나 도움 따위는 없는 곳
- 공부 잘하는 소수 학생을 위한 세상
- 거친 행동을 했을 때 무서운 아이라고 낙인찍는 곳
- 쉽게 말과 행동을 친구들에게 무시당하는 곳
- 나를 싫어하는 사람으로 가득한 곳, 내 편이 없는 곳
- 자신을 인정해주지 않는 곳
- 모두가 나에게 "하지 마"를 외치는 곳

- 나란 존재는 지워지는 곳
- 난 아무것도 할 수 없는 사람이라는 자괴감에 빠지게 하는 곳
- '게으르다, 남에게 피해를 준다, 모둠에서 방해가 된다'라는 말을 많이 듣게 되는 곳

이미 부정적으로 그려진 세상에서 과연 무엇을 할 수 있을까요? 독특한 개성과 관심은 아랑곳하지 않고 시험과 성적만을 가지고 끊임없이 위협하는 세상에서 자신을 보호할 수 있는 방법은 무엇이 있을까요? '수능 포기'를 선언하고 수업시간에도 엎드려 자는 것은 더이상 비참해지지 않기 위해 자신을 지키기 위한 당연한 모습이라고 봐야 하겠지요.

"너희가 행복했으면 좋겠다"

학교에 학습법 특강을 가면 종종 난처할 때가 있습니다. '당신 얘기에 관심 없으니 수면 방해가 되지 않도록 조용히 떠들다가 빨리 떠나.' 무언의 메시지가 노골적으로 느껴질 때입니다. 심한 경우에 수백 명의 학생이 함께 자는 모습도 봤습니다. 처음에는 당황하고 화도 났지만 왜 그런지 충분히 이해가 되니까 지금은 마음 편히 나름 최선을 다합니다. 잠을 깨우고 싶은 마음은 없지만 혹시라도 도움이 될까 하는 기대를 가지고 하는 말이 있습니다. '인생 포기하지 말고 공부 열심히 해야 돼.' '꿈을 가져라.' '나도 옛날에 공부 못했는데 노력해서 공부 잘하게 됐다.' 이런 얘기들 대신 저의 진심을 전합니다.

"저는 여러분들이 앞으로 살면서 공부 때문에 차별받지 않았으면

좋겠습니다. 정말 안타깝습니다. 대한민국이 특히 성적이라는 숫자를 가지고 차별이 아주 심한 나라입니다. 여러분들이 상처받고 억울하게 살지 않았으면 좋겠습니다." 제 얘기에 몇몇 학생들이 눈을 뜹니다. "여러분 중에서 대학에 원서 낼 때 또 그 숫자라는 별것도 아닌 것이 조금 부족해서 꿈을 포기해야 되는 그런 억울한 일이 절대 없었으면 좋겠습니다." 또 몇 학생이 귀 기울이기 시작합니다. "학창시절, 참 좋을 땝니다. 근데 시험 때가 되면 부담스럽지요. 성적표가 나오면 우울하지요. 시험공부와 성적 때문에 즐거워야 할 여러분의 학창시절이 불행하지 않았으면 좋겠습니다."

어느덧 생각보다 많은 학생들이 제 이야기에 관심을 보입니다. 잠에서 깨어난 학생들을 볼 때마다 늘 생각했습니다. '이 학생들에게 절실한 것은 마음을 알아주는 사람, 이야기를 들어주는 사람이구나.'

일단 '학습부진'이라는 판정이 내려지면 골칫덩어리라는 부정적인 시선에 휩싸이고, '학생이라면 누구나 공부를 열심히 해야 한다'는 상식을 파괴하는 존재가 됩니다. 대학입시에 성공할 가망성이 없는 쓸모없는 존재라는 낙인이 찍힙니다. 하지만 학생들이 잘 따라오지 못한다고 도태시키는 것이 교육일 수는 없습니다. '공부를 안 하는 건지, 못하는 건지' 그 차이를 따져본 것처럼 먼저 공부를 잘한다, 못한다는 판정에 문제는 없는지 의심해봐야 합니다. 실제로 학생들의 뇌에서 학습이 어떻게 일어나는지 제대로 알지도 못하면서 섣부른 판정을 내린 것은 아닌지 말입니다.

다양한 학생이 숲을 이룰 때 생태계가 건강하다

> 사람들은 자신과 타인의 행동에서, 심지어 사물의 움직임에서도 그 원인을 설
> 명할 때 기질을 지나치게 강조하는 반면에 상황은 무시하는 경향이 있다는 사
> 실을 쉽게 확인할 수 있었다.　　　　　　　　　– 〈마인드웨어〉 김영사, 15쪽

'사람의 생각'을 연구한 결과입니다. 학생이 공부를 열심히 안 하면, 그 원인이 무엇인지, 주변 상황부터 충분히 살펴보지 않고 학생 개인의 잘못으로 몰아가는 이유를 말해주고도 있습니다. 숲에서 어떤 나무가 말라죽어간다면, 옆에 있는 큰 나무가 햇빛을 가렸기 때문일 수 있습니다. 뿌리가 바위 때문에 뻗어나가지 못해서일 수도 있습니다. 말라가는 나무의 주변을 찬찬히 살피면 알게 되는 원인들인데, 그 나무만 보고 '말랐네, 죽었네' 뽑아버립니다. 학생들은 숲의 나무와도 같습니다. 생태계 차원에서 보면 모든 존재는 가치가 있습니다. 또한 다양성은 지속 가능한 생태계를 위해 필수불가결한 요소입니다.

> 미래는 예측 불가능하고, 예측 불가능한 미래에 대비하기 위해서 생명체가 선택
> 한 최고의 전략은 다양성의 확보였다.　　　 – 한겨레신문 2013. 9. 24. 임계 다양성

지금 당장은 필요치 않지만 어떤 상황이 닥치더라도 적응하기 위해 다양한 유전자를 보존해야 할 필요성을 말해줍니다. 다양한 유전자는 바로 사람이라는 존재의 다양성으로 연결됩니다. 예를 들어 한 학

년 전체를 하나의 생태계로 본다면 다양한 학생들이 필요합니다. 오직 시험을 잘 보는 능력만을 우대한다면 학교 생태계는 유지될 수 없습니다. 역설적이지만, 학생들이 모두 선생님 수업에 집중한다면 어떤 일이 벌어질까요? 교실에 있는 학생들이 아주 균질한 집단이라면 어떻게 될까요? 수업을 했는데 반응이 똑같고, 발표할 때도 내용이 비슷하다면 과연 발전이란 게 있을까요? 수업혁신을 위해 어떤 노력을 해야 하는지 판단할 수 있을까요?

학생들의 서로 다른 모습을 다양성 관점에서 보면 결코 우열을 가릴 수 없습니다. 차별받은 집단의 도태 가능성은 바로 다양성을 위협합니다. 지속 가능한 사회를 위해서는 서로 다른 사람들이 자신의 개성에 맞는 역할을 잘 찾아갈 수 있도록 지지하고 지원해야 합니다.

뇌는 다양한 학습법 중에서
최적의 방법을 찾는다

우리 사회는 '교수법'보다는 유독 '학습법'에 관심이 많습니다. 하지만 공부효율을 결정하는 학습법에 대한 우리 사회의 관심은 매우 편협합니다. 사교육이 창궐하면서 '즉효'를 보장하는 돌팔이 약장수와 같은 광고가 넘쳐날 정도로 혼탁해졌습니다. 효과적인 학습법이라고 설득하는 데 성공하면 엄청난 이익을 보니 당연한 일이겠지요.

하지만 뇌에서 작동하는 학습 메커니즘을 연구한 결과에 따르면 사람마다 효과적인 학습법이 다르고, 같은 사람도 주어진 조건에 따라 최적화된 학습법은 달라집니다. 학습의 원리는 동일하지만 사람과 조건에 따라 적합한 구체적인 방법은 모두 다르다는 겁니다.

개인마다 효과적인 학습법은 다를 수밖에 없다는 진실은 사교육 시장에는 치명적입니다. 다수 대중에게 똑같은 학습법을 팔아야 고

수익을 올릴 수 있기 때문입니다.

개별화교육: 자기만의 속도가 있다

공부할 때 보면 개인 차이가 참 많이 드러납니다. 교실에서 집단적으로 가르쳐야 하는 공교육의 한계이기도 합니다. 학력 격차도 심하다 보니 수업도 힘듭니다. 과연 학습에서 나타나는 개인 차이에 어떻게 대처해야 할까요?

> 학생들이 직접 자신의 학습 속도에 맞춰 수업 주제에서 자신이 관심 있는 부분을 선택하고, 그 내용을 어떤 식으로 학습할지 몇 가지 학습방법을 선택할 수 있는 기회를 주어 학습내용에 주의를 꾸준히 기울이게 한다.
>
> – 〈수업 혁명2〉 한국뇌기반교육연구소, 97쪽

개별화교육의 필요성을 말한 대목입니다. 특히 '배움의 속도, 평소의 관심, 공부하는 방법이 다 다르다'는 사실을 강조합니다. 학습의 개인 차이를 이해하려면, 사람의 뇌가 다 다르다는 사실을 놓치지 말아야 합니다. 모두 다른 뇌를 가지고 공부하는데 동일한 기준을 적용하여 평가하기 때문에 문제가 됩니다.

핀란드에서는 공부개성의 중요성을 일찍 간파하고 우리나라 초·중학교 과정에 해당하는 종합학교 기간에는 평가를 없앴습니다. 평가 자체를 없앤 게 아니라 정확하게 말하면 우열을 가리는 등수를 없앴습니다. 성적으로 우열 가리기가 학생들에게 미치는 악영향에 사회가 주목하여 논의하고 폐지에 합의했습니다.

반대로 우리 현실은 최악의 상황으로 치닫습니다. 경쟁이 점점 더 치열해지고 우열 가리기에 편리한 변별력 말고는 교육적으로 어떤 의미도 찾기 어려운, 꼬아 내는 문제들이 많아지고 있습니다. 학생들은 왜 해야 하는지 도무지 납득하지 못한 상황에서 동물적 경쟁심리를 작동시켜 계속 문제를 풀어야 합니다. '킬러문항' 몇 문제의 정답을 맞히기 위해서 말입니다. "너희들 생존하려면 공부해. 무조건 문제 풀어. 성적이 너희 인생을 결정하는 거 알지. 이유는 없어." '묻지마'식 문제풀이가 교육일 수는 없습니다.

개별화교육을 구현할 곳은 학교뿐이다

다양한 개성을 가진 서로 다른 학생들에게 어떻게 해야 실질적인 도움을 줄 수 있을까요? 전설적인 상담 기법이 있습니다. 강력한 카리스마로 한방에 해결하는 방식입니다.

"너 열심히 안 했지?"

"네."

"앞으로 열심히 하면 돼."

간단하게 상담 끝입니다. "영어는 원래 이런 거야." 상담자가 내담자를 압도하면 고개를 끄덕입니다. "수학은 이렇게 공부하는 거야." 학생은 아무 말도 못합니다. 나중에 학생이 제대로 못하면 다시 "네가 제대로 안 한 거야.” 간단하게 끝냅니다. 전문가들 특유의 논리로 비전문가, 특히 학생들을 설득하는 것은 식은 죽 먹기입니다.

설득은 아주 잘 되었지만 아무것도 해결된 것은 없습니다. 학생이 실제 겪는 공부의 어려움은 고스란히 남아 있습니다. 결과적으로 학생은 ‘지금까지는 열심히 안 해서 그런 거니까 앞으로 열심히 하면 되는 건가?’ 약간의 희망을 가질 수는 있습니다. 하지만 ‘나는 해도 안 돼’ 자책할 가능성이 아주 높습니다. 학생들이 공부하면서 자신에게 맞는 방법을 스스로 찾지 않으면 안 되는 이유입니다.

개인적인 특성을 잘 알고 맞춰줘야 하지만 쉬운 일이 아닙니다. 사람에 대한 관심과 애정은 기본이고 실제 겪고 있는 공부의 어려움을 잘 파악해야 합니다. 제가 대치동을 떠나게 된 중요한 이유 중의 하나이기도 합니다. 사교육 시장에서 흔히 듣는 말이 ‘돈이 된다, 안 된다’입니다. 돈이 되려면 소비자가 많아야 합니다. 한명 한명에게 맞춤형으로 지도해야 한다면 돈이 안 되겠지요.

공교육이 사교육을 이길 수 있는 또 하나의 가능성을 봅니다. 사교육은 학생 한명 한명에 맞는 개별지도를 하기 어렵습니다(물론 고액을 받으면 가능합니다). 진정한 교육자들이 사교육 시장에도 많지만 기본적으로 수익사업이기 때문에 그 한계 또한 분명합니다. 학생이나 학부모가 불만을 품고 다른 학원으로 가기 전에 가시적인 성과를 내야 합니다. 돈값을 제대로 하지 못한다고 느끼면 학부모는 언제라도 떠나는 곳이 사교육이니까요. 사교육은 학교 수업에서 열심히 공부하는 상위 10퍼센트 정도의 학생들을 모으는 데 성공해야 롱런할 수 있습니다. 그래서 사교육 효과를 입증하기에 유리한 학생들을 본능적으로 알아보고 그 학생들에게만 집중합니다.

다양한 학생들의 공부개성을 살리는, 개별화교육을 실현하는 데 유리한 곳은 학교입니다. 물론 쉽지 않은 일이고, 교사들이 지금 처해 있는 현실을 생각하면 더욱 비관적입니다. 하지만 그간 공교육 신뢰 회복을 위해 쏟은 노력의 일부를 현장 교사들에게 돌려 전폭적으로 지원한다면 어떻게 될까요? 교실에서 학생 지도에 전념할 수 있도록, 방해가 되는 것들을 샅샅이 찾아 확실하게 제거하면 달라지지 않을까요?

교사는 교실에서 개별화교육을 실현하고, 학생들은 개성에 맞게 공부하는 모습을 그려봅니다. 헌신적인 일부 교사의 개인기가 아니라 교사들의 집단적인 노력으로 학생들에게 맞춤형으로 공부를 지도할 수 있다면, 그 결과로 얻을 수 있는 공교육 신뢰 회복 효과는 어마어마하지 않을까요?

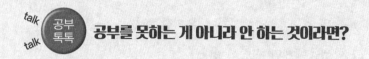

공부를 못하는 게 아니라 안 하는 것이라면?

A교사

가정이나 개인 문제에서 벗어나서 사회적 문제로 인식할 수 있을 것 같고 개별 맞춤 지원이 들어갈 거 같아요. 저는 특수교육을 하는데, 외국에서 온 분의 이야기를 들었어요. 그 나라에서는 전문가들이 학교에 와서 '이 학생은 이런 교육이 필요하다'라고 진단하면 국가에서 지원해준대요. 그렇게 학교에 힘을 실어주면 신뢰가 쌓이고, 학생, 교사, 학부모가 모두 다 혜택을 누리며 학습 여건이 좋아지지 않을까 싶어요.

B교사

공부하고 싶게 만드는 다양한 선택지를 주게 될 거 같아요. 현재 공교육은 똑같이 6 3 3 4학년 체제인데 교육 방법이나 공부 방법에서 다양함을 인정해주는 분위기가 될 거 같아요. 지금의 대안학교는 사실 부모한테는 너무 어려운 선택이거든요.

C교사

공부하고자 하는 마음만 있다면 열심히 할 수 있는 분위기가 조성될 것 같습니다. 공부 속도가 다를 뿐이니까 똑같은 식의 공부를 할 필요가 없어지지 않을까요. 무학년제 개념이라고 해야 될지 모르겠는데, 지금 3학년 코스에 10살짜리도, 12살짜리도 올수 있는, 다양한 연령의 학생들이 함께 공부하는 모습이 자연스러워질 거 같아요. 가령 한 친구는 2년 동안 배낭여행을 다녀와서 나중에 같이 공부할 수도 있는 거고, 또 1년 동안 개인적으로 자기가 좋아하는 걸 찾다가 다시 학업으로 돌아올 수도 있고요. 그렇게 공부하면 학생들이 공부를 덜 부담스럽게 느끼고 자기가 해야겠다는 동기가 더 강해지지 않을까 생각되네요.

박재원

앞으로 미래 공교육의 모습을 지금 선생님 말씀과 유사하게 '학습공원'이라는 모형으로 제시한 사례가 있습니다. 기존 학교의 교실, 학년과 같은 틀을 벗어나서 자기가 필요하면 언제라도 만나서 그룹을 만들고 공통의 관심사를 가지고 필요한 공부를 하게 된다는 의견입니다. 앞으로 공교육의 모습은 많이 달라질 겁니다.

D교사

저도 학생이 공부를 못하는 거라고 인식하면, 어떻게 해도 못한다는 결론으로 귀결될 거 같은데, 그게 아니라 공부를 안 하는 거라면 어떻게 하면 하게 할 수 있을지를 사회가 같이 고민하게 될 거 같아요. 그래서 환경 조성이라고 할 수 있는데, 교사의 질을 높이는 것도 있고 학생들이 공부할 의지가 생길 수 있도록 다양한 노력을 하게 될 거 같아요.

박재원

공부를 못한다는 판단과 안 한다는 판단은 아주 큰 차이가 있습니다. 공부 못하는 아이는 없고 여러 가지 사정으로 공부를 안 할 뿐이라고 생각하면 더 이상 학생들에게 책임을 물을 수 없죠. 국가와 사회가 반성하는 선진 교육과 개인에게 책임을 묻는 후진 교육의 차이라고 생각합니다. 여러 자료를 살펴보니까 가장 손쉽게 개인에게 책임을 물을 수 있는 상대평가 제도를 시행한 대부분의 나라들이 과거 강대국들의 식민지였다고 합니다. 앞서 살펴본 것처럼 치열한 경쟁으로 내몰아 다른 생각을 못하게 함으로써 식민지배의 문제점을 은폐하기 위한 목적이라는 생각이 듭니다.

우리나라에서 대학입시 경쟁이 치열해진 배경에는 사립대학의 문제도 있어요. 대학의 서열도 사실은 실력에 의해서 만들어진 것이 아니에요. 일본이 식민통치를 위해 하나만 인정한 경성제국대학이 서울대로 바뀐 겁니다. 연대, 고대는 전문학교로 있다가 4년제로 승격한 거예요. 모두 사학인데, 재단 출연금보다는 외국의 교육 원조에 의존해 학교를 발전시킨 경우입니다. 원조 덕분에 좋은 교육 환경이 만들어진 거죠. 외국의 명문대학처럼 오랜 역사와 전통을 가지고 실력으로 인정받는 서열이 아니니까 끊임없이 불안해하는 것 같아요. 불안감 때문에 우수한 학생을 선점하려는 경쟁을 치열하게 벌이고 졸업생들도 기득권을 지키기 위해 학벌효과를 임금차별로까지 연결시켜 사회 양극화를 심화시켰다고 판단합니다.

누구나 공부를 잘할 수 있는데 일부에게만 유리한 시험성적을 가지고 경쟁하는 방식만 허용하는 것은 소수의 기득권 유지에 유리하기 때문이라고 봅니다. 현재 모든 학생들에게 필요한 공교육이 고전하는 이유도 교육적 목적이 아니라 기득권 유지에 유리한 상대평가 방식에서 벗어나지 못하고 있기 때문이라고 봅니다.

3
교실에
답이 있다
: 사교육 이기는 공교육 효과

사교육 현장에서 상담했던 학부모의 말이 아직도 생생하게 남아 있습니다.

"아이가 학교에 갔다 오면 표정으로 알 수가 있어요.

잘 배웠는지 아닌지.

'얘가 오늘은 학교에서 제대로 배우고 왔구나' 싶으면 제 마음이 편해져요.

그런 과목은 학교 선생님에 대한 신뢰도 생기고 아이도 자신감이 있으니까

학원을 안 보냈어요.

근데 다른 과목은 학교에 가서 자기가 뭘 하고 왔는지 설명도 못하니까 그 선생님이 가

르친 걸 믿을 수가 없잖아요. 학원에 보낼 수밖에 없는 거죠."

아이가 학교에서 잘 배우고 왔다고 느끼면 마음이 놓인다는 이야기였습니다.

'학교에서 잘 배우고, 집에 와서도 스스로 공부한다면 굳이 학원 보낼 이유가 없다'는

그 학부모의 이야기를 듣고,

사교육 문제를 근본적으로 해결할 수 있는 실마리를 찾았다고 생각했습니다.

공교육 무너뜨리는
사교육 바로 알기

드라마 〈스카이 캐슬〉은 치열한 입시 경쟁과 사교육이 주도하는 우리 교육의 현실을 잘 드러내 사회적 반향을 불러일으켰습니다. 작가는 나름대로 교육적인 의미를 담으려고 했는지 모르지만 현실에서는 오히려 '입시 코디'에 대한 관심이 높아지고 학부모들의 컨설팅 욕구를 부추긴 것 같습니다.

저는 1980년대 후반에 강남에서 고액과외를 한 적이 있습니다. 상류층 집안에서 입주과외를 했는데 드라마 속 '입시 코디' 역할이었습니다. 당시 저는 고액과외를 상류층의 일탈행위 정도로 보고 기억에서 지웠는데, 어느덧 드라마 소재가 될 정도로 영향력이 커졌습니다. 그때나 지금이나 '입시 코디'를 고용할 수 있는 사람은 매우 드뭅니다. 〈스카이 캐슬〉에 등장하는 아버지들은 재벌이거나 재벌2세여야 앞뒤가 맞습니다. 하지만 중산층 전문직을 등장시켜 상류층의 일탈행위를 중산층의 로망으로 바꿔놓았듯이, '테북'(강남 테헤란로 북쪽) 상류층의 일탈에 '테남' 중산층의 선망이 가세하면서 사교육 1번지 대치동 문화가 만들어졌고, 여기에서 우리 교육의 또다른 비극은 시작되었다고 저는 분석합니다.

상류층은 자신들에게 절대적으로 유리한 무기, 즉 아이의 노력이 아니라 부모의 경제력과 정보력을 총동원해서 사교육 무한경쟁 쪽으로 몰고 갑니다. 특히 성적으로 줄 세우기 경쟁을 선호하는데, 조금이라도 앞서가는 데 필요한 수단과 방법을 충분히 동원할 수 있다고 믿기 때문입니다. 상류층은 대부분 학생들이 학교에서 제대로 공부하는 것을 원치 않습니다. 많은 학생에게 돌아가는 보편적인 공교육 효과이기 때문에 자기 자식에게는 유리할 것이 없다고 여겨서입니다.

문제는 중산층입니다. 경제력에서 분명 열세지만 상류층이 주도하는 사교육 더 시키기 말고는 다른 대안을 찾기가 쉽지 않습니다. 상류층 부모들에게는 열등감을, 자식들에게는 죄책감을 느끼지 않으려고 사교육 무한경쟁에 뛰어듭니다. 하지만 승산은 희박합니다. 아이의 자발성이라는 강력한 무기를 버리고 부모의 관리력에 의존하는 순간, 상류층의 경제력과 정보력을 따라잡기 어렵기 때문입니다.

사교육업체의 컨설팅 능력을 믿을 수 있을까

지금 우리 사회는 '사교육 효과'(사교육기관이 밀집된 강남과 같은 지역이 입시 준비에 유리하다는 '지역효과' 포함)를 극찬하고 있습니다. 그리고 사교육 효과와 직결되는 '부모효과', 입시전문기관처럼 기능하는 특목고와 자사고의 '학교효과'도 추종합니다. 학생부종합전형 자료인 학생부에 기록하는 '교사효과' 또한 입시 결과에 중요한 영향을 미친다고 강조합니다.

그렇다면 빠진 것은 없을까요? 바로 '학생효과'입니다. 결국 모든 효과는 종속변수일 따름이고 독립변수는 유일하게 학생입니다. 학생의 노력 여하에 따라 다른 효과들은 무효가 되기도, 효과가 나타나기도 합니다. 특히 사교육 효과는 순기능을 발휘하기도 하지만 역기능이 나타나기도 합니다. 한때 학생효과에 초점을 맞춘 자기주도학습을 강조하는 흐름이 있었지만 지금은 시들해졌습니다.

당연한 말이지만, 공부는 학원 강사가 하는 것도, 학교 선생님이 하는 것도, 학부모가 하는 것도 아닙니다. 그런데 왜 학생효과를 강조하는 이야기는 거의 사라진 걸까요? 혹시 학생효과 대신 사교육 효과나 부모효과를 맹신해야 자신의 이익을 실현할 수 있는 집단에 의해 교묘하게 숨겨지고 있는 것은 아닐까요? 그렇다면 우리는 과연 사교육 효과에 대해 제대로 알고 있을까요?

한 기자가 사교육 관계자에게 물었습니다. "입시제도가 바뀌면 사교육에 어떤 영향을 주는가?" "입시제도가 바뀔수록 전체 사교육 시장이 커졌다. 수능을 죽이면 내신 시장이 커지는 식이다. 입시제도가 장수생을 양산한다. 학교 교사들은 바뀐 제도를 깊게 연구 안 한다. 반면 학원 강사들은 생계가 달려 있다 보니 치열하게 분석한다. 입시제도가 개편될 때마다 학원 시장은 물갈이가 된다. 새로 뜬 강사들은 그 이전 강사보다 돈을 더 많이 번다."[*]

학원 강사들이 교사들보다 더 치열하게 노력한다고 하는데, 교사와 학원 강사를 비교하는 것 자체가 과연 적절한지 의문입니다. 학생이 교실에서 난동을 부려도 교육적인 책임을 져야 하는 곳이 학교입니다. 학원은 영리 목적의 사업체이기 때문에 학생 선발과 관리에 아무런 제약이 없습니다. 학원이 학교보다는 공부 분위기 조성이 쉬운 이유도 말을 듣지 않는 학생들은 처음부터 받지 않거나 언제든지 퇴출시킬 수 있어서입니다. 결국 사교육 효과라는 것은 이미 열심히 하는 학생들만 신경 쓰고 관리하는 방식으로 입증하기 때문에 거품이 낄 수 밖에 없습니다.

같은 기사에서 사교육 관계자가 말합니다. "왜 사교육 시장이 계속 커질까. 사교육을 키우는 자양분은 공포감이다. 요즘 입시제도는 너무 어렵고 복잡하다. 수능을 봐도 학생들이 자기 등수를 모르기 때문에 공포심을 이용해 고액 입시 컨설팅이 판친다."

과연 사교육업체의 입시 컨설팅 능력을 신뢰할 수 있을까요? 컨설팅을 제대로 하려면 실제 입시 지도를 최소 3년 이상 해보고 그 결과를 분석하여 활용할 수 있어야 합니다. 하지만 그럴 만한 곳을 사교육에서 찾기는 쉽지 않습니다. 반면 학교에는 입시 지도의 결과물들이 차곡차곡 쌓여 있습니다. 공교육이 가지고 있는 입시 데이터의 일

---

[*] 중앙일보 2018. 4. 26. 대치동 강사들 "십시제도 또 바꾸면 사교육 폭발"

부를 가져다가 입시 컨설팅을 하는 사교육업자들이 많습니다.

　정시 지원을 위해 많이 사용하는 예측 프로그램도, 공공기관의 무료 서비스는 학부모들이 대부분 외면합니다. 사설 프로그램에 입력되는 기준 데이터의 대부분은 공공기관에서 제공한 것인데도 말입니다. 원천 데이터를 충분히 가지고 있는 공적 기관의 컨설팅은 믿지 못하고 일부 데이터라도 얻어 와야 컨설팅이 가능한 업자들을 더 신뢰하는 분위기를 어떻게 설명할 수 있을까요? 제가 비상교육 공부연구소장을 하던 시절, 정시 지원 컨설팅 프로그램에 입력한 기준 데이터도 공교육에서 얻은 것이었습니다.

사교육의 과잉학습

한 교육청의 위탁을 받아 학부모 교육을 하면서 여러 학교의 학부모들에게 물어본 적이 있습니다. "학교 공부를 통해 진학을 준비할 수 있다고 생각하는 학부모님들은 손들어보세요." 서울 강남권도 아닌데 한 명도 없었습니다. 그렇다면 학부모들은 입시 준비가 아닌 전인적 교육을 학교에 기대하는 걸까요? 오히려 대다수 학부모들은 전인적 교육을 하면 입시 준비에 방해가 된다고 생각합니다.

　가슴 아픈 일이지만 이미 많은 학부모들은 공교육에 대한 기대를 접은 듯 보입니다. 학교를 교육기관이 아니라 돌봄 장소, 학원에 가기 전에 머무는 공간, 성적표와 졸업장을 발행하는 공적 기관 정도로 생각하는 경우가 많습니다. 학교에 기대가 없는 학부모들은 사교육으로 각자도생의 길을 갑니다. 어떤 사교육을 시킬지 온갖 정보를 찾아다니고, 만만치 않은 사교육비를 감당하느라 허리가 휩니다. 그러나 사교육 무한경쟁의 전쟁터에서 가장 큰 피해를 입는 것은 결국 학생들입니다. 한 다큐멘터리*에 나오는 대치동 초등학교 2학년생은 17가지 사교육을 받고 있었습니다. 사교육이 점점 많아지고 복잡해지면서, 전체 사교육 시간표를 관리하는 신종 사교육이 생겼습니다. 바로 입시 대리모, 에듀맘입니다.

> 아이 학업 플랜은 컨설턴트가 짜주고 에듀맘은 그 실행을 맡아. 학원 픽업해주고 밥도 먹이고 숙제도 봐주는 등 공부 관련 모든 걸 해주는 거지. 에듀맘 월급이 보통 300만원부터라고 들었어. 아무나 할 수 있는 게 아냐. 자기 애를 특목고나 명문대 보낸 분들이나 가능해.
>
> – 경향신문 2018. 09. 21.
> "진로를 아이의 선택에 맡기라고? 그런 말 하면 엄마들한테 욕먹어"

사교육의 전방위적인 관리는 물론 엄마의 교묘한 감시를 받다보면 쌓이는 반감이 결국 아이들을 무너뜨립니다. 대치동에 있을 때 다음과 비슷한 내용의 메일을 적지 않게 받았습니다.

> 저희 아이는 고2인데 강남 한복판에서 공부 좀 한다 하는 아이였습니다. 중1 기말고사에서 반에서 1등을 하고 전교 11등을 했는데, 그 이후로 공부를 놓아버렸

---

* 〈EBS 다큐프라임〉 대학입시의 진실 – 4부. 진짜 인재, 가짜 인재

습니다. 학교 다니면서 아무것도 하지 않고 게임만 하고 있는 아이를 보며 욕실에서 물 틀어놓고 소리 내어 운 적도 많습니다. 머리 좋고 우수한 아이를 그동안 과도하게 공부 부담을 주고 다그쳐서 다 망쳐놓은 것은 아닌가, 자책도 되고 아이한테 미안한 마음이 듭니다.

상담 때도 이와 비슷한 고민을 털어놓는 학부모들이 많았습니다. 점점 상황은 악화되고 있지요. 학원에서 일상적으로 이루어지는 경쟁 분위기는 심각한 수준입니다. 주로 영어나 수학학원에서 많이 쓰는 레벨 테스트는 '업'과 '다운'이라는 이중압력으로 생존욕구를 자극합니다. 학원에서 보내는 시간만이 아니라 학원 밖의 시간도 최대한 점유해야 값어치를 인정받기가 쉽기 때문입니다. 영어 학원에서는 영어 공부를, 수학 학원에서는 수학 공부를 최대한 많이 하도록 해야 존재 이유를 인정받기 때문에 필요 이상의 과제를 내주는 등 과잉학습을 유발하기 십상입니다.

학습 동기,
새롭게 보다

과잉학습으로 지친 학생들은 점점 공부에서 멀어집니다. 학생들이 어떻게든 공부하도록 동기부여에 애쓰지만 대부분 실패로 돌아갑니다. 동기는 흔히 내적 동기와 외적 동기를 많이 이야기합니다. 근본적으로는 내적 동기가 중요하지만 권장행동을 유도하고 문제행동을 억제하기 위해서는 외적 동기를 활용할 필요가 있다고 합니다. 하지만 저는 현장에서 내적·외적 동기로 설명하기 어려운 다른 동기를 자주 경험했습니다. 학생들이 계획적으로 공부하는 모습은 드물지만 특별한 이유 없이 싫으면 하지 않는 모습을 자주 보면서 내적·외적 동기보다는 이성적·감성적 동기라는 말이 떠올랐습니다.

또 '지금 상황을 냉정하게 판단해보니 이렇게 계속 가면 인생 망할 것 같아 공부해야 한다'고 판단하고 스스로 불러일으킨 동기도 있지만, 특별한 이유 없이 공부하고 싶어지는 경우도 있습니다. 역시 내적·외적 동기 개념을 적용하기에는 무리가 있어서, '일으킨 동기와 주어진 동기'라고 이름 붙였습니다. 개인 영역에 국한된 내적·외적 동기와 아주 다른 동기도 있는데, 바로 사회적 동기입니다.

내적, 외적 동기만 있을까

저는 고등학교 2학년 때부터 공부에 집중하기 시작했습니다. 성적도 수직 상승했는데, 그때 깨달은 것이 있습니다. '자꾸 목표를 생각하니까 마음이 괴롭고, 부담이 되고 스트레스를 많이 받아 오히려 공부가 잘 안 되는구나!' 제가 어떤 생각을 해야 공부가 잘 되는지 알아차린 겁니다. 공부를 해야 하는 이유를 수정하기에 이르렀는데, 공부를 평소에 해놓으면 시험기간을 마음 편하게 보낼 수 있다는 사실에 주목했습니다. 평소에 공부하는 것이 귀찮지만 끔찍한 시험기간을 마음 편히 보낼 수 있다면 해볼 만하다고 생각했습니다. 시험기간이 너무 괴로워서 시작했는데, 학교 진도에 맞춰 그때그때 자습하니 기분이 좋았고, 수업시간에도 집중할 수 있었습니다. 거창한 목표 때문이 아니라 수업이 끝나면 빨리 자습을 마치고 놀고 싶어서였습니다. 그렇게 하다 보니 그날 해야 할 공부를 마치면 마음이 뿌듯했습니다. 생활에 리듬과 여유도 생기니 하루하루가 즐거웠습니다. 오히려 목표를 의식하지 않고 시험기간에도 마음 편하게 지내려고 하루하루 노력한 결과 성적 향상이라는 선물을 받은 것입니다.

 그 시절 저를 움직인 것은 과연 어떤 동기일까요? 내적·외적 동기만으로는 잘 설명되지 않습니다. 흔히 공부의 필요성을 학생들에게 일깨우는 데 사용하는 동기와는 사뭇 다릅니다. 이성적이지 않고 감성적이었습니다. 또한 의도적으로 일으켰다고 하기에도 애매합니다. 즐겁게 공부하다 보니 주어진 동기라고 해석하는 것이 더 적합합니다. 목표를 정해 억지로 자신을 밀어붙이는 게 아니라 재미를 느껴서 하고 싶어졌고, 하다 보니 선생님도 좋아하고, 교실에서 존재감도 느낄 수 있어 더 열심히 하고 싶은 마음이 든 것이지요. 개인적 동기만이 아닌, 사회적 동기도 작동했다고 봅니다.

동기부여, '사회성'에 주목하다

최근 신경과학의 연구결과 중에 주목할 만한 것이 있습니다. 바로 거울 뉴런입니다. 드라마를 보면서 슬픔을 느낄 때와 자기 일 때문에 슬픔을 느낄 때 비슷한 뇌 부위가 움직인다고 합니다. 실제 자기 일이 아닌데 자기 일처럼 반응한다는 의미입니다. 이런 연구결과는 '인간은 남의 일도 내 일처럼 느끼는 사회적 동물'이라는 사실을 입증합니다.

　인간의 사회성이 인류 역사에 얼마나 중요했는지를 생각해볼 만한 예가 있습니다. 네안데르탈인 화석에서 유전자를 복원했다는 이야기를 듣고 재미있는 상상을 했습니다. 만약 네안데르탈인이 현생 인류와 운동경기를 하면 누가 이길까요? 개인전에서는 네안데르탈인이 쉽게 이길 겁니다. 신체 골격이 현생 인류보다 훨씬 컸고 힘이 셌으니까요. 하지만 그들은 멸종했고 현생 인류는 살아 있습니다.

현생 인류는 다양한 종족 중에서 연약한 편에 속합니다. 그런데 어떻게 혹독한 자연환경을 이겨내고 살아남을 수 있었을까요? 바로 사회성에 비결이 있습니다. 네안데르탈인은 개인으로서는 강했지만 집단성은 약했던 것으로 보입니다. 반면 우리 현생 인류는 개인의 약점을 집단의 힘으로 보완했습니다. 오늘에 이르기까지 사회성이라는 뚜렷한 강점을 잘 발전시켜 왔고 지금도 그 덕을 톡톡히 보고 있다고 할 수 있습니다.

개인에 초점을 맞춘 내적, 외적 동기라는 제약에서 벗어나 자신이 속한 공동체에서 소속감과 존재감, 유능감을 느끼고 싶은 마음을 사회적 동기라고 할 수 있습니다. 다양성을 존중하는 교실에서 각자의 개성에 맞는 역할을 통해 자존감을 느낀 학생들은 대부분 자발적인 학습동기를 갖게 되는 것 같습니다.

보통 교실에서는 학급 임원에게 책임과 권한이 주어집니다. 헌데 모든 학생들을 임원으로 하는 '1인 1역할'을 시도한 뒤 학생들이 크게 달라진 곳이 있습니다. 허효정* 선생님의 이야기입니다.

아직도 많은 학교가 학급임원제도를 유지하고 있습니다. 학급임원은 선생님이 안 계실 때 앞에 나와 칠판에 떠드는 학생의 이름을 적는 역할, 봉사라는 책임감을 주고 희생을 강요하는 경우들이 종종 있습니다. 그래서 그

---

* 서울 동북초등학교 교사

런지 요즘 고학년들은 학급임원이 되기를 꺼리기도 합니다. 스스로 하겠다고 나서는 경우도 드물고, 친한 친구가 추천해주어도 후보를 포기하는 경우도 많습니다. 역할이 뻔하거나 임원을 해봤자 좋은 소리를 못 듣고 힘들다는 게 대체적인 기피이유이기도 합니다.

그래서 학급임원을 학급친구들이 모두 역할을 나눠 맡으면 어떨까 하는 생각에서, 똑같이 임원직을 주고 구체적인 역할을 부여했습니다. 학급임원 4명을 제외한 학급의 모든 친구들이 임원직인 '부장'이 되는 것입니다.

각각 역할에 따른 임무가 있고 그 임무에 대한 자율권을 부여합니다. 단순히 봉사만 강조하는 것이 아니라 학급을 위해 나의 역할이 꼭 필요함을 느끼고 힘들지라도 리더로서 스스로 성장하고 발전해가는 과정이 되도록 안내합니다. 각 개인마다 맡은 부장의 역할 또한 선생님을 대신할 만큼 중요하다고 강조합니다. 각 부장들은 자신의 역할을 스스로 판단하고 그 결과에 대해서도 스스로 책임질 수 있도록 지도합니다.

예를 들어 28명인 우리 반을 기준으로 한다면

[학급임원] 반장, 부반장 (혹은 회장, 부회장) 남여 4명

[생활부] 일기부장, 독서부장, 위생부장, 청소부장

[학습부] 국어부장, 수학부장, 사회부장, 과학부장

[예체능부] 음악부장, 미술부장, 체육부장, 오락부장

[특수교과부] 도덕부장, 실과부장, 영어부장, 창체부장

[급식부] 우유부장, 영양부장, 급식부장(남), 급식부장(여)

[환경부] 절전부장, 알림부장, 미화부장, 관리부장

기본 교과목 부장들은 동일하지만, 나머지 다른 부장들의 명칭은 해마다 학생들과 정하기 때문에 조금씩 달라지기도 합니다.

[학급임원] 모든 부서를 총괄하는 책임을 집니다. 각 부장들이 어려움이 있거나 결석하는 경우 학급임원들이 다양하게 돕습니다. 이동수업을 할 때도 각 교과목별 부장이 맨 앞에서 인솔하고 학급임원은 맨 뒤에서 도와주는 역할을 합니다. 그리고 매일 '칭찬이'를 정해서 우리 반 친구들의 장점을 찾아 칭찬해주기도 합니다.

[생활부] 매일매일 번거롭지만 확인해야 하는 일들을 중요하게 책임집니다. 일기부장은 일기장 수합 그리고 미제출한 친구들을 관리합니다. 독서부장은 아침 독서시간 알림과 학급문고 정리, 독서록 수합 그리고 책 잘 읽는 친구를 매달 한 명씩 선정해서 칭찬하기도 합니다. 위생부장은 점심시간 후 양치 확인과 손씻기 등을 안내하고 각종 전염병 예방을 관리합니다. 청소부장은 매일 청소당번이 누구인지 안내하고 청소당번이 청소를 제대로 했는지 점검합니다. 단 청소부장은 청소를 맡지 않습니다. 하지만 해마다 대부분의 청소부장들은 청소를 시키지 않았는데도 스스로 돕는 경우가 많았습니다.

[학습부] 선생님을 대신하는 역할이기에 해당 교과목을 잘하지는 못해도 좋아하는 친구가 맡도록 안내합니다. 국어부장, 수학부장, 사회부장, 과학부장은 주지교과이기 때문에 해당 수업 전 쉬는 시간마다 해야 할 일이 많

습니다. 바로 전 시간에 선생님이 참고하셨던 교과서와 지도서를 정해진 책꽂이에 정리하고 선생님이 오늘 지도해주실 해당 교과서와 지도서를 교탁 위에 펼쳐둡니다. 칠판에는 오늘 공부할 쪽수를 쓰고 수업 종치기 2분 전에 친구들에게 자리에 앉도록 알립니다. 모두가 자리에 앉아서 칠판에 적혀진 쪽수대로 교과서를 펴고, 수업준비가 되면 선생님께 인사하고 수업이 원활하게 진행되도록 도우미 역할을 합니다. 참고로 우리 반은 매 수업 시간마다 각 부장들이 일어나 수업시작 때마다 "열심히 공부하겠습니다"하고 인사하고 수업이 마무리되면 "감사합니다"로 인사를 합니다.

국어부장은 국어활동 과제를 안내하고 수합하기도 합니다. 물론 내용 확인은 교사가 하지만 국어시간에 함께하는 과제라든지 국어활동을 언제까지 몇 단원을 해서 제출하는지는 국어부장의 몫입니다. 간혹 문제가 있을 때만 교사가 나서서 조정해주면 됩니다. 수학부장은 수학익힘책을 함께 관리하며 사회부장은 친구들이 어려워하는 단원이나 차시의 요점 정리를 해서 게시합니다. 많은 친구들이 비주얼 싱킹으로 스케치북에 내용을 정리해 오면 게시해두고, 부족한 부분은 체크해서 확인해주기도 합니다. 과학부장은 미리 과학실 사용 확인과 교실에서 실험할 경우 자료실에서 관련 준비물을 챙겨오기도 합니다. 물론 교사와 미리 합의하에 결정합니다. 과학부장이 성실하면 과학 교과서에 있는 실험을 하나도 생략하지 않고 다 경험하게 됩니다.

[예체능부] 음악부장, 미술부장, 체육부장은 음악실이나 미술실, 운동장으로 인솔할 때 친구들을 줄 세우기도 하고 전담 선생님께서 따로 내주신 과

제나 준비물을 안내합니다. 특히 이론수업에 필요한 교과서와 공책 그리고 간혹 생기는 유인물들을 잊지 않도록 챙겨줍니다.

오락부장은 우리 반 점심시간을 책임집니다. 점심시간마다 신청곡을 받아서 교실컴퓨터로 노래를 리스트로 정리해 틀어주거나, 각종 율동이나 댄스 동영상을 보고 친구들이 따라 할 수 있게 안내하기도 합니다. 물론 때에 따라 교사의 검열이 좀 필요하기도 하지만 기본적으로 어린이들 대상으로 수위를 조절하는 것도 오락부장의 책임입니다.

[특수교과부] 자칫하면 소외되기 쉬운 부장 역할이라 이름을 꼭 필요한 존재로 정했습니다. 도덕부장은 우리 반 친구들의 생일을 관리하고 축하해줍니다. 물론 도덕 수업시간에 인사도 하고 도덕교과와 관련된 안내도 전달하지만, 반 친구들 한명 한명이 얼마나 소중한 사람인지를 소개하고 반 친구들과 롤링페이퍼로 생일 축하 카드를 써서 선물하거나 칭찬샤워를 준비해서 생일 맞은 친구를 기쁘게 합니다.

실과부장은 우리 반 분실함 정리나 정기적으로 열리는 알뜰시장(벼룩시장) 안내, 학급온도계 관리, 사물함이나 책상, 의자 등 기물이 파손되었을 때 시설관리실에 신청하고 수리되도록 안내하는 역할입니다.

영어부장은 영어 단어시험을 잊지 않도록 안내하거나 반 친구들의 영어실력 향상을 위해 다양한 방법과 시도로 노력하는 역할입니다. 쉬는 시간이나 점심시간에 챈트를 소개하거나 팝송을 가사와 내용을 정리해서 소개해주기도 합니다. 영어부장에 따라서 다양한 방법으로 영어단어를 매일 하나씩 소개하기도 합니다.

창체부장은 연극 등 다양한 창체시간마다 선생님께 어떤 수업이 진행되는지를 전달받아 학생들에게 안내하고 부가적인 준비물이 필요할 경우 사전에 확인하여 점검합니다.

[급식부] 우유부장은 매일 실시되는 우유급식을 정리하고 확인하는 역할을 합니다. 영양부장은 매일 아침 오늘의 식단을 소개하고 평소 친구들이 잘 먹지 않는 음식을 파악합니다. 식단에 소개된 음식이 나올 때마다 그 음식이 얼마나 소중한지, 얼마나 영양가가 있는지를 친구들에게 소개하여 골고루 다 먹도록 안내합니다. 매일 반 학생들과 돌아가면서 함께 식사하는 담임 선생님의 '밥친구'가 누구인지도 소개합니다.

급식부장(남), (여)은 식사를 마치고 식판 검사를 합니다. 선생님은 '밥친구'와 대화를 나누며 점심시간이 상담시간이 됩니다. 그래서 급식 검사는 급식부장들이 하고 매번 편식하는 친구와 급식을 남기는 친구들이 없는지 확인합니다. 더불어 친구들의 알러지 음식이나 건강관리까지 직접 체크하는 경우가 많습니다. 예를 들면, 장염에 걸린 친구들은 매운 음식을 먹지 않도록 배려하거나 배탈이 나거나 약을 먹어야 하는 친구들은 밥 먹고 약을 먹도록 챙겨주기도 합니다.

[환경부] 학급에서 중요한 역할을 맡고 있습니다. 먼저 절전부장은 학급의 온풍기나 에어컨을 관리하고 학급의 실온 상태를 점검합니다. 그리고 교실을 이동해서 우리반이 빈 교실이 될 때는 천장의 전등을 꼭 끄게 하고, 교실 컴퓨터나 TV도 하교할 때 꺼져 있는지 확인합니다.

알림부장은 매일 교체해야 하는 게시물들을 관리합니다. 요일별 시간표를 변경하거나 매일 공지되는 날짜를 변경하거나 가정통신문들을 정리하거나 미세먼지가 심한 날은 운동장 놀이를 못하기 때문에 친구들에게 미리 파악해서 알려줍니다. 각종 알림 사항들을 관리하고 안내합니다.

미화부장은 친구들의 게시물 관리, 특히 미술작품 관리를 책임집니다. 알림부장이 보통 앞쪽 게시판을 담당한다면 미화부장은 교실 옆쪽이나 뒤쪽 게시판을 총괄합니다.

마지막으로 관리부장은 교실에 있는 식물이나 동물 관리를 맡습니다. 화분이나 교실에서 키우는 어항이나 생물들을 책임지고 물과 먹이를 주고, 청소하고 관리하는 역할을 합니다. 혼자 하기 어려울 때에는 학급임원들이 나서서 함께 도와줍니다.

이렇게 다양한 역할을 정해서 하는 것은 1인 1역이나 다름없기 때문에 우리 반은 매일 빠지지 않고 작은 학급회의를 진행합니다. 어쩌다 이 작은 학급회의(여는마당)를 생략하면 아이들은 학교에서 하루를 보내는 데 불안해하기도 하고 어려움을 느낍니다. 그래서 모든 부장이나 학급임원은 '전달사항' 시간을 아침마다 꼭 기다리고 자신이 발표할 내용들을 준비합니다. 정해진 시간이 되면 각 부장이 자신의 역할과 관련하여 알려야 할 사항 등을 모두 돌아가면서 안내합니다. 누가 시키지 않았음에도 스스로 없던 일들도 찾아서 친구들에게 공지하고 새로운 일을 제안하기도 합니다. 자율적으로 본인의 역할을 충실히 할 수 있도록 교사는 격려를 아끼지 않습니다. 아침마다 15분 정도씩 정식 학급회의는 아니지만 모든 아이들이 함께 소통하고 결정하고 안내합니다. 결과가 어떻게 나오든 회의를 통해 결정하고 같이 합의한 것을 지켜나가면서 때로는 지켜지지 않을 때 해결하는 과정을 통해 아이들은 성장해가지요. 간혹 규칙을 지키지 않았거나 수합물을 제때 내지 않은 친구들을 확인하는 과정에서 내부 고발자(?)가 생기기도 하지만 대부분 비난하기보다는 서로를 격려하고 안내하며 인정해줍니다. 모든 역할이 중요하고 각각의 역할마다 고충과 어려움이 있음을 알고 있고, 무엇보다 우리 반을 위한 일임을 모두가 이해하기 때문입니다. 공부와는 별개로 학생들이 가진 각각의 강점을 찾을 수 있고 평소 자신감이 부족했던 친구들도 맡은 역할을 충실히 하면서 활기를 찾기도 합니다.

특히나 2학기에 새로운 학급임원과 부장을 선출할 때, 본인이 가장 싫어하는 과목의 부장을 의외로 자처하기도 합니다. 가령 "저는 수학을 제일 싫어하지만 수학부장이 되어보겠습니다. 이번 기회에 수학을 좋아하고 열심히 할 수 있도록 도전해보고 싶어요" 하는 경우가 생기기도 하지요.

허효정 선생님 반 학생들은 모두 역할을 맡아 열심히 노력하는 과정에서 존재가치를 인정받고 자연스럽게 이루어지는 사회적인 동기부여 덕분에 학습에서도 적극적인 모습으로 성장해가고 있습니다.

서로 도움을 주면서 고마움을 느끼고 더욱 노력해서 더 큰 도움을 주며 보람을 느끼고 싶은 마음, 바로 사회적 동기에 큰 희망을 걸게 됩니다. 어찌 보면 그동안 개인적 동기라는 동굴에 갇혀 개인의 성공과 출세만을 위한 공부에 우리 교육이 악용되어 온 것은 아닐까요? 남보다 성적이 좋은 학생은 칭찬은 물론 현실적으로도 상당한 보상을 받습니다. 공부를 잘 했을 때 개인에게 주어지는 혜택이 워낙 커서 모두가 공부하겠다고 뛰어들지만 과연 사회적으로는 어떤 의미가 있는 걸까요? 사회 구성원들이 함께 나누는 파이의 전체 크기를 키우는 공부가 아니라 자기 몫을 더 차지하기 위한 공부를 반사회적이라고 하면 지나친 걸까요?

교육은 공적이지만 공부는 사적이라고 할 수 있습니다. 그러나 공적 기관에서 공익을 목적으로 실시하는 진짜 교육과 사적 기관에서 개인의 이익만을 위한 교육은 마땅히 구분되어야 합니다. 사회적 동기를 포기하고 개인적 동기만을 가진 채 주로 사교육을 통해 얻은 상대적 비교우위를 우리 사회가 공식적으로 인정하고 그렇게까지 보상해야 할 까닭이 있을까요? 남보다 성적이 좋아야 공부를 잘 하는 것인지, 남에게 도움이 되어야 진짜 공부를 잘 하는 것인지, 우리 사회가 진지하게 고민하고 더 늦지 않게 판단해야 할 문제입니다.

우리가 아는 마시멜로 실험은 정확했을까?

공부에도 성공론이 있습니다. 한국 사회에서 대표적인 것이 '의지론'입니다. 개인이 의지를 가지고 노력하면 성공한다는 생각이 담겨 있습니다.

다음으로는 '재능론'이 있는데, 공부하는 머리는 타고난다는 생각입니다. 최근에 급부상한 '배경론'은 부모의 사회·경제적 배경이 대물림된다고 주장합니다.

오랜 전통을 가진 '의지론'은 마시멜로 실험 결과와 일맥상통합니다. 1960년대 스탠퍼드 대학의 심리학자 월터 미셸 박사는 '어떤 사람이 성공적인 삶을 살까? 그렇지 못한 사람은 무엇이 문제인가?'라는 질문에 답을 찾기 위해 실험을 했습니다.

첫 번째 마시멜로 이야기

1966년 당시 4세 어린이 653명을 대상으로 실험했습니다. 연구자가 돌아올 때까지, 15분 동안 눈앞에 보이는 마시멜로를 먹지 않고 기다리면 하나 더 주겠다고 약속합니다. 15분을 참고 2개를 먹은 아이들과 참지 않고 하나만 먹은 아이들로 나뉩니다. 두 그룹 아이들의 15년 후 대학입학시험(SAT) 성적을 비교했습니다. 1,800점 만점에 무려 210점이라는 큰 차이를 보였습니다. 참지 못한 그룹이 정학 처분을 받거나 문제행동을 일으킨 비율이 훨씬 높다는 추적 조사결과까지 공개되면서 큰 반향을 일으켰습니다. 이 실험을 통해 '만족지연능력'이 인생 성패의 관건이라는 결론을 내놓았습니다.

두 번째 마시멜로 이야기

1989년에 만족지연능력을 다른 측면에서 설명하고 싶은 연구자들이 두 번째 마시멜로 실험을 했습니다. 눈앞에 뻔히 보이도록 한 첫 번째 실험과 달리 마시멜로를 병에 넣고 뚜껑을 닫아두었습니다. 또 마시멜로가 먹고 싶을 때 참는 방법을 알려주었습니다. "마시멜로가 먹고 싶은 마음이 들면 다른 재미있는 생각을 하거나 '저건 진짜 마시멜로가 아니고, 솜뭉치나 구름일 거야'라고 생각해보렴." 그랬더니 아이들은 더 오래 참았습니다. 두 번째 마시멜로 실험은 '만족지연능력의 차이는 개인적인 의지보다 환경의 차이와 방법을 아느냐 모르느냐에 달려 있다는 결론을 내놓았습니다.

세 번째 마시멜로 이야기

2013년에 새로운 마시멜로 실험이 있었습니다. 28명의 아이들을 두 그룹으로 나누었습니다. 아이들은 크레파스가 놓인 책상에 앉았습니다. 선생님이 아이들에게 말합니다. "잠깐만 기다리세요. 여러분이 좀 더 재밌게 놀 수 있도록 나가서 종이찰흙과 색종이를 가져다줄게요." 잠시 후 한 그룹의 아이들에게는 약속대로 색종이와 종이찰흙을 가져다주고, 다른 그룹은 약속을 지키지 않은 상태에서 마시멜로 실험을 했습니다. 결과를 보면 색종이와 종이찰흙을 받은 그룹은 평균 12분 정도를 기다렸습니다. 14명 중에서 9명이 선생님이 돌아올 때까지 기다렸습니다. 선생님이 약속을 지키지 않은 그룹의 아이들은 고작 평균 3분 정도 그리고 단 1명만이 기준시간을 넘겼습니다. 이 실험을 통해 '만족지연능력은 개인의 의지가 아니라 서로 신뢰하는 관계에 달려 있다'는 새로운 주장이 나왔습니다.

세 가지 마시멜로 이야기가 만난다면?

우리 사회에는 첫 번째 실험 결과를 지지하는 사람들이 가장 많습니다. 이후의 실험이 잘 알려지지 않은 이유도 있지만, 전통적으로 '정신일도 하사불성'을 강조하면서 성패의 관건은 개인의 의지와 노력에 있다고 생각하는 경향이 강합니다. 그래서 공부를 힘들어하는 학생들에게 "조금 더 참고 노력해봐"라며 인내심에 자주 호소합니다. 두 번째 실험 결과가 의미하는 '좋은 환경과 방법'의 중요성은 요즘 다수 학부모들의 관심사입니다. 좋은 환경을 제공하기 위해 온갖 사교육을 활용하고, 아이 공부에 효과가 있다는 방법들에 온통 사로잡혀 있습니다.

저는 세 번째 마시멜로 이야기를 보고 무척 반가웠습니다. 줄곧 부모와 아이 사이, 교사와 학생 사이에 신뢰가 쌓여야 그 토대 위에서 교육이 이루어진다고 주장해왔기 때문입니다. 사실 세 가지 연구결과는 서로 충돌하는 것이 아닙니다. 각각 동떨어진 것이 아니라 서로 다른 측면을 강조한 것이어서, 연결고리를 찾을 때 비로소 온전한 의미를 가질 수 있습니다.

세 번째 결과인 **흔들리지 않는 신뢰관계**를 바탕으로,

두 번째 결과인 **좋은 환경을 제공하고 효과적인 방법**을 알려주면,

첫 번째 결과인 **만족지연능력**을 대부분 무난히 발휘하게 된다.

부모의 영향보다
또래효과가 크다

문화권은 달라도 양육가설은 대체로 비슷합니다. 자녀의 성장·발달에 부모의 역할이 매우 중요하다는 생각입니다. '부모가 자녀의 성장에 미치는 영향에 대한 탐구'라는 부제가 달린 〈양육가설〉의 추천사에 이런 말이 나옵니다.

> 이 책 〈양육가설〉의 명제, 즉 한 인간이 형성되는 데 유전과 또래집단이 중요한 역할을 하며 부모들은 중요치 않다는 것은 그 무엇보다도 절대적이라고 여겨지던 부모와 자녀의 관계에 의문을 제기한다. — 〈양육가설〉 이김, 23쪽

〈양육가설〉은 세계적인 주류 심리학의 정설—아이의 성장과 발달에 부모 역할이 매우 중요하다는 생각을 뒤집고, '또래효과'가 더 강력하

다고 주장합니다. 그간 제가 많은 학생들을 만나면서 경험한 사례들에서 〈양육가설〉의 새로운 주장을 지지하는 증거들을 충분히 찾을 수 있었지만, 오랜 정설을 깨는 낯선 이론을 선뜻 받아들이기에는 주저되는 면이 있어서 곰곰이 생각해봤습니다.

또래집단의 상호작용이 부모의 역할보다 더 큰 영향을 미치는 이유는 뭘까요? 인간이 그렇게 진화해온 것으로 보입니다. 만약 '부모효과'가 더 강력하면 공동체는 붕괴될 수밖에 없지 않을까요? 부모는 기성세대인데 아이들에게 미치는 영향이 강하다면, 기성세대가 겪어보지 못한 새로운 변화에 아이들이 적응하기가 쉽지 않을 겁니다. 기성세대인 부모의 바람대로 된다면 아이들은 모두 '의사, 판사'가 되고 싶어 해야겠지요. 결국 한 사회가 유지되는 데 필요한 다양성이 위협받게 됩니다.

결국 누군가는 부모의 영향력에서 벗어나, 기성세대가 물러난 새로운 사회를 안정적으로 구성하는 데 필요한 다양한 역할을 맡기 위해 본능적으로 노력해야 합니다. 부모는 아이의 삶에 매우 소중한 존재이지만 부모보다 더 오래 함께 세상을 살아갈 사람들은 또래들인 셈입니다. 결국 '또래효과'가 부모 역할보다 더 강력하지 않으면 부모의 품 안에 머문 채 또래사회에서 도태될 위기를 맞게 되겠지요. 즉 아이가 부모와 가정의 요구에 순응하면 사회의 진화에 필요한 종의 다양성은 깨질 수밖에 없습니다.

유전자의 다양성이 일정 범위 안으로 축소되면 종의 생존 자체가 위협을 받는다는 '임계 다양성' 이론을 볼 때도 부모보다는 또래의 영향이 더 강력해야 자연스럽습니다. 오히려 부모의 요구에서 벗어나 자신만의 개성을 또래집단에서 잘 발휘하도록 사회화되어야 진정한 자존감을 얻을 수 있습니다. 〈양육가설〉을 진지하게 공부하면서 그간 '부모효과'를 강조했던 제 자신을 부정해야 하는 곤혹스러움이 있었지만, '잃어버린 고리'를 찾았다는 기쁨과 안도감이 훨씬 컸습니다.

또래효과: 프랑스 합창수업

또래효과가 두드러지는 곳이 바로 학교입니다. 프랑스에서는 2018년부터 교육적 효과가 입증된 합창수업을 정규 교육과정에 포함하기로 했다고 합니다. 관련 기사[*]에 인용된 합창수업의 교육적 효과는 5가지였습니다.

1. 클래식·재즈 음악 등으로 문화 소양 함양
2. 자신감·성취감 향상
3. 연대 의식·결속력 강화
4. 학업 스트레스 완화
5. 학업 성적 향상

다른 효과는 그렇다 하더라도 마지막에 학업성적 향상 효과는 조금 의외입니다. 2012년 프랑스 부르고뉴대가 초등학교 1학년생 500명

---

[*] 조선일보 2017. 12. 22. 합창이 사람을 만든다, 프랑스의 교육실험

을 대상으로 실시한 연구에 따르면, 지속적으로 음악 수업을 받은 학생들은 그렇지 않은 학생들에 비해 수학은 25퍼센트, 암기 테스트는 75퍼센트 높은 점수를 받은 것으로 확인됐습니다. 1993년 캐나다 토론토대의 관련 연구에 따르면 노래와 피아노 수업을 꾸준히 받은 아이들은 이전보다 아이큐 테스트 결과가 상승했습니다.

합창수업이 성적 향상 효과를 가져온 이유를 과연 어떻게 설명할 수 있을까요? 공부모임에서 한 선생님이 들려준 이야기에서 실마리를 찾을 수 있었습니다.

"최근에 교사 연수를 했는데 장구를 쳤어요. 꽹과리, 징, 북과 함께 치기 시작했는데 처음에는 무언가 안 맞아서 '이거 왜 해' 이러면서 억지로 했어요. 그런데 하다 보니 다른 사람의 꽹과리 소리, 징 소리를 들어야 내 장구 소리가 어울려 들어가는 걸 알겠더라고요. 2시간 정도밖에 안 했는데도 공동체의식이 생기고, '우리'라는 느낌이 들더라고요. '아 이렇게 같이 하다 보면, 서로 경청하면서 노력하다 보면 관계가 좋아지고, '우리'라는 힘이 발현되겠구나' 하는 생각이 들었어요."

사물놀이에서 공동체의식이 느껴졌다는 선생님의 이야기처럼, 프랑스 합창수업의 힘도 결국은 '우리'에 있는 게 아닐까요? 획일적인 평가와 성적으로 경쟁해야 하는 관계에서는 개인적 동기만 발휘할 수 있습니다. 하지만 구성원 모두의 역할이 중요한 단체활동에서 자기 가치를 실감하고 기여하고 있다는 느낌이 들 때 비로소 작동하는 사회적 동기가 성적 향상의 비밀이라고 판단합니다.

교실은
학생들의 피난처

"교사의 시선이 학생을 살린다." 조세핀 김이 쓴 〈교실 속 자존감〉의 표지에 있는 문구입니다. 교사의 시선이 몇몇 학생에게 머물지 않고 교실 전체로 확산될 때 일어나는 감동이 있습니다. 교사의 시선이 모든 학생들의 마음에 스며들어 학생들 사이에서도 긍정적인 상호작용이 일어날 때, 교실은 행복한 공동체가 됩니다. 학생들은 학교에 가고 싶어지고, 학교를 졸업한 뒤에도 오래도록 그 학교와 교실을 기억합니다. 따뜻한 교실, 머물고 싶은 교실이 주는 힘입니다.

교실을 행복한 공간으로 만든 선생님 이야기

〈위대한 수업〉*의 에스퀴스 선생님이 담임을 맡고 있는 56호 교실. 공식적인 수업은 8시에 시작하지만 학생들은 선생님이 교실 문을 여는 아침 6시 30분부터 학교에 옵니다. 초등학생인데도 자발적으로 일찍 와서 프로젝트를 하거나 음악 연습, 교실 청소를 합니다. 수학 팀을 짜서 공부하는 학생들도 있습니다.

공식 수업은 3시에 끝나는데, 그때부터 학생들은 셰익스피어 연극 연습을 시작합니다. 4시 반 연습이 끝나면 일부는 집으로 가지만, 6시까지 남아서 공부하는 학생들도 있습니다. 에스퀴스 선생님의 교실은 교실 공동체의 전형을 보여줍니다. 선생님이 잘 가르치는 차원을 넘어서 학생들이 스스로 공부하고, 함께 어울려 배웁니다.

학생들에게 교실은 단지 공부하는 공간이 아니라 '폭풍을 피하는 피난처'이기도 합니다. 가정환경이 좋지 않아 늘 불안을 느끼다 교실에서 선생님의 보살핌을 받으며 마음의 안정을 찾을 수 있었던 것입니다. 다양한 개성을 하나하나 존중하고 진심으로 품어주는 선생님을 중심으로 친구들과 함께 공부하며 행복하게 미래를 꿈꾸는 56호 교실. 교실이 희망의 공간이 되는 것은 단지 외국의 사례가 아닙니다. 우리나라의 어려운 조건에서도 교실을 진정한 행복과 배움의 공동체로 만들어가는 교사들이 있습니다.

지방 강연을 마치고 '사람과교육연구소' 대표 정유진 선생님을 만났습니다. 잠시 같이 걷고 있는데 저만치서 중학생쯤 된 남학생 세 명이 달려왔습니다.

"샘~!" 아직 앳된 얼굴에 여드름이 발긋하게 핀 남학생이 소리쳤습

---

* 〈에스퀴스 선생님의 위대한 수업〉 추수밭

니다. 정유진 선생님이 놀라는 얼굴이었습니다.

"어, 여기 어쩐 일이야?"
"아, 집에 가다가 선생님 보고 달려왔죠."

학생은 반가운 마음을 감추지 못하고 말했습니다.

"샘, 여기는 제 중학교 친구들이에요. 애들아, 인사드려. 나 초딩 때 우리 담임샘이셔."

친구들도 꾸벅 인사했습니다. 참 보기 드문 풍경이었습니다. 초등학교 고학년쯤 되면 공부가 싫어지다 못해 학교, 선생님까지 기피하는 게 요즘 세태인데 말입니다. 저만치서 옛 스승을 알아보고 달려오는 마음이라니, 게다가 친구들에게 신나게 선생님을 소개까지 합니다.

"진짜 반갑다. 중학교 가니까 어때? 공부는 할 만해?"

'힘들어요.' '재미없어요.' 저는 이런 부정적인 대답을 하지 않을까 싶었습니다. 중학생쯤 되면 '공부' 이야기만 들어도 고개를 돌리는 경우가 대부분이니까요.

"제가 예전에 영어를 참 못했잖아요. 근데 선생님께서 영어 공부법을 잘 가르쳐주셔서 재미있어졌거든요. 그때 자신감이 생겼나봐요. 다른 과목들도 공부할 만하더라고요."

학생의 표정은 초등학교 시절의 많은 걸 말해주고 있었습니다. 선생님과 제자의 관계가 어떠했을지, 그들이 함께 공부한 교실의 풍경이 그려졌습니다. 돈독하고 활기찬 재회를 보면서, 제 예상이 빗나간 것이 얼마나 즐거웠는지 모릅니다. 정유진 선생님은 초등 교사를 거쳐 이제는 우리 교육의 현장을 바꾸는 새로운 길에 나섰습니다. 퇴직을 앞두고 지난해 가르친 학생들의 인터뷰 영상이 선물로 전해졌습니다. 학생들의 이야기가 인상 깊었습니다.

"여태까지 제가 부족했던 점을 콕 집어서 잘 가르쳐주셔서 정말 감사해요. 선생님 덕분에 제가 못했던 과목들 실력이 많이 늘었어요."

"(선생님처럼) 영어와 공부하는 법을 잘 가르쳐주신 선생님은 없었어요."

"영어를 못했는데 선생님 덕분에 영어 실력이 많이 늘었어요."

"수학을 더 잘 가르쳐주셔서 감사합니다."

학생들 대부분이 '공부'를 잘하게 돼서 고맙다고 이야기했습니다. 학생들이 평소 공부에 얼마나 관심이 큰지 알 수 있었습니다. 무엇보다 선생님의 수업이 학생들의 공부에 실질적인 도움을 주었다는 사실을 알 수 있습니다. 학생들이 자신의 변화에 감동할 만큼 말입니다.

실제 정유진 선생님은 학생들이 대부분 다니던 영어학원마저 끊게

했습니다. 요즘 같은 사교육 천하시대에 전설 같은 이야기가 아닐 수 없습니다. 평소 학부모들과 진심어린 소통이 있었기에 가능한 일이기도 합니다. 학부모들을 문제가 생겼을 때나 만나는 민원인으로 보지 않고, 학생의 성장을 위해 함께 협력해야 할 동반자로 생각했습니다. 학부모들의 가장 큰 고민인 공부문제를 해결하기 위해, 학생들이 학원에 가지 않고도 실력을 키울 수 있도록 학습법을 적용해 지도했습니다. 학생들이 교실 공동체에서 재미있게 공부하고 실력도, 인성도 좋아지자 학부모들이 절대적으로 신뢰했습니다. 학교 선생님을 믿고 아이를 학원에 보내지 않는 놀라운 일이 벌어진 것입니다.

혼자 공부 vs
교실 공부

흔히 공부는 조용한 곳에서 혼자 하는 것이라고 생각합니다. 하지만 혼자 공부할 때 오히려 지치기 쉽고 결과적으로 많은 노력을 낭비하게 됩니다. 본능적으로 집중이 안 되고 딴 짓을 하게 되는데 공부와 별 관련이 없는 외로움이라는 감정을 이겨내기가 쉽지 않기 때문입니다. 공부에 쏟는 에너지보다 외로움을 참고 해결하는 데 소모하는 에너지가 더 크다고 할 수 있습니다. 〈공부를 공부하다〉 모임의 한 선생님 이야기입니다.

"저도 혼자 공부를 많이 했던 편인데, 혼자 하다 보니까 확실히 내 마음대로 이해해서 오류가 있을 때 아무도 판단해줄 수가 없었어요. 그리고 친구들이랑 하면 '아 이런 생각도 할 수가 있구나' 하고 다양한 시각을 알 수 있는데 그걸 전혀 몰랐고요. 제가 고등학교 때 흔들렸던 시기가 있어요. 그때 아무것도 안 하고 있는데 그런 나를 아무도 도와주지 않고 걱정해주지 않았던 게 생각나요. 그래서 많이 힘들었죠."

혼자 하는 공부의 어려움

지금은 로스쿨로 대체되었지만 흔히 고시공부는 목숨 걸고 한다고 했습니다. 학습법 연구에 열심이던 시절에 고시 합격수기를 가지고 사례 분석을 했습니다. 공부하는 장소를 분류해봤는데 대부분 세 곳 중 하나를 선택했습니다.

1. 절처럼 격리된 공간에 들어간다.
2. 신림동 고시촌 같은 곳을 선택한다.
3. 대학 도서관에서 공부한다.

장소만 볼 때 어느 쪽이 합격 확률이 높을까요? 절이나 고시원에서 공부한 사람들이 자주 한 말이 있습니다. "공부도 그렇지만 외로움과의 싸움이 너무 힘들다." 처음에는 의지를 갖고 이겨내지만 시간이 갈수록 너무 외롭고 지친다는 겁니다. 물론 사람마다 다르긴 한데, 500명 정도의 사례를 분석해서 내린 결론입니다. 대학 도서관이 가장 합격확률이 높았습니다. 개인적 동기의 한계를 그대로 보여준 것이 아닌가 생각합니다. 사회적 동물인 사람은 정상적인 생활을 하면서 공부할 때 가장 안정감을 느낄 수 있고 결국 공부효율도 높일 수 있습니다.

　강남에서 재수종합학원 원장을 할 때입니다. 재수학원의 서열화도 대학 못지않습니다. 브랜드 파워의 열세를 만회하기 위해 교육과정과 시간표를 혁신하고 교재도 새롭게 만들었지만 강사들이 진행하는 수업에 영향력을 행사하는 데는 한계가 분명했습니다. 제가 할 수 있는 것은 학원의 분위기를 변화시키는 일이었는데 의도는 다분히 불순(?)했습니다. 한 명의 재수생도 떠나지 않도록 하는 것이었습니다. 아침 7시에 학원 문을 열고 등원하는 학생들과 가볍게 포옹하거나 손바닥을 마주쳤습니다. 일주일에 한 번 이상 등원 이벤트를 실시해 심지어 학원이 아니라 이벤트 기획사라는 얘기도 들었습니다. 저녁 7시부터 10시까지 진행되는 야간자율학습 시간에 조는 학생들의 어깨를 마사지하느라 근육통이 생기기도 했습니다. 밤 10시 학원 문을 나서는 학생들을 진심으로 격려했습니다. 학원 신문고를 만들어 사소한 불만도 외면하지 않고 공부에만 전념할 수 있도록 노력했습니다. 주말 자습시간에도 빈자리가 많은 썰렁한 분위기가 아닌, 함께 모여 같이 공부하는 열기를 만들기 위해 대형 강의실에 모여 학생들과 함께 공부했습니다.
　학원생 모두가 존중받는다는 느낌이 들도록 많은 노력을 기울이자 퇴원생이 빠르게 줄었습니다. 그리고 작은 기적이 일어났습니다. 특히 상위권 재수생들은 9월 평가원 모의고사를 마치고 학원을 그만 다니는 경우가 많습니다. 자습시간을 충분히 확보하기 위한 나름의 전략인 셈인데 학원 운영자 입장에서는 적지 않은 손실이 발생합니다. 어떻게 해서라도 퇴원을 막아야 하는데 뾰족한 수가 없습니다. 다행히 예상보다 적게 퇴원해서 안심하고 있었는데 며칠 지나지 않아 3분의 2 이상이 다시 돌아왔습니다. 이유는 거의 비슷했습니다. "혼자 공부하면서 마무리하려고 했는데 생각처럼 공부가 잘 되지 않더라고요. 자꾸 학원에 가고 싶은 마음이 들어 다시 오게 되었습니다."

다시 학원으로 돌아온 학생들의 이야기를 통해 보다 분명해졌습니다. 상담하면서 자주 느꼈던, 제가 놓쳤던 미지의 변인이 무엇이었는지 알게 되었습니다. 저는 그동안 소속감을 느끼는 준거집단으로부터 학생들이 받게 되는 영향력을 제대로 보지 못했던 것입니다.

교실공부의 힘

메타인지는 자신을 이해하는 것인데, 보통 개인적인 능력으로 설명하곤 합니다. 하지만 메타인지는 사회적 관계 속에서 자연스럽게 발휘되는 능력이라고 봐야 합니다. 사회적 존재이기에 누구에게나 있는 능력이지만 마땅한 기회가 없어 제대로 활용해본 경험이 없는 것이 문제가 되는 것 같습니다.

> 인간이 뭔가 예측을 하는데 그 중에서 최고의 예측은 상대방이 나를 어떻게 생각할까 예측하는 것이다.
> — 〈지능의 탄생〉 참고

'저 사람은 나를 어떻게 생각할까?' 어떤 사람을 만나면 자연스럽게 일어나는 생각입니다. 일종의 고급 사고력인데 모든 사람에게 내장되어 있는 잠재능력입니다. 다만 잠재력을 발휘하려면 사람을 만나서 소통해야 합니다. 서로 만나 상호작용을 할 때 메타인지가 활발하게 움직이기 때문에 혼자 일기를 쓰는 방법보다 더 효과적이라고 할 수 있습니다.

요즘 미래사회에 필요한 핵심역량으로 4C를 이야기합니다. 비판적 사고(Critical Thinking), 의사소통(Communication), 창의력(Creativity), 협업(Collaboration) 능력을 말하는데 혼자 공부하면서 그런 역량을 기를 수 있을까요? 한 선생님이 들려준 자신의 경험담입니다.

"공부는 혼자 하는 거다, 절대 보여주면 안 되고 알려주면 안 된다고 배웠죠. 근데 제가 수업시간에 배운 거를 친구한테 얘기해주면서 오히려 더 공부가 잘된 거예요. 더 성적이 올랐어요. 그러니까 친구에게 말하면서 그게 정리가 되는 거예요. 그런 경험들을 하면서 이미 터득한 사람의 언어보다 같이 배워가는 또래의 언어로 설명해주면 더 잘 배울 수 있다는 걸 실제로 알게 되었어요."

조별과제처럼 배우는 입장과 가르치는 입장을 모두 경험해보는 것도 중요합니다. 개인적 동기에 갇혀 있으면 미루거나 포기하기 십상인 공부도 조원과의 관계에서 자기 역할의 중요성을 자각하면 열심히 합니다. 교실에서도 비슷한 경우가 있는데, 혼자 할 때와 달리 조별과제는 신나게 열심히 집중하는 경우가 있습니다. 한 선생님이 학창시절에 겪었던 일을 이야기했습니다.

"제가 중1 때 방학 조별 과제가 세계지도를 전지에 그려오는 거였어요. 우리 집에 조원 6~7명이 모였어요. 그런데 다들 수다 떨고 저 혼자 그리고 있는 거예요. 그때 약간 속상했지만 친한 친구들끼리 조를 짠 거니 어쩔 수 없다고 생각했죠. 그래도 혼자 하라고 했으면 안 했을 거예요. 대부분 떠들고 있지만 그래도 친구들이 있으니 하게 되고, 수다를 떠는 와중에도 색칠은 도와줬고요. 무엇보다 내가 그리고 나니까 세계 지도가 머리에 들어오잖아요. 이 경험은 정말 제 삶에 도움이 됐어요."

흔히 또래끼리 모이면 공부는 안 하고 딴 짓을 한다는 편견이 있지만, 긍정적인 집단효과라는 것이 분명히 존재합니다. 다양한 아이들이 모여 있는 교실에서 서로 다른 역할을 통해 기여함으로써 얻을 수 있는 자존감 회복 효과를 대신할 만한 것이 과연 있을까요? 또 학년과 학기, 학사일정이라는 질서의 보호를 받으면서 서로 믿고 의지하고 도와주는 친구들이 함께 있는 교실에서야 비로소 인성교육, 민주시민교육, 미래교육이 자연스레 이뤄질 수 있습니다.

학생들끼리 의논하고 결정할 때 일어나는 일

6학년 선생님이 존댓말 쓰기를 지도하는데 처음에는 어려웠다고 합니다. 습관적으로 반말을 하던 학생들이 갑자기 존댓말을 쓰기가 쉽지 않았던 것이겠지요. 모든 교사들이 먼저 존댓말을 쓰기로 합의하고 '언어의 긍정성' '말의 힘' 등 다양한 시청각 자료를 동원해 열심히 지도했지만 학생들은 실천하지 않았습니다. 선생님은 궁리 끝에 학생들끼리 해결책을 찾도록 했습니다. 일단 학생들을 동그랗게 모여 앉게 했습니다.

"우리가 존댓말을 잘 사용하지 못하는데 그 이유가 뭘까요?"
"어색해서요." "친한 친구가 아닌 것처럼 느껴져요." "불편해요."
각기 다른 이유들을 얘기했지만 모두 공감하고 수용했습니다.
"존댓말은 학교 규칙이니까 써야 되는 게 아니라 상대를 존중하자는 의미예요. 존중 받았던 경험을 이야기해 볼까요?"
상대가 자신에게 존댓말을 썼을 때 어떤 느낌이었는지 등을 이야기하면서 학생들의 표정이 밝아졌습니다. 선생님이 다시 물었습니다.
"사용하기 불편한 점이 있음에도 우리가 존댓말을 하려면 어떻게 하면 좋을까요?"
학생들의 활발한 제안이 이어졌습니다.
"존댓말 '칭찬이'를 뽑아서 존댓말 잘 쓰는 친구를 매일 2명씩 칭찬해주기로 해요."
"우리가 존댓말 안 쓸 때마다 삐~하고 신호를 보내줘요."
학생들은 다양한 의견을 내놓았습니다.
"좋아요. 그럼 그렇게 해봅시다."

함께 몇 가지 약속을 정했더니 학생들이 달라졌습니다. 선생님이 잔소리를 하지 않아도 스스로 존댓말을 쓰는 상황이 됐습니다. 선생님 주도로 교육할 때는 아무런 반응이 없었는데 말입니다. 서로 의견을 존중하니 신뢰가 생겼고, 친구들과 공감대가 확인되자 자연스럽게 사회적 동기를 발휘한 것이겠지요. 공동체의 힘이 학생들의 마음을 움직여 함께 노력한 결과, 모두 자발적으로 실천의지를 갖게 된 것입니다.

교실,
집단의식의 힘

1960년대 미국에서 콜먼보고서가 나와 유명세를 누렸습니다. 이 보고서의 주제는 학생 간의 학력 격차 문제였습니다. 미국 정부가 '학력 격차를 해결하려면 어디에 예산과 정책을 투입해야 되는가?'에 대한 연구를 의뢰한 것이죠. 콜먼 교수는 학생들의 학업 성취에 영향을 미칠 수 있는 변인을 다양하고 폭넓게 분석했습니다. 가정요인과 학교요인으로 나누어 비교해보았습니다. 그 결과, 가정요인이 더 영향력이 큰 것으로 나타났습니다. 이 연구는 꽤 오랫동안 정설로 받아들여졌습니다. 하지만 실제 학교와 가정요인은 서로 연결되어 있습니다. 학생들 사이의 학력 격차와 학업 성취 문제에 있어서 과연 학교요인이 가정요인보다 비중이 적다고 할 수 있을까요?

A선생님 효과

개인요인이나 가정요인 또는 부모요인으로 설명할 수 없는 교실 공동체의 영향력을 잘 보여주는 사례가 〈양육가설〉에 나옵니다. '하버드 에듀케이션 리뷰'에 실린 논문에서 저자가 인용한 사례인데, 초등학교 1학년 담임을 맡은 여 선생님을 'A선생님'이라고 이름 붙였습니다.

> A선생님이 근무하는 학교는 매우 오래되어 낡은 성 같았으며 창문에 쇠창살이 달려 있었다. 빈민가 공동주택에 둘러싸인 도심학교였으며 학생들은 대부분 빈민층이나 이민 가정의 자녀였다. 전체 학생의 3분의 2가 백인, 3분의 1이 흑인이었는데 대학에 진학하는 졸업생은 극소수였고 대부분은 고등학교를 제대로 마치지 못했다. 학교에서는 싸움이나 행실 문제가 끊이지 않았으며 교사는 학생을 채찍으로 체벌했다. — 〈양육가설〉 이김, 355~356쪽

채찍 체벌이라니, 지금은 상상도 못할 일입니다. 아무튼 A선생님이 담임을 맡으면 평균 성적이 다른 반보다 훨씬 높았습니다. A선생님 반의 학생들은 학년이 올라가 담임 선생님이 바뀌어도 좋은 성적을 7학년까지 계속 유지했다는 사실이 확인됐습니다. 졸업생을 추적 조사한 결과 생활수준이 모두 높았는데 A선생님의 이름을 정확히 기억했다고 합니다. 연구를 통해 분명하게 확인된 'A선생님 효과'를 어떻게 설명할 수 있을까요?

심지어 자기를 A선생님 반이었다고 착각한 경우를 네 명 찾았는데, 연구자는 '희망적 사고'의 사례라고 분석했습니다. A선생님 반이 너무

좋아서 자신도 끼고 싶었던 마음이 기억을 왜곡했다는 겁니다.

> 쇠창살이 쳐진 낡은 학교의 창문 너머에는 빈곤층 거주지가 있었고, 그곳에 사는 가난한 아이들 중에는 자신을 A선생님의 학생이라고 생각하면서 공부에 열중하는 집단이 있었다.　　　　　　　　　　　　　－〈양육가설〉이김, 359쪽

〈양육가설〉의 저자는 A선생님 효과를 이렇게 설명했습니다.

> 선생님이 가지각색의 학생들을 한데 묶어서 공부를 좋아하는 통일된 우리로 만드는 데 탁월한 능력을 발휘했다고 생각한다. 우리는 이름이 붙어 있든 그렇지 않든 하나의 사회범주다.　　　　　　　　　　　　－〈양육가설〉이김, 359쪽

선생님의 수업효과만으로는 설명하기 어려운 측면인 '우리'라는 집단의식의 중요성을 강조하고 있습니다. 훌륭한 선생님의 지도를 받으면서 자연스럽게 만들어진 집단의식이 학생 개인에게는 학습 동기로 작용한 것이 분명해 보입니다.

에스칼렌테 선생님: 슬럼가 학생들이 미국 대학 AP 과정 합격

영화 〈스탠드 앤 딜리버(Stand & Deliver)〉는 볼리비아 출신 수학 교사 제이미 에스칼란테의 실화를 바탕으로 만들어졌습니다. LA 동부의 한 고등학교에서 멕시코계 학생들에게 수학을 가르친 제이미 에스칼란테 선생님은 전설적인 인물입니다. 영화를 보면 슬럼가의 거의 망

가진 학교에서 갱단 같은 학생들을 가르치며 고군분투하는 장면이 나옵니다. 열심히 수학을 가르쳐 고등학교 수준을 넘어 미국 대학에서 학점을 인정하는 AP(Advanced Placement) 과정까지 학생들을 지도합니다.

AP 학점을 따기 위해 치른 평가에서도 좋은 성적을 거두는데, 그 결과를 인정할 수 없다는 평가기관에서 재시험을 요구합니다. 결국 재시험을 보게 되는데, 결과는 달라지지 않았습니다. 영화의 마지막 장면에 이런 자막이 나옵니다.

'1982년 18명 AP 이수, 83년 31명, 84년 63명, 85년 77명, 86년 78명, 87년 87명.'

어떤 전기 작가는 제이미 에스칼란테 선생님을 이렇게 설명하기도 했습니다.

> 그는 학생들이 스스로를 불가능한 미션을 비밀리에 수행하는 용감한 특수대원인 것처럼 느끼게 했다.　　　　　　　　　　－〈양육가설〉 이김, 358쪽

선생님을 중심으로 모인 학생들이 중요 임무를 완수하기 위해 서로를 격려합니다. "야, 우리 정말 열심히 잘해보자." "우린 할 수 있어." 개인적 동기로는 도무지 설명하기 어려운 집단의식을 느낄 수 있습니다. 사회적 동기라는 말 말고 마땅히 다른 표현이 떠오르지 않습니

다. 기적을 일으킨 선생님의 역할에 대해 〈양육가설〉의 저자는 이렇게 설명합니다.

> 훌륭한 교사는 다양한 학생들이 있는 학급이 끼리끼리 나뉘는 것을 방지하고, 모든 학급 구성원을 우리로 묶을 수 있다. 이때 우리는 자신들을 모범생이며 유능하고 성실하다고 여긴다.
> — 〈양육가설〉이김, 358쪽

학습부진의 해법:
교실 공동체

"우리 학교에서 영어 수준별 수업을 했어요. A반 B반 C반 D반까지. 몇 년 동안 분반해서 지도하니까 A반 애들은 더 잘하고, D반 애들은 더 못하게 되는 거예요. 격차가 너무 커졌어요. 결국 분반하지 않고 통합해서 지도하니까 점점 학력 격차가 줄어 두 수준 정도로 좁혀졌어요. 내년이 되면 대부분의 학생들이 비슷한 수준이 될 것 같은데 학부모들의 반대가 심하긴 해요. 그래도 학생들의 분위기가 훨씬 더 나아지고 있다고 선생님들이 평가하더라고요. 잘하는 아이와 못하는 아이가 섞여 있으니까 잘하는 아이들이 가르쳐주기도 하고요."

수준별 수업을 경험한 선생님의 이야기입니다. 수준별 수업은 본래 취지와는 반대로 심각한 부작용을 유발한다는 사실이 확인되면서 폐기되는 추세에 있습니다. 하지만 우리나라에서는 지지하는 목소리가 여전히 큽니다. "모든 학생들을 하향평준화 시키려고 하느냐. 수준별로 나눠서 집중적으로 교육해야 국가의 경쟁력이 생긴다." 지금도 여전히 듣는 주장인데, 과연 그 근거가 무엇인지 묻고 싶습니다. 혹시 공교육의 중요 목표를 소수의 엘리트 육성에 두고 있는 것은 아닌지 말입니다.

교실 공동체가 답이다

"산만한 남자 아이가 있었어요. 수업에 잘 집중하지 못해서 '듣고 있니?' 자주 물어봐요. 좀처럼 대답을 잘 안 해요. 그런데 그 학생이 수학시간에 문제를 풀었어요. 그걸 보고 한 남학생이 '야! ○○가 풀었어!' 그러면서 박수를 쳐주니까 아이들이 모두 '와!' 했어요. 기어이 풀었구나 하는 분위기였죠. 그 일이 있고 난 뒤로 다른 아이들도 좀 더 발표를 쉽게 하고, 틀려도 덜 창피해하는 거 같았어요. 또 좀 못하던 아이가 문제를 풀면 으레 다 박수를 쳐요. 그러니까 아이들이 발표하려는 횟수가 훨씬 많아졌어요."

이 선생님의 이야기에서, 학습부진이라는 것이 과연 고정된 것인가, 의문을 갖게 됩니다. 학습부진이라는 판정을 받은 학생이 친구들의 박수소리에 힘을 얻고 적극적으로 수업에 참여하기 시작했으니까요. 저는 오래 전부터 학습부진에 대해 이런 생각을 했습니다. '학습부진은 없고 사회적 판정이 존재할 뿐이다. 모든 인간은 다 훌륭한 학습자다. 인간의 존엄성을 무시하고 사회적 필요에 따라 무리하게 판정하고 있을 뿐이다.'

문제는 무리한 판정이 옳았다는 근거가 쌓인다는 사실입니다. 하지만 판정이 옳은 것이 아니라 어떤 학생에게 문제가 있다고 판정하는 순간부터, 그 판정 때문에 그 학생에게 실제 문제가 발생한다는 사실을 알아야 합니다. 공동체 정신이 희박한 집단에서 학습부진이라는 판정은 차별의 빌미가 되어 심리적 타격을 줍니다. 흔히 말하는 자존감은 무너지고 아무런 의욕도 생기지 않습니다. 어려움을 딛고 일어서는 회복탄력성도 움직이지 않습니다. 실제 문제가 있어서가 아니라 문제가 있다는 판정 때문에 많은 학생들이 자신의 잠재력에 접근도 해보지 못한 채 좌절하고 있습니다.

흔히 학생들의 학습의욕을 고취하기 위해 비교를 통해 한쪽은 칭찬하고 한쪽은 압박하는 방법을 씁니다. 만약 그런 비교가 특정 개인에게 국한되지 않고 교실 내에 암묵적으로 존재하는 작은 집단 사이에서 이루어진다면 어떤 일이 벌어질까요? 만약 교실 안에서 공부를 열심히 하는 집단과 게을리 하는 집단, 성적이 좋은 집단과 나쁜 집단을 비교한다면 열등한 집단에 속해 있다고 생각하는 학생들에게 과연 어떤 영향을 미칠까요? 교사의 의도처럼 자신이 공부를 못한다는 사실을 깨닫고 반성하고 분발해서 공부를 열심히 하게 되는 경우는 거의 없습니다. 오히려 자신에게 소속감을 주는 집단, 공부를 멀리 하는 집단에서 따돌림 당하지 않기 위해 적극적으로 공부를 거부할 가능성이 훨씬 높습니다.

교육적인 의도가 결실을 맺으려면 아무리 어려워도 교실에 있는 모든 학생들을 하나의 공동체로 묶는 일부터 시작해야 합니다. 제가 일했던 단체에서 오랜 시행착오 끝에 도달한 결론이기도 합니다. 1:1 멘토링은 특별한 경우가 아니면 대부분 실패하거나 효과가 지속되지 않습니다. 학교 밖에서 일시적으로 구성된 집단에서의 멘토링도 효과가 제한적입니다. 그러나 하나의 집단을 이미 형성하고 있는 학교에서 전교생을 대상으로 멘토링을 진행하면 양상이 달라집니다. 학교가 이질적인 집단으로 이미 쪼개진 상태였지만 공동체 활동을 왕성하게 함으로써 하나의 집단으로 통합되는 과정을 거치면 달라집니다. 만약 집단의식이 학교 교실에서도 나타나 통합된 '우리'를 만드는 데 성공하면 멘토링 효과는 오래 지속됩니다.

미국 헤드스타트 운동의 성과분석 결과도 비슷합니다. 헤드스타트는 저소득층 미취학 아동 지원 프로그램입니다. 학부모 행동 개선 프로그램을 실시했지만 효과가 미미했다고 합니다. 개별 아동을 대상으로 한 프로그램도 기대 이하였는데 이미 구성되어 있는 집단 전체를 대상으로 실시했을 경우에는 분명한 효과가 나타났습니다.

또래가 있는 교실에서 학습동기 회복

학습부진 해결에서 가장 필요한 것은 동기의 회복입니다. 학생들의 동기부여는 또래들이 모여 있는 학교 교실에서 가장 쉽게 이뤄질 수 있습니다. 교실에서 안정감을 느끼고 존재감이 살아나면 자연스럽게 학습동기로 이어집니다. 조금만 노력하면 반 친구들과 잘 지낼 수 있을 것이라는 희망과 악착같이 노력하지 않으면 미래가 없을 것이라는 압력, 어느 쪽이 학생의 마음에 의욕을 불러일으킬까요?

기초학력 보장 대책을 담은 공식 문서를 보면 대부분 '통합'이 아닌 '분리'에 방점이 찍혀 있습니다. 만약 분리교육을 위해 투입되는 자원을, 교실에서 학생들을 지도하는 교사들에게 직접 지원하면 어떻게 될까요? 교실을 하나의 건강한 공동체로 만들기 위한 노력이 성공하면 어떤 일이 벌어질까요? 서로 존중하고 지지하고 협력하는 분위기가 학습부진 학생들의 마음에 공부 의욕으로 맺힐 것입니다. 바로 교실에서 학습부진 탈출의 원동력이 만들어지는 것이지요. 교육부나 교육청 그리고 지역청, 마지막으로 학교 차원에서도 모두 교실에 초점을 맞춰야 합니다.

교실이라는 공동체에서 일어나는 건강한 상호작용은, 학생 개인을 변화시키기 위해 교실 밖에서 이루어지는 그 어떤 시도보다 효과적입니다. 서로의 차이를 존중하고 서로 돕고 지지하고 격려하는 집단에 있는 개인과, 작은 차이를 빌미삼아 공격하고 약점을 잡아 비난하는 집단에 있는 개인은 같을 수 없습니다. 하나의 공동체로 통합된 교실에서만 가능한 긍정적인 집단사회화 효과는, 제대로 발휘되기만 한다면 우리 교육문제 해결의 든든한 토대가 되어줄 것입니다. 가장 중요한 것은 처음부터 하나의 공동체로 묶기 위한 노력이 성공해야 한다는 사실입니다.

> 일단 반 아이들이 집단을 나눠 어울리기 시작하면 그 뒤로는 아이들 전체에게
> 공동체의식을 심어주기가 거의 불가능하다. 따라서 애초부터 아이들이 갈라지
> 지 않게 하는 것이 좋다.　　　　　　　　　　　　　　　　　– 〈양육가설〉 이김, 381쪽

처음부터 교실을 하나의 통합된 공동체로 만들려면 학생 수가 줄어
야 합니다. 또한 교사들에게 부과되는 많은 비교육적인 일들도 사라
져야 합니다.

지금 공교육 교사들을 바라보는 사회적 시선은 결코 곱지 않습니
다. 하지만 학교 교실이 다양성이 살아 있는 하나의 공동체가 된다
면, 그 결과 대부분의 학생들이 의욕적으로 공부하는 공간으로 달라
진다면 급반전이 일어나지 않을까요?

다른 건 몰라도 교실을 생활공동체, 학습공동체로 만들기 위해 노
력하는 교사들을 우리 사회가 전폭적으로 지원해야 한다는 여론은
쉽게 조성될 것입니다. 교권보호 주장은 집단이기주의라고 매도하겠
지만 교사와 교실의 교육력 회복을 누가 반대하겠습니까? 또한 공교
육이 자신감을 가지고 사교육을 극복할 수 있는 길이라면 도전해 볼
만하지 않을까요?

교사들이 제안하는 학습부진 해결법

〈공부를 공부하다〉 모임에서 교사들이 현장의 경험을 바탕으로 제안

한 학습부진 해결법이 있습니다.

1. 교실에서 모든 학습자가 존중받는 문화, 분위기를 조성하는 것이 가장 중요합니다. 틀려도 괜찮고 몰라도 괜찮고 실수해도 괜찮고, 모르는 걸 창피하게 생각하지 않고 자신 있게 모른다고 말할 수 있는 분위기가 되어야 합니다. 모른다고 하면 오히려 서로 도와주고 알려주기 위해 노력하는 모습을 모두가 칭찬하는 분위기가 중요합니다.

2. 친구에게 공부를 가르쳐주고 또 친구에게 도움을 받는 것이 서로에게 좋다는 걸 학생들이 실감하게 해야 합니다. 보통 도움을 주는 친구가 '시간 뺏기는 거 아니야?' 생각하기 쉽지만 교육학적으로도 입증된 것처럼 실제로는 가르쳐주는 사람이 훨씬 더 많은 학습 효과를 얻는다는 사실을 학생들이 깨닫도록 해야 합니다. 공부에 어려움을 겪고 있는 같은 반 친구를 돕는 것이 자신에게도 이익이라는 사실을 체감하도록 하는 게 좋습니다.

3. 교실에서 자발적 학습공동체를 만듭니다. 학생들의 관심사가 다양하고, 각자 잘하는 것들도 다릅니다. 비슷한 관심사를 가진 친구들끼리 모임으로써 개인의 강점을 활용해 아는 것도 가르쳐주고 서로 배우면서 자존감도 높아집니다. 각자의 능력과 현재 가진 게 다르기 때문에 똑같은 목표가 아니라 개별적인 목표를 정

하고 실천함으로써 작은 성취감을 맛보게 하면 더 큰 무언가에 도전할 수 있는 동기가 됩니다. 구성원 모두의 학습 의욕을 높일 수 있는 학습공동체를 만드는 것이 학습부진의 해법입니다.

4. 자신이 학습한 내용을 설명할 수 있는 기회를 마련합니다. 보통 학생들이 "저 알고 있는데요"라고 말하지만 설명해보라고 하면 제대로 못하는 경우가 많습니다. 막연하게 알고 있는 게 아니라 자신이 알고 있는 걸 잘 설명할 수 있는 기회를 충분히 갖게 함으로써 학습부진 학생을 도울 수 있습니다.

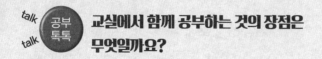

교실에서 함께 공부하는 것의 장점은 무엇일까요?

A교사

교실에서 공동체의식을 성장시킬 수 있는 다양한 경험을 제공하려면 어떻게 하면 좋을까, 생각해봤을 때 경쟁보다는 협력하는 경험을 많이 주는 거예요. 개인의 성취보다 나누고 같이 했을 때 성취감을 더 많이 경험하게 하는 거죠. 우리 사회에서 제일 문제가 되는 건 비교라고 생각해요. 저도 비교를 많이 당했고 그래서 결과 중심이 되니까 '결과물만 잘 나오면 돼' 이런 생각이 강해지는 거예요. 결과보다는 과정에 집중하게끔 격려와 지지를 해주고, "배워서 남 주자"라는 얘기가 자연스러울 수 있도록 아이들도 그런 생각을 좀 많이 가졌으면 좋겠어요.

B교사

안전한 환경에서 비슷한 나이의 아이들이 만나서 체온을 나누고 즐거움도 주고받으면서 서로 공감하는 것이고요. 어떤 아이가 조금 다른 생각을 하면 신기해하고 한 명이 멋진 말을 하면 같이 비슷한 말을 하면서 배우고요. 선생님이 하자고 하면 하기 싫지만, 친구가 같이 하자고 하면 약속하고 같이 하고 싶어지는 것들이 교실에 있는 것 같아요.

C교사

교실에는 다양한 관계가 있어요. 그러니까 선생님도 있고 친구도 있고요. 관계를 맺으면서 '아 나도 쟤처럼 해봐야지' '나도 선생님처럼 해야지' 이렇게 롤 모델을 보면서 목표를 수정하고 보완하면서 자신이 하고 싶은 혹은 좋아하는 일을 찾아갈 수 있는 게 교실이라고 생각합니다.

D교사

저는 '우리'라는 단어에 좀 집중해서 공동의 목표를 갖고 우리 안에서의 연대감, 소속감을 느끼면서 경쟁이 아닌 협력을 하면서 수업을 진행하면 더 좋겠다는 생각을 했고요. 서로의 버팀목이 될 수 있는 수업이 좋은 것 같습니다.

E교사

교실에서 함께함으로써 더 잘할 수 있다는 것을 배울 수 있어요. 교실은 자아실현의 장이자 세상을 살아가는 삶의 방식을 체득하고, 나와 다른 다양한 친구들을 만나는 곳이잖아요. 그런 다양성을 배우고 다양한 환경에 노출되어 성장할 수 있는 곳이 교실이라고 보았습니다.

박재원

학교 수업을 통해서 아이들이 많이 배우고 성장한다고 굳게 믿는 학부모들이 많아질수록 학생들의 학교 밖 생활에 자유가 생깁니다. 집에 가서 자유롭게 놀고 충분히 쉬다가 다시 학교에 와야 수업시간에 열심히 공부하게 되겠지요. 결국 유일한 해결책은 공교육에서만 가능한 교실의 힘을 입증하는 수밖에 없습니다. 선생님들이 교실에서 노력해 학생들이 '우리 반, 우리, 우리 선생님'이란 집단의식을 가지도록 하는 겁니다. 학교 밖에서 아무리 사교육을 시켜봐야 기대할 수 없는 사회적 동기의 힘을 학부모들에게 보여줄 수 있다면 분명히 달라질 겁니다. 일부 학생들에게만 유리한 개인적 동기가 아니라 모든 학생들의 공부 동기를 살려주는 곳, 사회적 동기가 살아 숨쉬는 곳으로 우리 교실이 달라진다면 말입니다.

4
학습 사이클
: 학교에서 집까지

목포 인근 외딴 섬을 순회하는 여객선의 행로를 기록한 다큐멘터리가 있었습니다.

한 장면에서 "섬에 계속 있다가 배 타고 나가니까 어때?" 하고

엄마와 함께 있는 아이에게 물었습니다.

그런데 아이의 대답이 예상 밖이었습니다.

"안 좋아요."

섬에만 있다가 육지로 나가는데 왜 싫을까요?

알고 보니 아이는 섬에서 배를 타고 학원에 가는 길이었습니다.

섬에서 학교 공부를 하고 다시 배를 타고 학원에 가는 모습을 보면서,

사교육은 정말 선택이 아니라 필수가 되었구나 싶었습니다.

전국을 다니면서 경험한 사교육 실태는 서울과 지방이 별로 다르지 않습니다.

정도의 차이는 크지만 상류층과 중상층은 물론 저소득층까지

모두 사정이 허락하는 만큼 사교육을 시킵니다.

진짜 도움이 되는 공부는 학교가 아니라 학원에서 한다는 생각이

우리 사회를 지배하고 있습니다.

상황이 이런데 공교육은 지금 학생들의 공부에 어떤 역할을 하고 있을까요?

사교육에 포위된
학생들 구하기

학교에서 가르치는 것(Teach)에 문제가 있으면 대부분 제대로 배우기 (Learn) 위해 학원에 갑니다. 왜 사교육을 시키는지 물으면 '학교 수업을 따라가기 위해서'라고 답하는 비율이 꽤 높게 나온다고 했습니다. 만약 학교 공부에 필요한 학습량이나 난이도가 능히 소화할 수 있는 수준을 넘어서면 사실상 학생에게 학원에 가라고 요구하는 것과 다르지 않습니다. 학교 수업을 충실히 소화해도 풀 수 없는 문제를 학교에서 출제하는 경우를 종종 봅니다.

  교육부 주관 행사에 토론자로 참여했을 때 이런 주장을 하는 분들을 만났습니다. "국가의 경쟁력을 위해 반드시 특정 분야를 수능 출제범위에 포함시켜야 한다." 저는 그분들에게 이렇게 말했습니다. "가르친다고 다 배우는 것이 아닙니다. 어렵게 가르쳐서 '수포자'를 만드는 것보다 학생들이 쉽고 재미있게 수학을 배우도록 하는 것, 어떤 것이 국가 경쟁력에 도움이 되겠습니까?"

싱가포르 교육이 추구하는, '적게 가르치고 많이 배운다(Teach Less, Learn More)'는 명제는 우리에게 더욱 절실합니다. 학교 수업에 집중하지 않는 상위권 학생들의 외면을 의식해서인지 적당히 진도만 나가는 경우도 있습니다. 부정적으로 보자면 학교와 교사의 역할을 진도 끝내기 정도로 왜곡하는 것입니다. 교과 진도와 수업은 명백히 수단이고 목적은 학생들의 배움이라는 점에서, 공교육 효과를 책임지기 위해 어떻게 수업을 설계하고 진행해야 하는지 고민이 필요합니다.

학교 수업이 어려워서 사교육을 받아야 한다?

미래사회는 평생 역량을 키워야 하는 사회인데, 번아웃된 상태로 대학에 들어가고 있으니, 완전한 전략적 실패다.

– 경향신문 2018. 11. 20. 김경근(고려대 교육학과 교수)

고려대 김경근 교수의 지적입니다. 전략적 실패를 위해, 번아웃 되려고 기를 쓰고 입시 준비를 한 것은 분명 아닐 텐데 말입니다. 제가 학교를 다닌 1980년대에도 사교육은 있었지만, 대부분 학교공부만 열심히 해도 된다는 사회적 믿음이 분명했습니다. 평소 친분이 있는 젊은 학부모가 이런 말을 했습니다. "저는 학교 다닐 때 공부를 아무리 열심히 해도 못 따라가겠더라고요. 그래서 정말 과외를 하고 싶었는데 집안이 어려워서 못 받았어요."

  공교육이 사교육에 의해 교란되면서 학교 수업이 사교육의 영향을 받기 시작한 시점이 있습니다. 바로 수능세대부터입니다. 학원에서 선행학습을 하는 것이 유행하면서 교사들도 학생들이 이전과 같지 않다고 느끼기 시작했습니다. 학원에서 선행학습을 많이 한 탓에 학교 수업에 소극적이거나 '다 아는 걸 가르치느냐'는 식으로 반응하는 학생들이 나타났습니다. 교사들도 이 문제로 고민이 많았습니다. 하지만 이제는 그런 문제의식조차 자취를 감춘 듯이 보입니다. 공부 문제로 고민하는 학부모들에게 교사들이 "학원 보내셔야죠!" 쉽게 말하는 걸 보면 말입니다. 얼마 전 제가 운영하는 온라인 커뮤니티에서 오고간 학부모들의 대화입니다.

"3,5학년 두 애가 다니는 학교에서 상담 때 담임이 아이를 학원에 보내고 있냐고 하더라고요. 보내야 한다면서 학교에서는 시험만 본다고 하더라고요. 평가만 하는 거죠. 정말 사교육보다 공교육이 강화되어야 한다고 봅니다. 반대로 훌륭한 선생님도 많지만요."
"맞는 말씀이에요. 지금 우리 교육이 악순환 고리에 들어갔어요. 빨리 고리를 끊어야 하는데. 솔직히 학원 다니고 선행한다고 공부 잘하게 되나요? 그런데 왜 수포자가 나오고 다 100점 못 맞나요? 학교 선생님들도 더 책임감 있게 해주셔야 하고요. 아이들도 부모도, 선생님도 지치고 학원만 성행이네요."

  우리나라 학생들은 공교육과 사교육이 경쟁하면서 서로의 학습효과를 죽이는 특이한 딜레마 상황에 빠져 있습니다. 학습법 차원에서 볼 때 학생들은 매우 치명적인 투 트랙 구조의 공부를 하고 있습니다. 대부분 학교 진도와 학원 진도가 다릅니다. 학교는 학교대로 교육과정에 따라 진도를 나가고, 사교육도 나름대로의 진도 나가기에 바쁩니다. 학생들은 학원에서 공부하고 숙제하고 학교 수업에도 빠질 수 없는 이중 공부에 시달립니다.

 사실 학교 수업과 별도로 사교육에서 공부하는 것이 도움이 되는 경우는 학교 진도를 충분히 소화하고도 여유가 있는 일부 상위권에만 해당됩니다. 나머지 학생들은 학교 진도를 제대로 소화하는 것이 급선무인데, 공교육과 사교육에서 동시에 나가는 진도 따라가기에 급급하다보니 수박 겉핥기식의 공부를 하게 됩니다. 당연히 진도를 나가는 수업은 과잉상태지만 수업효과를 고정시키는 데 반드시 필요한 자습은 절대적으로 부족합니다. '예습(자습)-수업-복습(자습)'으로 이어지는 공부의 절대 사이클이 무너지면, 머리에 남는 것이 없는 허무한 공부를 피할 수 없습니다. 대부분의 학생들이 장시간 공부에 매여 있지만 학습효과는 크게 떨어질 수밖에 없습니다.

장시간 공부,
비효율적인 공부

2006 PISA(국제학업성취도평가)에서 우리나라가 총점 기준으로 2등을 했습니다. 핀란드가 1등, 한국이 2등인데 학습효율화지수를 측정했더니, 비교 대상 30개 국가 중 우리나라는 24위를 기록했습니다.

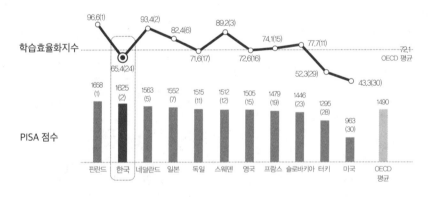

OECD 30개국 중 주요 국가 PISA 점수 및 학습효율화지수(단위: 점) ( )는 순위

2012 PISA에서도 수학 성취도는 OECD 국가 중에서 우리나라가 가장 높았지만 흥미도는 28위를 기록했습니다. 2015년에 과학 성취도는 35개 중에서 5위였지만 흥미도는 26위로, OECD 평균에 훨씬 못 미쳤습니다. 다른 나라들은 성적이 높을수록 학습효율화지수도 비슷하게 높습니다. 우리나라만 유독 성적에 비해 효율화지수가 크게 떨어집니다.

공부시간은 세계 최고, 흥미도는 바닥권

2015년 TIMSS(The International Math and Science Study, 수학·과학 국제학업 성취도 평가) 결과를 보면, 우리나라 중학교 2학년의 수학 성취도는 49개국 중에서 2위를 기록했지만 흥미도는 꼴찌에서 두 번째였습니다. 초등 4학년의 경우도 수학 흥미도가 대만과 함께 꼴찌였으며 과학 흥미도 역시 아주 낮은 수준이었습니다.

> 우리나라 중등교육의 성과는 가능한 한 많은 시간의 투입을 통해 얻어낸 성과이며, 이로 인해 교육의 효율성과 생산성은 다른 나라와 비교해서 거의 바닥 수준이다. 이는 마치 1960~1970년대 경제성장과정에서 낮은 노동생산성을 살인적인 장시간 노동으로 보완했던 노동집약적 생산과정의 복사판이라고 볼 수 있다.
>
> ─사교육 경쟁, 바람직한가?: 사교육 무한경쟁과 교육생산성 〈교육연구와 실천 73호〉

흥미도는 바닥인데 성적이 높다는 얘기는 결국 효율이 그만큼 떨어지는 공부를 초장시간, 억지로 하고 있다는 의미가 됩니다. 똑같은 시간 수학공부를 했을 때 우리나라 학생들이 99점을 받는다면 홍콩 학생은 151점, 핀란드 학생은 139점, 대만 학생은 138점을 받는다는 분석결과[*]도 있습니다. 우리나라 학생들의 지능 수준이 낮은 것이 아니라면 그 원인은 낮은 흥미도와 비효율성에서 찾을 수밖에 없습니다. 한국 학생들이 공부에 쏟아붓는 양적인 시간은 다른 나라를 압도하지만 질적으로는 매우 형편없는 공부를 하는 셈입니다.

질이 떨어지는 공부를 하다 보니 양을 늘리지 않으면 성적을 유지할 수 없는, 그래서 더욱 공부하기가 싫어져 질이 떨어질 수밖에 없는 악순환에 빠집니다. 우리나라 학생들의 공부는 이 지구상에 둘도 없을 정도로 매우 독특한데, 우리와 비슷한 일본도 바뀌고 있습니다.

우리나라에서도 논란이 되고 있는 IB[**]를 시범운영하고 우리의 수능과 비슷한 센터시험에 논술형 문제를 도입하기로 했다고 합니다. 특히 눈에 띄는 대목이 있습니다. 바로 학생들에게 '살아가는 힘'을 길러줘야 한다는 교육 개혁의 키워드입니다. 1점이라도 더 받기 위한 교육에서 벗어나야 한다는 목소리가 커지고 있다고 합니다. 그런데 우리는 국제적으로 그 심각성이 확인된, 학생들의 공부 흥미와 효율성에 대해 문제제기조차 제대로 이뤄지지 않고 있습니다. '평생학습'이 갈수록 중요해지는 상황에서 공부를 하면 할수록 공부가 싫어진

---

[*] 사교육 경쟁, 바람직한가?: 사교육 무한경쟁과 교육생산성 〈교육연구와 실천 73호〉
[**] IB(International Baccalaureate): 스위스의 비영리 교육기관에서 운영하는 국제 공통 교과정 및 대입시험 체제

다는 말은, 학생들이 (시험)공부를 열심히 하면 할수록 살아가는 힘을 잃어간다는 의미로 받아들여야 하지 않을까요?

학습 사이클:
학교에서 집까지

공부는 잘하는데 늘 피곤해 보이고 눈빛이 멍한 학생들을 많이 만났습니다. 반면 드물지만 표정이 밝고 공부도 잘하는 학생들이 있었습니다. 대화를 해보면 스트레스도 별로 없고 예의도 발랐습니다. 비결이 궁금해서 사례분석을 했는데 핵심은 바로 학교생활에 있었습니다. 학교 수업시간을 매우 소중하게 생각하고 수업하는 선생님에 대한 존경심이 분명했습니다. 수업시간에 배운 내용을 하나도 놓치지 않기 위해 노력하고, 학원은 학교 공부에서 부족한 것을 보충하는 정도로만 활용했습니다. 일단 학교에서 충분히 배우기 때문에 여유가 있었고 전반적인 삶의 질도 높았습니다.

  학생들의 공부효율은 결국 학교생활이 좌우한다는 사실을 확인하고, 학원가에 있으면 안 되겠다고 생각했습니다. 사교육에서 학생들

의 공부 효율을 높여주는 건 근본적인 한계가 있다는 걸 알게 된 것
이지요.

2010년 수능에서 ○○여고의 임 모양은 기존의 '학교효과'와 '부모
효과'라는 고정관념을 깼습니다. 인문계와 실업계가 같이 있는 종합
고교를 다녔고, 가정형편이 무척 어려웠습니다. 직접 인터뷰한 기자
에게 들었는데, 입시 준비에 필요한 교재도 제대로 사지 못할 정도였
다고 합니다.

> 선생님 말씀만 듣고 공부했는데 좋은 성적이 나왔네요. 어려운 가정형편에도 뒷
> 바라지 해주신 부모님과 선생님들께 감사를 드립니다.
>
> － 문화일보 2010.12. 9. "사교육 없는 시골서 언·수·외 만점"

임양은 사교육보다는 학교 수업을 최대한 활용한 학습법으로 특목
고, 자사고 학생들을 이겼습니다. 하지만 임양의 사례에 대한 우리
사회의 반응은 사실 자체를 인정하지 않는 분위기가 강합니다.

학습법은 한마디로 '자원활용법'이라고 할 수 있는데, 자신에게 주
어진 시간, 교재, 강의 등 다양한 자원을 자신에게 맞게 효과적으로
활용하는 방법입니다. 학습법은 소화능력에 비유할 수 있습니다. 아
무리 많이 먹어도 소화능력이 떨어져서 제대로 흡수가 안 되면 소용
이 없듯이 학습량이 아무리 많아도 기억되지 않는 공부는 아무 소용
이 없는 것이지요.

교사가 지도하는 자기주도학습

"과거에 비해 일제식 강의식 수업보다 아이들의 활동중심 수업이 많아지고 있습니다. 학습 준비물도 과거에 비해 많이 갖춰놓고 있습니다. 그런데도 아이들은 공부를 잘 하지 않습니다. 왜일까요?"

초등학교 차승민* 선생님의 문제의식입니다. 차승민 선생님은 다음과 같이 진단하고 해법을 제시합니다.

공부는 고도의 예술적 활동이면서도 단순한 활동입니다. 나선형 교육과정의 결정판인 수학을 예로 들어보겠습니다.

사칙연산은 초등 수학에서 매우 큰 비중을 차지하지만 중·고등에서는 이미 탑재된 상태라고 여기고 추상적인 영역을 다룹니다. 그러나 실제 초등에서는 사칙연산의 늪에 빠진 아이들이 상당합니다. 공부를 안 하는 것도 아니고, 심지어는 학원 등에서 선행을 한 아이들도 사칙연산을 능숙하게 하지 못하는 경우가 허다합니다. 받아올림과 내림, 분수와 소수의 사칙연산까지 들어가면 헤매는 아이들이 수두룩합니다. 그뿐 아니라 식을 문장제로 바꾸고 문장제를 다시 식으로 돌려 설명하게 하면 '멘붕'에 빠집니다. 이유는 여러 가지지만 확실한 것은 연습 시간이 절대적으로 부족하기 때문입니다. 그렇게 다니는 학원 등에서 연습하지 않는다는 말일까요? 우리 반에서 세 자리 수의 곱셈 나눗셈을 하는 과정을 살펴보겠습니다.

1. 교과서 진도를 나가고 나면 아이들은 그 시간에 맞는 익힘책을 푼다.
2. 진도를 다 나가고 나면 단원평가인 〈얼마나 알고 있나요?〉를 푼다.
3. 다 풀고 나서 틀린 문제는 다시 한 번 더 푼다. 이 과정에서 새로 인쇄

---

* 경남 창원 광려초등학교 교사. 실천교육교사모임 수석부회장. 저서 〈선생님 사용설명서〉〈12살 나의 첫 사춘기〉 외 다수

해주고 틀린 문제는 친구들에게 물어서 풀이과정을 이해시킨다.

4. 단원이 끝나고 나면 가장 기본적인 문제 형태로 20문제 정도 푼다.

5. 3과 같이 틀린 문제는 다시 한 번 더 풀게 하고 친구들에게 묻고 답하기를 시킨다. 핵심은 몇 개 맞추고 몇 개 틀리냐가 아니다. 틀린 문제가 나오면 왜 틀렸는지 어디서 오류가 나왔는지 확인하고 점검해야 한다.

여기부터는 자기 관리와 태도의 영역에 들어가고 제대로 하기 위해선 감정조절과 자존감의 영역까지 영향을 미칩니다. 틀린 문제를 인정하고 직면하고 다시 풀 수 있는 용기와 시간이 필요합니다. 그리고 비슷한 문제로 다시 도전해야 합니다. 이 과정을 스스로 할 수 있는 것이 자기주도적 학습입니다.

과목을 바꾸면 국어에서는 단어가 필요하단 사실을 스스로 깨닫고, 사회에서는 사회 현상을 이해하기 위해 폭넓은 상식이 필요하다는 사실을 깨닫습니다. 깨닫고 난 후에 학습의 과정으로 옮겨가는 힘이 자기주도적 학습이지요. 그런데 부모는 아이의 자기주도적 학습의지를 믿을 수 없습니다. 그럼에도 공부는 시켜야 한다고 생각합니다. 그렇다면 두 가지 방법 중하나를 선택해야 합니다.

1. 자신이 아이를 가르친다.

2. 자신이 아닌 타인에게 맡긴다.

1은 공자 할아버지가 와도 어렵습니다. 2는 다시 공교육과 사교육의 선택지로 나뉩니다. 그런데 공교육은 믿음직하지 못하다고 여기면 사교육을 선택합니다. 일단 시키면 결과가 눈에 보인다고 믿기 때문입니다. 그 결과는 바로 석차나 점수입니다. 내 아이의 위치가 어디쯤 되는지, 내 아이의 결과가 몇 점쯤 되는지 확인해야 부모는 안심합니다. 이것이 최소한 초등에서는 부질없다고 아무리 말해도 소용없습니다. "그래도 중등 이상에서는 시험을 치니까 미리 준비해야 한다"라는 논리로 대응합니다.

제가 공교육과 사교육을 떠나서 학생 교육의 전권을 가지고 있다고 생각하고 공부를 진두지휘할 방법을 공개합니다.

1. 학생이 제대로 공부할 시기가 올 때까지 특별한 공부를 시키지 않는다.
2. 공부에 필요한 감정조절과 태도 형성에 주력한다.
3. 구체적인 것에서 추상적인 영역으로, 경험의 영역에서 논리의 영역으로 넘어가는 시기에 공부를 시작한다.
4. 어디서 안 되는지 확인하기 위해 진단한다. 지필, 구술, 문답 중 그때그때 상황에 맞게 선택한다.
5. 진단이 되었으면 부족한 영역을 체크한다. 무엇이 얼마만큼 어떻게 부족한지 딱 떨어지게 나오지 않는다. 하나가 부족하면 연쇄적으로 다른 것이 부족하게 되어 있다.
6. 눈에 보이는 부족한 영역을 다시 세분해서 찾아낸다.
7. 예를 들자면 곱셈에서 받아올림의 자리수를 어디에 놓는지까지 확인한다.
8. 비슷한 유형으로 10회 이상 연습시킨다.
9. 알 때까지 또 연습시킨다.
10. 알아도 숙달될 때까지 또 연습시킨다.
11. 지겨울 때쯤 되어야 다음 단계로 넘어간다.

이걸 공교육에서 하기는 어렵습니다. 진도를 나가야 하기 때문입니다. 그럼 누가 해야 할까요? 아이 스스로 해야 합니다. 물론 방법을 가르쳐줍니다. 실제 우리 교실에선 그렇게 합니다. 대신 했는지 안 했는지 검사는 하지 않습니다. 그럼 부모가 이 과정을 함께 도와주거나 사교육에서 도움을 받아야 합니다. 부모는 어렵다고 했으니 사교육이 필요한 영역은 여기입니다.

이제 사교육에서 선행학습을 하고 오는 것이 얼마나 아이 학습을 망치는지 알아봅시다. 숙달되어 지겨울 사이도 없이 펑크 난 상태로 다음 과정에 들어갑니다. 처음엔 돌려막기를 할 수 있기에 표시가 잘 안 나지만 초4 이후로는 돌려막기가 어렵습니다. 그럼 문제 푸는 요령만 생깁니다. 이게 최악입니다. 교과서에 한 시간 분량의 문제는 대략 5문제를 넘지 않습니다. 그것도 단원 처음은 문제 자체가 없거나 한두 문제에 불과합니다.

단원 전체를 통틀어도 50문제가 안 됩니다. 수학익힘은 수업시간에 다루는 것이 아니니 뺍니다. 그렇게 8-10차시 분량의 문제가 50문제가 안 된다면 50문제를 기술적으로 풀 수 있으면 원리는 몰라도 된다는 저렴한 해법이 나옵니다. 실제 교실에서 아이들이 하고 있는 방법입니다. 이걸 가정에서 확인하는 것은 거의 불가능합니다. 부모가 직접 물어보지 않는 한 알려줄 교사도 없습니다. 괜히 알려줬다가 분란만 생길 텐데요. 학생들은 이 사실을 알지도 못합니다. 그럼 학원에서 이걸 알려줄까요? 선행을 해야 하는 학원에서는 이런 충분한 연습을 할 시간 자체를 주지 않습니다. 오죽하면 학원숙제를 학교에서 하는 학생들이 부지기수겠습니까.

그럼 자기주도적 학습을 어떻게 해야 할까요? 이건 학생에 따라 다르기에 뭐라 딱 찍어 말할 수가 없습니다. 우리 반 22명도 아주 세심히 관찰해서 방법을 하나씩 알려주고 있는 중입니다. 그것도 받아들이는 아이와 부모만 해당됩니다. 저는 우리 반 아이들에게 이렇게 말합니다. "차샘이 말한 대로 하려면 집에서 부모님을 설득시켜. 부모님은 너희들을 못 믿고 있어. 그 믿음을 얻으려면 집에서 방 청소, 식기 정리, 가방 정리, 책상 정리를 한 달 이상 꾸준히 해야 하고 무엇보다 교실에서 차샘에게 인정받아야 해. 난 종치면 자리에 앉아 공부할 준비가 되어 있는지 아닌지를 본다." 종치면 바로 자리에 앉는지만 봐도 태도를 알 수 있습니다. 이후 자세한 설명은 생략하겠습니다.

교수와 학습은 분리해서 생각해야 할 개념입니다. 교수가 교사의 영역이라면 학습은 학생의 영역입니다. 학습은 다시 '학'과 '습'으로 나뉩니다. '학'의 영역에서는 교사와 학생이 교류하며 배움이 일어납니다. '습'의 영역은 오로지 학생이 '학'을 바탕으로 연습해야 하는 과정입니다. 이 글은 수학을 예시로 교수-학습에 대한 것이 아니라 주로 '습'에 대해 다루었습니다.

수업효과 살리는 학습 사이클:
예습-수업-복습

공부에서 가장 중요한 자원이 바로 시간입니다. 학생들이 눈 뜨고 가장 오랜 시간 머무는 곳이 바로 학교이고, 수업시간입니다. 학원을 아무리 많이 다녀봐야 학교 수업시간보다 길 수 없습니다. 당연히 효율적인 공부는 학교 수업을 얼마나 제대로 활용하느냐에 달려 있습니다. 그러나 현실에서는 교사 중심의 수업 사이클이 아무리 잘 설계돼도 학생들의 학교 밖 사교육 중심 사이클과 충돌하면 결국 무너지고 맙니다. 수업을 설계할 때 사교육 문제를 반드시 고려해야 하는 이유입니다.

교사의 수업으로 시작한 사이클이 학생들의 자습으로 연결되어 완성되도록 하려면 어떤 노력이 필요할까요? 교사들이 쓴 학습법 책들을 봐도 단지 복습의 중요성을 강조하는 선에서 그칩니다. 학교 수업을 잘하는 것도 중요하지만, 수업효과의 증발을 막으려면 자습 지도가 반드시 필요합니다. 교실 수업에서 배운 내용이 수업이 끝난 뒤에 학생의 뇌에서 사라지지 않게 하려면 학교 수업에서 자습 동기를 일으키고 집에서 실천하도록 하는 것이 중요합니다. 집에 가서 무엇을, 왜, 어떻게 공부해야 하는지 구체적으로 알도록 한 상태에서 수업을 마치는 것이지요.

예습: 수업시간 살리는 준비운동

인간의 학습(공부) 메커니즘을 단순화하면, 외부에서 들어온 정보를 뇌에서 처리하는 과정이라고 할 수 있습니다. 뇌의 정보 처리가 순조로우려면 필요한 관련 지식이 뇌에 충분히 저장돼 있어야 합니다. 외부에서 들어온 정보와 내부에서 가져온 정보를 합쳐서 처리하기 때문입니다. 그런데 외부에서 들어온 정보를 처리하는 데 필요한 관련 지식이 부족하다고 느끼면 학습욕구가 생깁니다. 학생들에게 수업 진도에 해당하는 문제를 주고 골라서 풀게 하자, 학습욕구가 발동하면서 일종의 예습이 되었습니다.

> 학업 성취가 좀 낮은 학생들은 객관식 문제
> 성취도가 높은 학생들은 주관식 문제

학생들은 먼저 문제를 읽고 나름 답을 내기 위해 노력하면서 자기주도적으로 학습 사이클을 돌립니다. 명쾌한 결론이 나지 않을 때 궁금하다는 느낌이 일어나고 답을 알고 싶은 욕구가 생깁니다. 수업에 참여해서 배운 내용을 가지고 정답을 확인하게 하자, 학생들의 수업 집중도가 높아졌습니다. 물론 문제가 지나치게 어렵거나 관심이 없는 문제는 피해야 합니다.

복습: 기억을 붙잡는 최상의 방법

초·중등 교육과정은 나선형 심화구조입니다. 새로운 것을 가르치는 것이 아니라 이전 내용을 확장하고 심화합니다. 따라서 이전 학년에 배운 것을 기억하지 못하면 늘 처음 배운다는 느낌이 들 수밖에 없습니다. 에빙하우스의 망각 곡선은 전통적인 학습과학 이론으로 유명합니다. 실험 결과 '사람의 기억은 시간이 지날수록 약해진다'는 사실을 확인했습니다. 그런데 시간이 지나면 사람의 기억은 반드시 약해질까요? 사람의 뇌는 쉬지 않고 새로 들어온 정보를 처리합니다. 작업기억에서 처리하여 장기기억으로 전환되기 이전 단계에 있는 많은 정보들이 함께 머물면서 계속 뒤섞인다고 볼 수 있습니다. 이를 간섭효과라고 하는데, 단순한 시간의 흐름이 아니라 간섭효과 때문에 기억이 약해지는 것으로 봐야 합니다. 꼭 기억하고 싶은 것이 있다면 간섭효과 때문에 뒤섞인 상태에서 약해지기 전에 한 번씩 확인신호를 보내줘야 합니다. '조만간 장기기억으로 만들어 잘 보관할 테니 어디 가지 말고 기다리고 있어.' 장기기억으로 정착하기 전에 사라지는 것을 예방하기 위해 반드시 필요한 조치라고 할 수 있습니다. 중요한 내용을 열심히 공부해서 이해했어도 도망가지 않도록 하는 노력이 바로 복습입니다. 복습을 생략하면 결과적으로 공부하지 않은 것과 같다고 봐야 합니다. 그렇다면 복습은 어떻게 하는 것이 효과적일까요?

1. 연습장에 5번 쓰면서 바로 복습한다.
2. 시차를 두고 뜨문뜨문 5번 복습한다.

2번. 시차를 두고 복습하는 것이 효과적입니다. 이것이 복습의 성공 포인트입니다. 사람의 뇌는 스스로 판단하여 '재활용가치'가 높은 순서대로 장기기억을 만듭니다. 반복학습도 활용이라고 한다면 짧은 시간 활용한 것과 오랜 시간에 걸쳐 활용한 것 중에서 후자의 재활용가치가 높다고 봐야 합니다. 또 뇌는 여러 번 반복하지만 연속적으로 진행하면 한 번으로 인정하고, 시차가 있으면 각각을 모두 한 번으로 인정하는 것 같습니다. 결국 오랜 시간에 걸쳐 여러 번 사용한 것의 재활용가치가 훨씬 높다고 봐야 합니다.

다음은 공부모임 교사들이 학교에서 사용하는 복습 방법인데 쉽게 활용할 만합니다.

1. 친구에게 지난 시간 배운 내용 30초 동안 설명하기
2. 그날 배운 것을 마인드맵으로 정리하기
3. 빙고 게임
4. 선생님과 함께하는 기억 게임
5. 수업시간에 배운 내용을 키워드로 뽑아 정리해서 말하기

주기별 학습 사이클:
하루, 일주일, 시험, 방학 주기

학원이 주도하는 시험주기 중심의 공부를 하다 보니 학교 수업을 중심으로 한 정상적인 학습 사이클이 무너졌습니다. 자습은 학교 수업을 중심으로 하루 주기, 일주일 주기, 시험 주기로 이루어지는 일상생활의 리듬을 잘 타야 효과적입니다. 따라서 교사가 관심을 갖고 노력하면 학원보다 훨씬 유리한 조건에서 수업효과를 보호하고, 학생들의 학습효과를 지킬 수 있습니다.

수업 주기: 예습과 복습

수업을 4교시 했다면, 학생들의 머리에는 4교시 수업내용이 함께 존재합니다. 당연히 서로 엉키고 밀어내고 난리가 납니다. 어떻게 해야 소중한 수업내용이 사라지지 않을까요? 한 대학교수가 같은 진도를 나가는 두 그룹을 비교·연구한 결과가 있습니다. 한 그룹은 계속 진도를 나갔고, 다른 그룹은 수업의 시작과 끝 그리고 중간에 해당 과목의 전체 개요와 그때그때 수업한 내용을 연결하여 확인해주었습니다. 나중에 같은 문항으로 평가한 결과, 두 그룹의 성적은 큰 차이를 보였습니다. 그때그때 전체적인 개요와 부분적인 내용을 연결한 그룹이 높은 성적을 기록했습니다. 간섭효과를 최소화한 결과입니다. 수업내용이 뇌에 저장되기 전에 사라지지 않게 하려면 반드시 복습을 지도해야 합니다. 또한 수업을 시작하기 전에 다룰 내용을 학생들이 추측해보는 정도만으로도 예습 지도를 할 수 있습니다.

하루 주기: 수업 종료-수면 전과 후

전체 수업이 끝난 다음에 그날 공부한 내용을 다시 점검해야 간섭효과를 차단할 수 있습니다. 또 밤에 잠자기 전과 아침에 일어나서 같은 내용을 다시 확인합니다. 그러면 하루 주기의 복습이 충실하게 이루어집니다. 특히 잠은 장기기억으로 넘어가는 과정에서 중요한 징

검다리입니다. 자기 전에 본 내용을 아침에 일어나서 다시 보면 기억이 정말 잘 됩니다. 뇌는 잠잘 때 기억을 정돈하면서 쓸데없는 것들을 지운다는 연구결과가 있습니다. 기억할 만한 가치가 있다고 여기는 정보는 저장하고, 재활용가치가 없는 것들은 지워서 뇌에 여유 공간을 확보한다고 볼 수 있습니다. 또 잠을 자는 동안에 나타나는 뇌파인 예파 상태에서 해마에서 처리한 정보가 측두엽으로 옮겨간다는 사실도 밝혀졌습니다.

측두엽은 뇌의 양쪽에 있는 장기기억 저장 창고입니다. 장기기억으로 전환하는 작업이 왜 밤에 진행될까요? 예를 들어 장사를 한다고 가정하면, 손님이 계속 오면 물건을 팔아야 하니까 돈을 세고 통장에 넣을 시간이 없습니다. 어쩔 수 없이 가게 문을 닫고 나서 해야 하는 것처럼, 뇌도 하루 일과를 모두 마치고 잠을 잘 때가 되어야 비로소 장기기억으로 남길 것을 정리하는 작업을 할 수 있습니다.

의식이 있을 때는 정보처리가 우선이고, 잠이 들면 정보 저장을 열심히 합니다. 그래서 낮에 공부한 것을 잘 기억하려면 잠을 잘 자는 것이 중요합니다. 하루 주기의 복습을 하면서 공부한 내용을 상태에 따라 다음과 같이 분류하고 표시해두면 주기적인 확인학습을 할 때 효과적입니다.

1. 잘 이해한 것과 이해가 부족한 것

2. 이미 기억한 것과 아직 기억하지 못한 것

3. 이해는 되었지만 연습이 필요한 것과 이미 숙달된 것

일주일 주기: 주간 총정리

공부의 시작은 학교 수업입니다. 수업을 중심으로 한 하루와 일주일 주기의 공부가 살아나야 전체적인 공부효율이 높아집니다. 주말에는 새로운 진도를 나가는 것이 아니라 일주일 동안 공부한 내용을 장기기억으로 완성해야 합니다.

일주일 주기의 복습을 생략하면 장기기억 성공률이 크게 떨어집니다. 일주일 동안 공부한 양이 많으면 간섭효과도 심해지고, 도망가려는 것들도 많아지므로 다시 관심을 기울여 도망가지 말라는 신호를 보내야 합니다. 특히 하루 주기의 복습을 하면서 이해가 잘 안 되었거나 잘 생각나지 않거나 연습이 필요한 내용에 더 많은 관심과 정성을 기울여야 합니다.

일주일 주기의 공부에서 또 중요한 것이 바로 다음 일주일을 준비하는 것입니다. 다음 일주일에 공부할 시간표를 놓고 교과서를 가볍게 읽어보는 것만으로도 큰 효과를 볼 수 있습니다.

시험 주기: 정교화, 인출 연습

수업 주기, 하루 주기, 일주일 주기의 확인학습이 제대로 진행되면 시험을 맞이해도 쫓기지 않습니다. 시험공부에 필요한 시간이 크게 줄어들고, 홀가분한 마음으로 시험을 준비할 수 있습니다. 시험공부의 부담에서 벗어나면 평소 공부를 대하는 태도가 많이 달라집니다. 대부분 적극적인 학습자로 변신합니다.

시험 주기의 확인학습을 할 때는 기억의 정확성에 초점을 맞추어야 합니다. 사람의 기억은 창고에 넣어두었다가 꺼내는 것이 아니라 뇌 신경세포 사이의 연결을 다시 활성화시켜 재구성하는 방식으로 인출됩니다. 이미 정확하게 기억하고 있는 지식이어도 순간적으로 인출에 실패하거나 오류가 발생할 가능성이 늘 존재합니다. 따라서 무작정 시험공부를 하는 것이 아니라 시험조건과 비슷한 상황에서 인출연습을 해야 효과적입니다. 교재를 먼저 공부하고 나서 문제를 푸는 것이 아니라 먼저 문제를 풀어보면서 인출되는 기억의 상태를 확인하는 것이 효과적입니다. 자신의 기억상태를 먼저 확인하고 나면 보완해야 할 필요성을 느끼기 때문에 자연스럽게 시험공부에 집중하게 됩니다.

제가 만든 '틀릴 문제 예측하기'(5장 '시험에 강해지는 연습' 참조)는 시험 범위에서 어렵게 느껴지는 문제만을 골라서 먼저 풀어보는 방법입니다. 문제를 풀면서 잘 모르겠다, 복잡하다, 헷갈린다, 어렵다 등등의 느낌이 왜 일어나는지 추적해서 보완학습을 하는 것입니다. 집중력도 높아지고 시험공부의 정확성도 크게 향상됩니다.

방학 주기: 학기별 총정리

마지막으로 방학 주기의 확인학습까지 마치면 대부분 장기기억으로 전환됩니다. 하지만 현실은 정반대로 방학이 되면 학원에 다니는 시간이 더 많아집니다. 대부분의 사교육은 선행학습을 시키기 때문에 복습할 여유가 거의 없습니다.

만약 어떤 학생이 방학에 지난 학기의 공부를 되돌아보면서 기억상태를 점검하고 보완한다면, 갈수록 공부가 쉬워지는 경험을 합니다.

장기기억으로 고정된 지식이 많을수록 전반적인 학습능력이 향상되기 때문입니다. 단단하게 뭉쳐 굴릴수록 눈덩이가 커지는 것과 비슷하지요. 새로운 정보를 작업기억에서 처리할 때 사용할 수 있는 배경지식이 풍부해지는 만큼 이해력과 기억력은 기하급수적으로 올라갑니다.

방학에 하는 선행학습은 역효과가 큽니다. 지난 학기에 공부한 내용을 적극적으로 지우는 작용을 하기 때문입니다. 복습이라는 물을 조금만 더 주고 돌보면 풍성한 결실을 맺을 수 있는 나무를 말라죽이고, 다시 말라죽을 나무의 씨를 뿌리는 것이 선행학습입니다. 방학이라 여유가 있을 때 조금만 더 관심을 가지고 복습하면 평생 써먹을 수 있는 확실한 지식이 됩니다. 이 지식은 창조적 사고에도 활용할

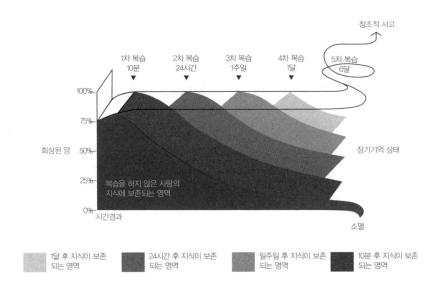

수 있는 중요한 자산입니다. 요즘 강조하는 창의성은 단순히 자유로운 발상을 의미하지 않습니다. 정확하게 기억하고 활용할 수 있는 지식이 많을 때 비로소 발휘되는 역량입니다.

기억의 메커니즘을 활용한
학습 지도

앞서 1장에서 공부의 목적은 기억을 만드는 것이라고 했습니다. 수업 시간에 교사가 아무리 열심히 설명해도 학생이 주의력을 기울여 작업기억으로 끌고 오지 않으면 대부분 사라집니다. 또한 흔히 잡념이라고 하는, 지금 하는 공부와 관련이 없지만 작업기억에서 움직이고 있는 잡다한 정보들은 작업기억의 정보처리 과정을 교란합니다.

작업기억에서 이루어지는 정보처리는 마치 다른 길을 가는 것처럼 서로 다른 방식으로 진행됩니다. 학습자가 스트레스 상태에 있으면 하위경로가 작동해서 작업기억의 정보처리가 원활하지 않습니다. 작업기억에서 충분히 정보를 처리하여 얻은 결과물을 활용할 수 없는 학습자는 다분히 즉흥적이 됩니다. 피곤한 아이를 건드리면 짜증부터 내는 것과 비슷하지요. 정상적으로 학습이 이루어질 수 없는 상태라고 봐야 합니다.

　사람의 기억 시스템은 우리의 의지와 상관없이 작동합니다. 책 내용은 대부분 까먹고, 책을 읽었다는 사실만 달랑 기억날 때가 많습니다. 심지어 어떤 책은 밑줄까지 치고 메모도 했는데 내용은 거의 기억이 안 납니다. 학생들도 공부한다고 다 기억하는 게 아닌 만큼, 애써 수업한 내용을 학생들이 거의 기억하지 못하는 허무한 사태를 예방하기 위한 관심과 노력이 필요합니다.

기억의 메커니즘을 활용한 교사의 지도

어떻게 해야 교사의 수업 내용이 학생의 작업기억 안으로 들어가 원활하게 정보처리가 될까요? 먼저 학습자의 뇌에서 진행되고 있는 정보처리 과정에 도움이 되는 정보가 선생님의 수업내용에 포함되어 있으면 매우 효과적입니다. 학생이 질문하고 선생님이 답해주는 경우가 대표적이겠지요.

　학생이 알고 싶은 내용을 선생님이 설명해주면 작업기억에서 정보처리가 자연스럽게 진행됩니다. 또 자신이 선택한 것, 자기 삶과 연관된 정보도 쉽게 작업기억으로 넘어갑니다. 아무리 주변이 시끄러워도 자기 이름은 잘 들리는 것처럼 자기 연관성이 정보의 중요성을 판단하는 가장 중요한 기준이 됩니다. 왜 배워야 하는지 모르겠다는 느낌은 자기 연관성이 거의 없다는 뜻입니다. 기억의 손실을 막고 수업효과를 높이는 데 필요한 조건으로 자기 연관성 외에 의미 추구와 패턴 인식 그리고 감정의 개입 등이 있습니다.

의미 추구

새로 들어온 정보를 작업기억에서 돌려봤는데 뭔가 의미가 느껴지면 대부분 장기기억으로 갑니다.(자기 연관성이 의미 추구에서 가장 중요합니다.)

패턴 인식

일목요연하게 패턴이 파악되면 장기기억이 잘 만들어집니다. 아무리 작업기억을 돌려봐도 이해가 잘 안되거나 뒤죽박죽이면 장기기억으로 전환되기 전에 대부분 사라집니다.

감정의 개입

'새롭다', '재미있다', '신기하다' 등과 같이 유쾌한 감정이 동반되는 정보는 장기기억으로 전환될 가능성이 아주 높습니다.

종합하자면 작업기억에서 처리한 정보 중에서 어떤 것은 장기기억으로 가고 어떤 것은 사라집니다. 그 기준은 '재활용가치'라고 할 수 있습니다. 예를 들면 학생들이 선생님 수업을 따분하게 듣고만 있는 것이 아니라 모둠 토론을 하면서 의미 있는 결론에 도달했을 때 표정이 아주 밝습니다. 평생 간직할 만한 소중한 지식을 얻었다는 만족감의 표현이라고 할 수 있지요.

수업에서 기억 메커니즘을 충분히 활용할 수 있는 열쇠는 교사의 의도가 아니라 학생의 관심에 있다고 판단합니다. 학생들이 관심을 보이지 않지만 그래도 열심히 수업하면 효과가 있을 것이라는 교사의 기대는 그야말로 희망사항일 뿐입니다.

관심과 참여의 중요성

우리 뇌가 담당하는 역할은 너무도 많습니다. 온몸으로 전달되는 수 없이 많은 자극에 반응해야 합니다. 교사의 수업 내용도 학생의 뇌를 자극하지만 학생이 다른 자극에 우선적으로 반응하고 있다면 아무리 열심히 수업을 해도 학생의 뇌에서 학습은 일어나지 않습니다.

일단 학생의 뇌를 자극하는 데 성공하려면 자극의 강도가 작업기 억을 움직이는 데 필요한 일정 전압, 역치를 넘어서야 합니다. 문제는 교사 일방의 노력만으로 역치를 넘기기가 쉽지 않다는 사실입니다.

교사의 수업내용에 학생의 주의력이 결합되면 발화가 일어나 역치 를 쉽게 넘길 수 있습니다. 교사의 수업이 필요조건이라면 학생의 주 의력은 충분조건이라고 할 수 있지요. 필요충분조건이 성립될 수 있 는 가장 효과적인 방법이 있습니다.

> **수업내용:** 학생의 관심사로부터 출발한다.
>
> **수업방식:** 학생의 참여를 보장한다.

학생들의 관심은 선생님의 수업내용을 작업기억으로 끌어당기는 힘 입니다. 학생들의 참여와 활동은 선생님의 수업 내용을 흐트러뜨리지 않고 장기기억으로 고정시키는 접착제입니다.

교과서의 단원별 학습목표를 보면서 관심을 갖도록 하기 위해 자기 연관성을 찾아보라고 하자, 다양한 의견이 나왔습니다. 억지로라도 자기 연관성을 찾는 과정에서 대부분의 학생들이 교과서를 대하는 태도에 변화가 나타났습니다. 교과서는 시험공부 말고는 아무짝에도 쓸모없다고 생각했던 학생들이 자기 삶에 도움되는 다양한 활용가치를 교과서에서 발견하고는 대부분 적극적인 학습자로 달라졌습니다.

배운 것 활용하기

의미 추구, 패턴 인식, 감정 개입 등의 조건을 동시에 충족시키는 방법이 있습니다. 바로 새로 공부한 내용을 실제 활용해보는 것입니다. 흔히 복습하라고 하면 교재나 노트를 쭉 보면서 이해되는 느낌이 들면 계속 넘어가는 방식으로 합니다. 나름 열심히 한다 해도 장기기억으로 전환되는 과정을 활성화시키기에는 자극이 너무 약합니다.

　단순한 복습이 아니라 자신이 주체가 되어 배운 것을 직접 활용해보면 장기기억으로 전환되는 효과가 탁월합니다. 단순히 문제를 풀 때와 비교할 수 없을 정도의 학습효과가 나타납니다. 간단한 발표부터 하부르타 방식까지 다양한 방법을 고안하고 활용할 수 있습니다.

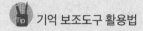

학생들이 손쉽게 장기기억 만들기에 성공하도록 도와주는 기억 보조도구 활용법을 소개합니다. 임계 학습량이라는 개념이 있는데, 장기기억으로 전환되기 위해 필요한 확인학습의 정도를 판단하는 기준입니다. 뇌에 일시적인 회로상태에 있는 정보를 계속 자극해서 기억 단백질이 생기도록 하고, 결국 장기기억으로 응고시키는 데 필요한 자극의 횟수라고 설명할 수 있습니다. 만약 임계 학습량이 10회라면 9회 확인학습 한 내용과 10회까지 확인학습 한 내용의 운명이 달라진다고 볼 수 있습니다. 10회를 모두 채울 때 비로소 장기기억으로 살아남습니다.

영어 단어도 새로운 단어를 계속 외우는 것보다 까먹은 단어를 찾아서 다시 기억하는 게 훨씬 효과적입니다. 예전에 공부한 교재에는 부족한 임계 학습량만 넘기면 장기기억이 될 수 있는 단어들이 많습니다. 하지만 새로운 단어를 계속 암기하면 대부분의 단어가 임계 학습량 부족으로 인해 기억되지 않습니다. 전체 학습량은 부족하지 않지만 임계 학습량을 넘겨 확실하게 장기기억이 된 내용이 부족하면, 아는 게 별로 없다는 느낌이 들면서 공부에 자신감이 없어집니다. 결국 공부하고 싶은 마음을 잃을 가능성이 높고, 해도 안 된다는 느낌이 강해지면 공부를 포기하기 쉽습니다. 몇 가지 기억 보조도구를 잘 활용하면 편리하게 임계 학습량을 넘길 수 있습니다.

1. 메모리 카드
공부한 내용을 모두 복습하는 것은 어렵기도 하고, 비효율적이기도 합니다. 메모리 카드를 활용하여 간편하게 임계 학습량에 미달되는 내용을 확인할 수 있습니다. 공부 기술이 뛰어난 학생들은 책을 펼치면 무엇을 다시 봐야 하는지 쉽게 알 수 있습니다. 평소 공부하면서 그때그때 정리했기 때문입니다. 문제는 그렇게 하기가 쉽지 않다는 사실입니다. 평소 공부한 내용을 그때그때 카드에 붙여놓고 활용하는 방법이 가장 쉽습니다. 처음 카드를 만들 때는 노력이 필요하지만 전체적으로 보면 필요 학습량을 크게 줄입니다.

공부일기 등 여러 방법이 있지만 메모리 카드를 권하는 이유는 학생들의 실천력을 높이는 데 효과적이기 때문입니다. 카드를 놓고 살펴보면서 다시 봐야 할 카드와 안 봐도 되는 카드를 구분합니다. 점점 다시 봐야 할 카드가 줄어듭니다. 집중이 잘 되고 게임처럼 재미와 성취감을 느낄 수 있는 과정입니다. 선생님이 수업을 설계할 때부터 수업의 결과물이 카드로 만들어진다고 생각하면 다양한 방법을 찾을 수 있습니다. 판서 내용을 촬영해서 활용하는 방법, 프린트 물을 카드 형식으로 만드는 방법 등을 적절하게 활용하면 학생들의 공부 효율을 크게 높일 수 있습니다.

2. 클리어파일

다시 공부해야 할 내용인데 카드로 만들기 어려운 것들은 클리어파일에 넣습니다. 특히 수학에 활용하면 좋습니다. 클리어파일에 넣어 모아놓은 문제들을 시간 날 때마다 꺼내보고, 확실하게 안 것은 빼버립니다. 다시 확인학습이 필요한 내용이 어떤 것은 교과서에 있고, 어떤 것은 문제집에 분산되어 있으면 다시 공부하고 싶어도 찾기가 어렵고 시간도 많이 걸립니다. 한두 번만 더 공부하면 되는데 찾을 수가 없으면 또 새로운 문제를 풀면서 새로운 기억을 만들어야 합니다. 결국 이것저것 많이 공부했지만 하나도 임계 학습량을 넘기지 못할 가능성이 커집니다. 공부를 할수록 남은 공부가 줄어드는 느낌이 들어야 하는데 정반대로 계속 불어난다고 느껴지면 역시 공부 의욕을 내기 어려워집니다.

3. 메모장

중요한 내용이 순간 떠올랐다가 사라지는 경우가 많습니다. '기록이 기억을 이긴다'는 말처럼 평소 기억해야 할 것들이 떠오르거나 눈에 보이면 그때그때 메모장에 기록하는 습관을 들이면 공부효율이 크게 향상됩니다. 선생님이 먼저 모범을 보이면 좋습니다. "나도 지금까지는 메모장을 안 썼는데 오늘부터 같이 써보자"라고 제안하면 학생들이 따라하게 됩니다. 학생 혼자 메모하는 습관을 들이는 것은 쉽지 않으므로 교실에서 선생님의 지도를 받으며 친구들과 함께 하는 분위기를 조성하는 것이 필요합니다.

'단권화'라는 게 있습니다. 중요한 시험 직전에 자신의 기억상태를 빠르게, 객관적으로 확인하기 위해 준비한 자료를 말합니다. 장기기억에만 머물러 있는 것이 아니라 작업기억에서 문제를 해결할 때 정확하게 인출되어야 할 중요 내용들을 미리 정리해놓고 활용해야 실력이 성적으로 잘 표현됩니다. 평소에 기억 보조도구를 잘 활용하면 수업효과가 살아나고, 학생들의 학습효과도 높아집니다.

독서:
학습역량의 기본기

온갖 디지털 미디어가 쏟아내는 정보의 홍수 속에서 잠시 생각할 틈도 없이 단편적인 정보들을 처리하다 보면 정상적인 사고과정이 생략되기 쉽습니다. 특히 교사들은 학생들을 보면 '도대체 생각이라는 걸 하고 말하는 거야?' 싶습니다. 반응은 빠르지만 개념 없이 말하고 행동하는 경우가 많으니까요.

정상적인 사고과정을 연습하는 데 가장 좋은 것이 독서입니다. 독서는 학력격차, 학습부진 문제의 해결에도 효과가 큽니다. 한 초등학교 교장 선생님의 경험담입니다.

"새로 부임한 학교가 교육 소외 지역이어서 학습부진 학생이 너무 많았어요. 방법을 찾다가 '아침 10분 독서'를 시작했는데 1년 만에 기초학력 미달 비율이 현저하게 떨어져서 저도 놀랐습니다."

예전에 개천에서 용이 나온 비결도 독서효과로 상당 부분 설명됩니다. 시골에 살면 밖에서 놀다가 어두워져 집에 들어가도 마땅히 할 게 없습니다. 심심한 아이들이 몇 권 안 되는 책이지만 열심히 읽으면서 공부에 필요한 힘을 길렀습니다. 지금은 잠시만 시간이 나도 다 게임을 합니다. 학생들이 독서를 생활화하는 데는 학교와 교사의 역할이 중요합니다. 학교에서 선생님과 친구들이 함께하면 동기부여가 가능합니다. 다양한 독서 프로그램을 활용하여 책 읽는 즐거움을 알게 하면 그만큼 디지털 미디어에 대한 저항력이 길러집니다.

뇌를 자극해 학습 근육 키우기

뇌는 모든 정보 처리를 전기 신호로 합니다. 뇌 신경세포가 바로 전기가 통하는 전선 역할을 합니다. 뇌 신경세포의 굵기는 사람마다 다른데, 한 연구자가 이런 말을 했습니다. "어떤 사람의 뇌 신경세포를 전자 현미경으로 보니 시골의 오솔길처럼 겨우 연결되어 있었다. 그런데 어떤 사람의 뇌 신경세포는 고속도로처럼 뻥 뚫려 있었다."

어떤 학생이 열심히 뇌를 자극해서 신경세포가 튼튼해지고 굵어지면, 우리 몸의 근육이 강해진 것과 비슷한 효과가 납니다. 근력이 강해지면 어떤 운동을 해도 수월하듯이 뇌 신경세포가 강해지면 어떤 공부를 해도 쉽습니다.

뇌 신경세포가 굵어지는 가장 효과적인 방법이 독서입니다. 어떤 학생의 수능 성적을 예측하는 가장 중요한 지표는 중학교 때까지의 독서량입니다. 성적은 벌어놓은 돈이고 학습능력은 돈을 버는 능력이라고 할 수 있습니다. 가진 돈은 까먹어도 다시 벌면 되지만, 버는 능력을 기르지 못하면 가진 걸 유지하기 어렵습니다.

독서량에서 월등히 앞서는 학생들은 고학년이 될수록 점점 성적이 향상되는 경향을 보입니다. 선생님의 설명을 듣고 보면서 배우는 것도 있지만, 많은 부분 책을 읽는 동안에 스스로 배우는 과정을 거쳐 공부가 이루어집니다. 책을 많이 읽은 학생들은 책이라는 공부도구를 능숙하게 다룹니다. 어떤 책을 가지고 공부해도 쉽게 필요한 것을 얻을 수 있는 능력, 바로 학습능력을 기르게 됩니다. 하지만 학원에서 강사의 설명에 지나치게 의존한 경우에는 점차 학습능력이 약해집니다. 어려운 내용이 나올 때마다 강사의 설명에 의존하고, 내용을 이해하는 데 필요한 단서를 스스로 찾기 위해 노력해본 적이 없어서입니다. 결국 시험을 보는 상황, 즉 외부의 단서를 활용할 수 없는 상황에서 제 실력을 발휘하기가 결코 쉽지 않습니다.

책에 마음 열다: 개에게 책 읽어주기*

'어떻게 해야 책읽기를 싫어하는 아이들이 책과 친해질까?' '아이들이 도서관을 좋아하게 만들 방법은 없을까?' 순천 기적의 도서관 허순영 관장의 고민이었습니다. 어느 날 외국에서 '개에게 책 읽어주기'

---

* 그림책 〈피카이아〉(창비)의 소재가 됨. 자세한 내용은 석사논문 '동물매개치료를 통한 독서부진 아동의 자아존중감과 독서증진 효과에 관한 연구'(2013. 전남대) 참고

프로그램을 발견했습니다. 이 프로그램에는 테라피 독이라는 훈련된 개가 필요한데, 마침 은퇴한 맹인안내견이 있어 프로그램을 진행할 수 있었습니다. 책을 싫어했던 아이들도 개에게 책을 읽어준다고 하니 신이 났습니다.

"키스, 내가 읽어줄게. 잘 들어봐. 옛날 어느 마을에 아주 착한 아이가 살고 있었습니다……."

아이들은 맹인안내견 키스의 머리를 쓰다듬으며 책을 읽어주었습니다. 첫 시간이 끝나고 나서 아이들은 이렇게 말했습니다.

"내가 읽어주는 책을 잘 읽었는지 잘못 읽고 있는지 평가하지 않아 좋았어요."

"책을 읽을 때 틀리게 읽어서 실수할까봐 두려운데 키스가 잘 들어주는 거 같아 기분 좋았어요."

"여러 사람 앞에서 말할 때 떨리는데 키스한테 읽어준다고 하니까 괜찮았어요."

"책이 이렇게 재밌는 줄 몰랐어요! 동생한테도 읽어주고 싶어요."

아이들은 그동안 경험했던 것과 달리 책을 읽으면서 처음으로 재미를 느꼈다고 합니다. 독후활동에 대한 부담을 느끼고, 주변 사람들 눈치를 보던 아이들이 키스에게 책을 읽어주면서 처음으로 책 내용에 흠뻑 빠져들었고, 그 결과 유쾌한 감정을 경험한 것입니다.

처음부터 끝까지 읽어야 할까?

책은 꼭 처음부터 끝까지 다 읽어야 될까요? 자율독서라는 것이 있습니다. 읽다가 재미없으면 멈추고, 재미있는 다른 책을 골라서 읽는 것을 말합니다. 책을 쌓아놓고 이책 저책에서 재미있는 대목만 골라서 읽는 것입니다. 실제 부모님이 사준 전집으로 자율독서를 한 결과 책을 좋아하게 되었을 뿐만 아니라 사회적으로도 크게 성공한 사례가 있습니다.

정독을 해야 올바른 독서라는 고정관념에서 벗어나 책을 읽으면서 어떤 감정을 느끼는지에 초점을 맞추면 누구나 책을 좋아할 수 있습니다. 책을 싫어하면 그럴만한 사연이 다 있기 때문에 어떤 책이든, 어떤 방법으로든 책을 읽으면서 긍정적인 감정을 느끼도록 하는 것이 가장 중요합니다. 감각적인 재미가 아니라 책을 읽으면서 맛볼 수 있는 묵직한 즐거움이 학생들의 마음에서 일어나면 누구나 책읽기를 좋아하게 됩니다.

7회독 비법: 책, 교과서와 친해지기

학생들이 책읽기를 싫어하는데 특히 교과서 읽기를 싫어합니다. 교과서를 읽다가 잘 이해되지 않는 어려운 내용이 나오면 순식간에 뇌의 하위경로가 활성화되어 더 이상 읽고 싶지 않기 때문입니다. 교과서를 읽을 때 거부반응 없이 관심과 호기심을 자극하면서 단계별로 지적 만족감을 느낄 수 있는 방법을 개발했는데, 바로 '교과서 7회독'입니다.

1회독: 단원별로 이해가 되는 내용만 골라서 단원 끝까지 읽는다.

2회독: 모르는 내용을 체크하고 넘어가는 식으로 다시 한 단원을 읽는다.

3회독: 궁금한 내용을 체크하고 넘어가면서 한 단원을 읽는다.

4회독: 궁금한 내용을 검색하는 등의 방법으로 이해하면서 읽는다.

5회독: 중요한 내용을 표시하면서 읽는다. 읽고 나서 중요한 내용을 포스트 잇 등을 활용해 가린다.

6회독: 가려놓은 내용을 떠올려보면서 읽는다.

7회독: 정독하면서 중심문장과 핵심어를 표시한다.

책을 읽는데 이해가 잘 되면 만족감이 생깁니다. 처음부터 순서대로 읽어나가는 것이 아니라 책 내용에서 의미 파악에 필요한 배경지식이 있는 부분만 선택해서 읽기 시작합니다. 조금씩 읽기의 범위를 넓혀갑니다. '어렵다', '모르겠다', '재미없다'와 같은 부정적인 감정이 일어나지 않도록 하는 방법입니다.

다음으로 이해하고 싶은 내용에 초점을 맞춰 읽어갑니다. 궁금증이 생기고 찾아보고 싶은 마음이 듭니다. 전체적인 내용이 어느 정도 파악되면, 중요한 내용을 판단할 수 있으며 기억하기가 한결 쉬워집니다. 중요한 것들이 기억되면 내용이 서로 연결되면서 쉽게 핵심을 파악할 수 있고 요약도 가능해집니다.

학생의 관심 분야 알기

흔히 고전, 권장도서, 필독서를 학생들에게 권하는데, 의무감으로 접하는 책에는 호감을 갖기 어렵습니다. 가장 좋은 책은 읽는 사람에게 재미와 즐거움을 주는 책입니다. 평소 관심 있는 주제, 호기심을 자극하는 책을 만나면 잘 읽힙니다. 교사가 학생들의 관심사를 알고 적합한 책을 권하면 효과가 큰데, 학생들의 관심사를 파악하는 방법으로 관심 지도를 만들면 도움이 됩니다.

1. 학기 초에 A4 용지 가운데에 학생의 사진을 붙이고 철을 해둔다.
2. 일주일에 한 번씩 시간을 내서 철해놓은 학생의 사진을 본다.
3. 학생의 사진을 보면서 떠오르는 것들을 마인드맵 형식으로 사진 주변에 적는다.

매주 한 번씩 적다보면, 한 달만 지나도 학생의 관심 지형이 파악됩니다. 독서활동을 할 때 학생의 관심을 좀 더 충족시킬 수 있는 책을 찾아 읽도록 도울 수 있습니다.

교사는
가정학습 기획자

학교에서 수업시간에 교사들이 기울이는 온갖 노력은 결국 학생의 성장과 발달로 귀결되어야 비로소 의미를 갖습니다. 교육의 성과나 질이라는 것도 학생의 내면에서 일어나는 변화로 확인하고 판단하는 것이 합리적입니다. 교수법도 중요하지만 학생의 학습을 중심에 놓고 보면 많은 것들이 새롭게 보입니다.

가령 어떤 선생님이 학생들을 교문에서 맞이합니다. 학생들이 따뜻한 마음으로 교실에 들어갑니다. 학생들이 정서적으로 안정된 상태에서 수업에 참여하면 공부가 순조롭게 일어날 가능성이 높아집니다. 또 어떤 학생이 집에서 스트레스를 너무 많이 받거나 과도한 사교육에 시달리면 학교에서 공부하기 힘든 상태가 됩니다. 가정과 학교가 협력해서 학생들의 정서적 상태가 건강하도록 노력해야 할 필요성이 분명해집니다. 지금까지 했던 이야기를 정리하면서, 선생님들과 함께 '공부를 공부'하면서 발전시킨 문제의식을 보태보겠습니다.

어떤 관점에서 보는가

아무리 교육적으로 훌륭한 정책이라도 학생들의 내면에서 일어나는 실질적인 성장·발달의 과정과 따로 움직인다면 무슨 의미가 있을까요? 거듭 강조하지만 중요한 것은 학생들이 학교생활을 하면서 선생님의 수업을 통해 배우고 성장해야 한다는 사실입니다. 따라서 가르치는 입장이 아니라 공부하는 학생들의 관점에서 볼 때 우리 교육에 어떤 문제가 있는지 분명하게 파악할 수 있습니다. 학생들이 배우고 성장하는 과정에 실제로 영향을 미치는 요인들을 하나하나 사실적으로 이해하기 위해 노력하면서 보게 되는 문제들이야말로 우리 교육에 시급하고 결정적인 과제라고 할 수 있습니다.

교육부에서 교육적으로 아무리 좋은 의도를 가지고 정책을 펴도 교사들이 적극적으로 수용하여 현장에서 실천하지 않으면 무용지물입니다. 오히려 학교 현장과 교실에 적지 않은 부작용을 가져오기 십상입니다. 흔히 변화에 소극적인 교사들의 문제를 지적하지만 교사들을 변화의 주체로 세우는 데 한계가 분명한, 교사들을 대상화하는 의사결정과정과 정책의 문제점이 더 심각하다고 판단합니다.

변화에 대한 많은 시도가 실패하는 이유는 '변화(Change)의 이론(변화의 요인에 관한 것)'과 '변화를 일으키는(Changing) 이론(변화의 요인에 영향을 미치는 방법에 관한 것'을 구분하지 못하기 때문이다. (…) 궁극적으로 의미를 도출하고 느끼는 일은 전적으로 개인에게 달려 있다. (…) 변화가 일어나거나 일어나지 않는 것은 바로 이 개인적인 차원에서이기 때문이다.

– 〈학교개혁은 왜 실패하는가〉 교육을바꾸는사람들, 39쪽

우선은 교사 개인의 내면에 실천의지로 맺혀야 하지만 한발 더 나아가 궁극적으로 학생 개인의 변화로 귀결될 수 있는 절차와 정책이어야 합니다. 우리 교육을 개혁하고 개선하기 위해 아무리 노력해도 학생들의 성장으로 연결되지 않으면 결국 실패 아닐까요? 해방 이후 지금까지 교육개혁을 위한 시도 중에서 학생들의 긍정적인 변화로까지 이어진 것이 얼마나 될까요? 지금도 우리 교육을 살리기 위한 논의가 무성하고 새로운 정책들이 계속 도입되고 있지만 과연 학생들이 좋아지고 있나요, 앞으로 정말 좋아질 수 있을까요?

이 시대 교사의 역할

경쟁교육, 입시교육의 굴레에서 벗어나기 위해 교사가 개인적으로 무엇을 할 수 있을까요? 여전히 교사들의 평가권을 인정하지 않는 현실에서 말입니다. 교사가 진행하는 수업이 교육과정의 목표에 충실하고 학생들의 참여와 흥미 유발에 성공해도 문제가 생깁니다. 학원에서 기출문제와 예상문제를 뽑아 집중적으로 관리하는 시험 대비 수업이 일제고사에서는 훨씬 유리하다고 믿는 사회적 분위기 때문입니다. 학생들도 이미 학교 선생님의 정규 수업보다는 학원의 시험 대비가 일

제고사에는 훨씬 효과적이라고 굳게 믿고 있습니다. 현실이 이렇다면 이제 교사의 역할을 재정의할 때가 왔다고 봐야 하지 않을까요? 사교육이 공교육을 교란하고 교실 수업까지 혼란에 빠뜨리는 현실을 외면한 채 진정한 교사의 역할을 말할 수 있을까요?

우리 교육은 세계적 흐름에도 뒤처지고 있습니다. 과연 어디에서 실마리를 찾아야 할까요? 교사와 학생들이 만나는 학교 교실에서 해법을 찾아야 합니다. 당장 교실에서 이루어지는 교육활동의 질을 개선하는 데 집중해야 합니다. 정책과 제도로 접근하면 온갖 견해 차이와 이해관계의 충돌을 피할 수 없지만 바로 눈으로 확인할 수 있는 학교 교실의 변화는 국민적인 지지를 받으면서 순항할 수 있습니다. 유권자의 다수를 차지한 학부모들이 달라진 교실과 달라진 아이들의 모습을 체감한다면 여론의 지지를 받으면서 공교육의 실질적인 발전이 이루어질 것입니다. 교사들이 교수법 중심의 수업 혁신에 머물지 않고 학생 중심의 학습법적인 접근을 한다면 충분히 가능한 일입니다. 지금까지 알아본 것처럼 교사의 수업과 연결된 학생들의 학습을 보호하고, 촉진하기 위한 노력으로부터 시작하면 될 것입니다.

학교 밖의 사교육 때문에 학교의 수업효과가 증발되지 않도록 해야 공교육의 존재가치를 인정받을 수 있습니다. 하지만 벌써부터 학교 선생님들의 아우성이 들리는 듯합니다. '수업 말고도 해야 할 일이 얼마나 많은데 뭘 더 요구하는 거야. 그런다고 제대로 될 것 같아?' 그렇지 않아도 힘겨운 상황에서 교사들에게 또 다른 부담을 안겨주는 일을 해서는 안 된다고 저도 생각합니다. 그런데 만약 또 다른 일이 아니라 교사의 역할을 재정립한다는 관점에서 보면 어떨까요? 새롭게 관심을 가지고 이전과 달리 더 노력해야 할 일이 분명 생길 겁니다. 하지만 그 덕분에 학원에서 지친 학생들의 무기력한 모습을 교실에서 더이상 보지 않아도 된다면 어떨까요? 학원에서 배웠다고 수업시간에 딴짓 하는 학생들이 크게 줄어든다면 어떨까요? 수업시간에 보람을 느끼고 학부모들의 신뢰도 얻을 수 있다면 어떨까요? 학교폭력도, 진상 학부모도, 교권침해도 크게 줄어든다면 어떨까요? 명예퇴직하고 싶은 마음은 사라지고 교육자로서 진정한 자부심을 느낄 수 있다면, 한 번 해볼 만한 일이 아닐까요?

수업부터 자습까지, 학습 사이클의 연결

학교 수업이 끝나고 학생이 집에 가서 복습을 해야 수업효과가 살아남습니다. 학교 수업은 대충 하고 학원에 가서 치밀한 관리를 받으면서 공부한다면 어떻게 될까요? 학교 수업에서 시작된 학생의 공부 사이클이 끊어집니다. 학교의 수업효과가 소멸되는 것입니다. 냉정하게 따져보면 학교를 떠나 학원으로 향하는 순간 교육부도, 교육과정도, 학교도, 교사도 사라지는 것 아닐까요? 그런 문제의식을 가지고 교사가 자신의 수업효과를 지키기 위해 노력할 필요가 있습니다.

학교의 수업효과를 살리고, 학생들이 과잉학습의 굴레에서 벗어나도록, 교사가 학생의 가정학습 기획자라는 새로운 역할을 자임해볼 것을 제안합니다. 시작은 어려울 수 있습니다. 하지만 교사의 수업에서 시작하여 학생의 자습까지, 학습 사이클이 잘 연결되면 그다음부터는 학생 스스로 리듬을 살려 잘 따라갑니다. 자연스럽게 수업이 살아나고 교사의 자긍심과 보람도 커질 것입니다. 교사와 학생이 만나는 시간들이 행복해질 것입니다.

교사가 자신의 수업효과를 책임지기 위해 노력하면 굳이 공교육 정상화나 교권 이야기를 하지 않아도 학부모들의 지지와 신뢰를 얻을 수 있습니다. 특히 현실적으로 교실 수업이 살아나려면 학부모들의 역할이 매우 중요합니다. 먼저 학교 수업을 통해 학생이 충분히 배우고 있다는 사실을 학부모들이 믿도록 해야 합니다.

"어머님, 제가 앞으로 자녀를 훌륭한 학습자로 만들어 드릴게요. 걱정하지 마세요. 인성교육이요? 다 교실에서 해결됩니다. 학력이요? 기본이지요."

학교에서 아무리 열심히 가르쳐도 학생이 학교에서 보내는 시간에 대한 부모의 믿음이 없으면 아무 소용이 없습니다. 학교에서 충분히 배운다는 믿음을 갖지 못한 부모는 아이를 학원에 보내 결국 학교의 수업효과를 무력화시킬 테니까요. 하지만 제가 이 책의 공저자인 정유진 선생님의 교실에서 확인한 것처럼, 학교에서 아이들이 충분히 배우고 훌륭하게 성장한다고 믿게 된 학부모들의 달라진 모습을 꼭 선생님들도 볼 수 있기를 간절히 소망합니다.

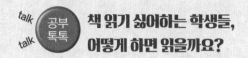

책 읽기 싫어하는 학생들, 어떻게 하면 읽을까요?

A교사

학생들이 국어나 사회 교과서에 나오는 이미지를 미리 잘 보는데, 삽화나 사진, 그림과 관련 설명을 보면서 궁금하거나 연상되는 걸 문장이나 이야기로 만들어보면 좋아요.

B교사

집에 가서 읽은 내용 중에서 중요한 부분을 다음 날 학교에서 발표할 기회를 만들어줍니다.

C교사

어디까지 읽어오라고 하고 나서, 다음에 나올 내용을 제가 틀리게 말한 다음에 찾아보도록 하는 방법이 재미있습니다.

D교사

학생들에게 자기가 좋아하는 책을 소개하도록 해요. 같이 읽어본 친구들의 질문에 답을 해주고 퀴즈 MC가 돼서 퀴즈를 내고 친구들에게 맞춰보게 하니까 되게 좋아하더라고요.

E교사

독서통장을 만들어서 매일 집에서 책을 읽고 한 줄만 써오게 하고 정성껏 체크해 줬어요. 책을 읽고 나서 '기억나는 한 줄'을 이야기하는 활동도 도움이 됐어요.

F교사

저도 1학기 때 함께 읽는 책을 정했어요. 2학기에는 좀 두꺼운 책을 골라서 제가 짬짬이 계속 읽어주려고 해요. 책을 다 읽으면 관련된 영화 보는 걸 파티처럼 하고요. 그리고 일주일에 한 번 정도 친구들의 책 추천 시간을 갖는 거예요. '내가 읽었던 책 중에서 재밌었던 것 추천하기' 책을 어려워하는 친구들에게는 그림책부터 좀 읽어주려고 해요.

G교사

'매일 10분만 읽어라.' 저는 많이 읽으라고 하기보다 조금씩 꾸준히 읽으라고 권해서 책읽기의 부담을 덜어줍니다. 외국 학교 사례를 보면 애들이 누워서도 책을 읽잖아요. 바른 자세로만 읽는 게 아니라 편한 자세로 읽을 수 있는 분위기를 조성해주면 좋을 것 같아요. 먼저 부모나 교사가 책 읽는 모습을 많이 보여주는 것도 필요하지요.

H교사

독서 교육을 열심히 하는 선생님이 있어요. 교실로 들어오면서 일부러 읽고 있던 책을 실수로 떨어뜨리는 연기를 한대요. 그러면 아이들이 질문을 한답니다. "선생님, 얼마나 재미있기에 걸으면서까지 보고 떨어뜨리세요?" "이 책이 너무 재밌어서 정말 계속 보고 싶어서 그래. 너희들도 같이 보면 좋겠다." 학생들의 책읽기 욕구를 자극되겠지요.

I교사

독서통장을 학급의 미션으로 해요. 학생들이 책을 한 권씩 읽을 때마다 독서 구슬이 쌓이는 거예요. 아예 안 읽는 아이도 쌓이는 구슬을 보면서 '나도 기여해야겠다' 생각하고, 한두 권씩이라도 읽게 되더라고요. 구슬 통장에 50개가 다 채워지면 학급 파티를 열거나 교실 공동체 놀이를 합니다. 함께하는 즐거움이 있으니까 동기 부여가 되는 것 같아요.

박재원

특히 교과서 읽기를 싫어하는 학생들에게 좋은 방법이 있습니다. 선생님이 수업을 시작하면서 미리 질문을 받고 좋은 질문을 한 학생을 칭찬해주면 어떨까요? 집에서 교과서를 미리 읽어보고 좋은 질문을 만들어 올 가능성이 높아집니다. 선생님이 좋은 질문 만드는 방법을 알려주어도 좋습니다. 교과서에 나오는 학습목표를 질문으로 바꿔보거나, 떠오른 생각을 질문으로 만들어보면 학생들이 평소 교과서에 관심을 가지고 자주 읽게 됩니다.

5

교실 학습법
: 선생님이 알려주는
공부 기술

예전에 인강 스타강사의 인기비결을 분석한 적이 있습니다.

우선 교과 전문성과 전달능력은 기본입니다.

화면학습의 한계를 뛰어넘을 수 있는 스토리텔링도 우수합니다.

연예인 이상으로 경쟁이 치열한 시장에서 승리하려면 다른 카드도 필요합니다.

바로 자신만의 방법론을 제시하여 수험생들의 불안한 마음을

희망으로 바꿀 수 있어야 합니다.

하지만 더 필요한 것이 있습니다.

경쟁관계에 있는 다른 강사들을 깎아내리는 데 성공해야 합니다.

학습법에도 '돌팔이'와 '명의'가 있습니다.

돌팔이에게 현혹되면 건강을 망치는데, 교육현장에서도 돌팔이들은

학생들의 삶인 학교생활의 중요성을 외면하고 교사를 무시합니다.

학생들이 학교에서 보내는 시간을 허송세월하면

돌이킬 수 없는 피해가 매우 심각한데 말입니다.

'교수법'과 '학습법'은 서로 연결될 때 가장 효과적입니다.

그래서 학습법 '명의'는 학교에서 나오는 게 맞습니다.

'사교육 위주의 학습법'보다 '공교육 중심의 학습법'이

입시경쟁에서도 우월하다는 사실을 입증할 수 있습니다.

이해관계가 틀어지면 떠나는 사교육이 아니라 최소 1년은 계속 만나는 공교육에서

'학습법'을 지도해야 제대로 할 수 있으니까요.

무엇보다 공교육은 개인의 이익을 위해 자신의 인기를 관리하는 것이 아니라

공부의 주체인 학생 중심의 접근을 할 수 있다는 점에서

학습법 명의의 조건을 갖추고 있습니다.

공부하고 싶은 마음을
일으키는 방법

교사들이 수업효과를 지키기 위해 꼭 학생들에게 전수해야 할 중요한 공부 기술이 있습니다. 바로 학생들이 공부하기 싫을 때 마음을 돌리는 방법입니다. 우리 사회에 공부하기 싫은 감정을 유발하는 요인은 차고 넘칩니다. 하기 싫은 공부를 억지로 하는 모습을 보다 못한 학부모들은 아이들을 대부분 사교육에 위탁합니다. 학교 밖에서 사교육을 받으면 학교 안의 수업효과는 위기를 맞습니다. 장기기억으로 전환되는 과정에서 반드시 필요한 학생들의 확인학습이 끼어들 틈을 주지 않아야 사교육은 생존할 수 있기 때문입니다.

　학생들도 우리 사회의 냉엄한 현실을 모르지 않기 때문에 나름 공부계획을 세우고 실천하기 위해 노력합니다. 하지만 언제 마음이 바뀔지 모릅니다. 학교에서 보낸 많은 수업시간의 효과를 낭비하지 않으려면 자습을 해야 하는데 자꾸 미룹니다. 해야 할 공부를 그때그때 할 수 있는 마음상태를 학생들에게 일으키는 방법을 오래 찾았습니다. 평소 선생님과 함께 연습할 수 있다면 큰 도움이 될 것입니다.

문제를 느낌에 따라 분류하기

공부가 하기 싫을 때는 학교에서 공부한 것을 다시 보고 싶지 않습니다. 하지만 문제를 푸는 것은 가능합니다. 답을 고르고 정답을 확인하는 과정이 게임과 유사하기 때문입니다. 하지만 문제집을 순서대로 풀면 금세 하기 싫은 마음이 강해질 수 있습니다. 먼저 문제를 쭉 살펴보면서 느낌에 따라 분류합니다.

> O: '쉽겠다'는 느낌이 드는 문제
> △: '고민스럽다'는 느낌이 드는 문제
> X: '너무 어렵다'는 느낌이 드는 문제

문제를 분류하는 과정도 게임처럼 가볍게 할 수 있습니다. 분류를 마치고 나서 처음에는 동그라미(O) 표시한 문제만 골라서 풀어봅니다. 대부분 잘 풀리니까 좋은 느낌이 따라옵니다. 하위경로로 옮겨간 뇌의 활성화 부위를 상위경로로 되돌리는 과정이라고 할 수 있습니다. 공부하기 싫다는 마음이 서서히 약해지면서 계속 공부할 가능성이 높아집니다.

관심 가는 내용부터 공부하기

관심은 배고픔과 비슷합니다. 식욕과 비슷하게 공부욕구를 유발하는 특효약이 바로 관심입니다. 무작정 관심도 가지 않는 내용을 놓고 공부를 시작하면 이내 공부하기 싫다는 감정이 강해집니다. 공부를 시작하기 전에 내용 전체를 가볍게 살펴봅니다. 재미없거나 어렵게 느껴지는 부분은 피하고 관심이 가는 내용에 초점을 맞춰 공부를 시작합니다. 관심이 충족되는 순간 뇌의 상위경로가 빠르게 활성화되고 공부모드가 시작됩니다.

메모리 카드, 클리어파일 다시 보기

쉽게 감당하기 어려운 큰 덩어리처럼 보이는 교과서나 교재를 보면 자신도 모르게 회피하고 싶은 마음이 강해집니다. 하지만 낱장으로 분리되어 있는 메모리 카드와 클리어파일을 보면 부담감에서 벗어날 수 있습니다. 막연히 공부하는 것이 아니라 한장 한장 넘겨가면서, 확인학습이 더 필요한 것과 더이상 필요 없는 것을 구분합니다. 부담스런 큰 덩어리를 잘게 쪼개면 공부 거부감에서 쉽게 벗어날 수 있습니다. '어려운 공부에 도전하라'는 말이 긍정적인 자극이 되는 경우는 공부 만족감을 충분히 경험한 일부 학생에게만 해당됩니다.

기분 전환하기

'공부해야지' 하면서도 몸과 마음이 따라주지 않으면 하위경로가 더욱 활성화됩니다. 지금 당장 공부하지 않아도 되는 이유를 찾아내 자기 합리화를 하고 공부와 멀어집니다. 뇌의 물리적인 상태가 학습을 방해할 때 흔히 나타나는 현상입니다. 먼저 '아, 내가 지금 공부하고 싶은 마음이 없구나' 알아차리는 것이 중요합니다. 뇌의 활동을 도와주는 산소 공급과 당분 섭취가 도움이 됩니다. 물을 마시고 가볍게 체조를 하거나 잠시 걷는 것도 효과적입니다. 스도쿠나 단어 퍼즐을 풀어도 도움이 됩니다.

저는 학창시절 공부하기 싫을 때마다 어렵게 산 사람들의 수기를 읽었습니다. 공부하기 싫은 감정이 하찮게 느껴지고 열심히 해야겠다는 의욕이 강해졌습니다. 공부하기 싫은 마음이 강해지는 순간에, 오히려 공부하고 싶은 마음을 키우는 방법은 개인마다 다릅니다. 학교에서 선생님이 관심을 가지고 자신만의 방법을 찾고 꾸준히 가다듬는 과정을 지도하면 학생의 인생이 바뀔지도 모릅니다.

유형별 학습법:
공부 스타일은 저마다 다르다

교사들의 수업 스타일 이상으로 학생들의 공부 스타일도 다릅니다. 앞서 1장에서 학습법의 과학적인 원리와 개인 학습법의 관계를 이야기한 것처럼, 우리 몸에 필수적인 성분은 과학적으로 분석되지만, 필수 영양소를 섭취하는 방법은 모두 다릅니다. 사람마다 선호하는 음식이 다르기 때문이지요. 학생들의 공부도 마찬가지입니다. 사람들의 외모가 모두 다르듯이 뇌의 개성도 저마다 다릅니다. 뇌의 개성을 억압하지 않고 살려주는 방식을 잘 찾아서 적절하게 활용할 때 학생들이 공부하는 과정이 순조롭습니다.

대치동 학원가에 있을 때 환불을 요구하는 학생들의 불만을 집중적으로 분석한 적이 있습니다. 표면적인 이유는 다양했지만 강사의 교수법과 학생의 학습법의 충돌에서 본질적인 원인을 찾을 수 있었습니다. 학원가에서는 스타강사가 되기 위한 치열한 세력 다툼이 벌어집니다. 강사효과를 찬양하는 세력과 비판하는 세력으로 갈리는 것이지요. 학생효과보다는 강사효과를 본능적으로 앞세워야 하는 사교육 강사들은 학생들의 공부개성을 존중하기 어렵습니다. 처음에는 다양한 공부개성을 가진 학생들이 같은 강의실에 모이지만, 점차 강사의 '교수개성'과 어울리는 '학습개성'을 가진 학생들만 남는 경향이 있습니다. 따라서 자신에게 주어진 특정 교수법에 잘 적응한 소수를 위한 것이 사교육이라면, 적응에 어려움을 겪는 다수에게도 도움을 줄 수 있는 곳이 공교육이라고 할 수 있습니다. 2장에서도 언급한 것처럼 학생들의 다양하고 독특한 학습개성에 관심을 기울이고 맞춤형 학습법을 지도하기에는 공교육이 훨씬 적합합니다.

학습자의 유형

인기몰이에 성공한 학습법은 세간의 관심을 집중시킵니다. 하지만 가장 효과적인 학습법은 인기 있는 학습법이 아니라 스스로 실험을 통해 자신에게 잘 맞는다고 느낀 학습법입니다. 자극적인 성공사례를 앞세워 사실상 학생들의 공부개성을 통제하는 사교육 시장의 논리에 맞서 학습법의 다양성을 지키기 위해 노력하는 과정에서 인상적인 연구결과를 발견했습니다. 독일에서 한 실험이었는데, '압력은 면적에 반비례한다'는 사실을 학생들이 이해하는 과정을 실험했더니 뚜렷한 차이를 보였습니다. 실험결과 네 가지 학습자 유형이 확인되었습니다.

1. 선생님의 설명을 들어야 잘 이해하는 학생
2. 관련 실험을 해봐야 잘 이해하는 학생
3. 직접 감각적으로 느껴봐야 잘 이해하는 학생
4. 공식만 가지고도 잘 이해하는 학생

교수법에서 많이 활용하는 '교사의 설명과 실험이 도움이 되는 학생'들이 많았지만, 일부는 공식만으로도 잘 이해했습니다. 어떤 학생들은 직접 자신의 피부를 자극해 감각을 느껴본 다음에야 비로소 이해했습니다. 뾰족한 걸 누르니까 아프고, 뭉툭한 걸 눌러보니 덜 아프다는 사실을 체험하고 나서야 압력과 면적은 반비례 관계에 있다는 사실을 이해한 것입니다. 이처럼 사람마다 이해하는 방식이 다르기 때문에 어떤 학생에게는 쉬운 방법이 다른 학생에게는 어려울 수 있습니다. 배움의 속도가 다르고, 관심이 다르고, 선호하는 공부방법이 다르다는 개별화교육의 필요성은 현장에서 학생들을 만날 때마다 절실히 느낍니다.

개별화교육은 교수법으로 시작해서 학습법으로 완성된다고 할 수 있습니다. '유형별 학습법'을 집중 연구한 적이 있습니다. 서양 버전의 다중지능이론부터 동양 버전인 사상체질 학습법, 혈액형 학습법까지 학생들이 쉽게 활용할 수 있는 방법을 개발하기 위해 노력했습니다. 하지만 교수법과 따로 노는 학습법은 한계가 분명했습니다. 학생들은 대부분의 시간을 학교에서 수업을 받으면서 보내기 때문입니다. 수업을 담당하는 교사들이 관심을 가지고 자신의 교수법과 어울리는 학습법을 지도하는 것이 가장 효과적일 수밖에 없습니다. 또한 다양한 학생들이 모여 있는 학교 교실에서 유형별 학습법을 지도해야 제대로 할 수 있다는 판단도 하게 됐습니다. 단기간의 성과에 매몰될 수밖에 없는 사교육과 달리 학생들에게 교육적으로 의미 있는 다양한 활동을 할 수 있는 곳이 바로 학교 교실입니다. 집단의식을 발휘해 서로 돕다보면 학교 교실이 진정한 학습공동체로 발전할 수 있습니다. 유형별 학습법에 대해 자세하게 다루기에는 지면의 한계가 있어서 교사들이 흔히 놓치기 쉬운 학생들의 공부개성을 중심으로 핵심만 짚어보겠습니다.

성격별 공부법

저도 처음에는 공부에 유리한 성격과 불리한 성격으로 구분했습니다. 조용한 곳에서 차분하게 공부에 집중하는 전형적인 모습에 사로잡혀서 사회적으로 권장되는 학습법에 맞게 학생의 성격을 바꾸기 위해 무리하게 요구한 적도 있습니다. 하지만 지금은 각각의 성격에 맞는 학습법을 찾아주기 위해 노력합니다. 현실에서 효과적으로 쉽게 활용할 수 있는 유형별 학습법입니다.

1) 내성적인 유형 & 외향적인 유형

내성적인 유형은 혼자 공부해도 별 어려움이 없습니다. 스스로 공부계획을 세우고 실천하는 것도 어렵지 않습니다. 자신과의 약속이라는 관점에서 공부 목표와 계획을 정하고 실천하도록 하면서 중간 중간 점검해주면 잘 따라오는 편입니다. 반대로 관계를 중시하는 외향적인 유형은 공부 목표와 계획을 교사와 함께 정하는 것이 필요합니다. 다른 사람하고 한 약속을 지켜야 한다는 생각이 동기부여가 되기 때문인데 혼자일 때보다는 친구들과 함께 있는 공간에서 공부가 잘 되는 편입니다. 교재만 보기보다는 동영상을 함께 활용하면 효과적입니다.

2) 꼼꼼한 유형 & 덜렁대는 유형

꼼꼼한 유형은 이해하는 과정에 집착해 너무 진도가 느린 단점이 있습니다. 아무리 지적해도 잘 받아들이지 않습니다. 이 유형은 문제를 풀어보고 나서 부족한 점을 하나하나 공부하는 방식이 도움이 됩니다. 반면 덜렁대는 유형은 주마간산 식으로 넘어가면서도 아무런 문제가 없다고 생각합니다. 가급적 자신이 공부한 내용을 요약·정리하는 과정을 거쳐야 단점을 보완하기가 쉽습니다. 꼼꼼한 사람은 복습 중심으로 공부해야 효과적이고, 덜렁대는 사람은 예습을 하는 것이 도움이 됩니다.

3) 깊이 생각하는 유형 & 폭넓게 생각하는 유형

2장에서 다룬 '언어적 사고, 수리적 사고'의 차이와 깊이 연관됩니다. 한 가지 문제를 깊이 생각하는 유형은 보통 수학에 강한 편입니다. 원리 이해 중심으로 공부하면 문제를 많이 풀지 않아도 됩니다.

반대로 영어나 국어 과목은 가급적 문제를 많이 풀어보고 오답요인을 분석하고 반복학습을 해야 학습효과가 지속됩니다. 폭넓게 생각하는 유형은 영어와 국어에 강한 편인데 세부 정보를 몰라도 전체적인 문맥 파악이 가능하기 때문입니다. 수학은 많은 문제를 풀어야 하고, 틀린 문제를 꼼꼼하게 분석하고 유형별 오답노트를 만들어야 합니다. 아무리 원리적으로 이해가 되었다 하더라도 취약 유형의 풀이 과정을 암기해야 실전에서 틀리지 않습니다.

교사가 자신과 뚜렷하게 대비되는 성격을 가진 학생을 만나면 부정적으로 대할 가능성이 높습니다. 자신도 모르게 문제학생이라는 혐의를 가지고 만나면 가르치는 사람과 배우는 사람의 관계는 쉽게 위기에 빠집니다. 이혼 사유로 자주 거론되는 성격 차이는 보통 갈등을 유발합니다. 하지만 성격의 차이를 서로 존중해야 할 개성으로 인식하고 소통하기 위해 노력하면 양상이 달라집니다. 교사와 학생 모두의 자존감을 강화시키는 효과를 기대할 수 있습니다. 흔히 학창시절을 회고하면서 진정한 스승을 이야기합니다. 대체로 약점이 잡혀 자주 공격당했던 자신의 독특함을 감싸주고 오히려 존중했던 선생님을 진정한 스승으로 그리워하는 경우가 많습니다.

나만의 감각 살리기

학생들마다 발달한 감각이 조금씩 다릅니다. 어떤 감각을 사용해도 어려움 없이 공부할 수 있지만 선호하는 감각이 억압당하면 공부하는 과정이 너무 어렵게 느껴지는 경우도 있습니다.

1) 시각 선호형

얼굴 표정으로 자기 감정을 드러냅니다.

옷을 고를 때 디자인과 색상을 중시합니다.

사람의 얼굴 모양새를 잘 기억합니다.

어떤 장소를 찾거나 물을 때 지도를 주로 사용합니다.

책읽기, TV나 영화 시청을 즐깁니다.

효과적인 학습법

수업내용을 머리에 그려보는 과정이 필요하다. 교과서에 나오는 내용을 단편적으로 공부하는 것이 아니라 전체적인 연관관계를 시각적으로 파악할 수 있는 기회가 필요하다. 교사가 판서한 내용을 그대로 옮겨 적는 것보다는 자신이 나름대로 이해한 결과를 시각적으로 표현할 수 있는 시간이 필요하다. 마인드맵을 그리면 효과적이다. 여러 색깔의 필기도구를 사용하면 도움이 된다.

2) 청각 선호형

목소리로 자신의 감정을 표현합니다.

옷을 고를 때 유명 브랜드를 선호합니다.

사람의 얼굴보다 이름을 잘 기억합니다.

어떤 장소의 위치를 말로 설명하거나 파악하는 데 어려움을 느끼지 않습니다.

음악, 연극, 라디오를 선호합니다.

공부하는 내용을 음성으로 접할 때 잘 집중하고 이해력도 높아진다. 교사가 판서한 내용도 눈으로만 보는 것이 아니라 소리 내어 읽는 것이 도움이 된다. 노트에 기록하는 것보다는 여러 번 읽는 것이 효과적이다. 노트 필기에 들이는 시간과 노력은 가급적 줄이고 자신의 언어로 말을 해보는 것이 좋다. 공부한 내용을 녹음했다가 복습할 때 활용하면 효과적이다. 노트 필기 대신 교과서에 밑줄을 치거나 요약본을 활용하는 것이 더 효과적이다.

3) 운동감각 선호형

몸을 움직여 자신의 감정을 표현합니다.

옷은 주로 스타일이나 상표보다 재질의 감촉과 편안함을 중심으로 선택합니다.

사람의 얼굴이나 이름보다 함께했던 추억들을 잘 기억합니다.

어떤 장소의 위치를 물어오면 직접 안내하는 경우가 많습니다.

효과적인 학습법

수업시간에 몸을 움직이지 못하면 집중하기가 어렵다. 수업을 방해하지 않고 몸을 움직일 수 있는 가장 좋은 방법은 선생님의 수업내용을 받아 적는 것이다. 선생님의 판서를 노트에 적는 것이 아니라, 선생님의 설명을 그대로 낙서하듯이 받아 적으면서 몸을 움직이는 것이 필요하다. 무의식적으로 발을 떠는 경우가 있는데 스폰지를 바닥에 깔고 마음껏 하도록 했더니 한결 집중을 잘 했다. 몸을 움직일 수 있는 기회가 많을수록 뇌가 활성화되는 유형이다.

교사가 주도하는 주입식 수업에 잘 적응하는 유형의 학생은 제한적입니다. 수업시간에 다양한 활동을 하면서 모든 감각을 골고루 활용할 수 있는 기회가 제공되어야 합니다. 특히 운동감각이 뛰어난 유형의 학생들이 종종 문제를 일으킵니다. 미국에서 교도소 재소자들을 대상으로 조사했더니 대부분 '운동감각 선호형'이었다고 합니다. 수업시간에 몸을 움직이지 못하니까 공부하기가 어렵고 결국 학교생활에 실패해 범죄자가 되었다는 분석이 가능합니다. 교사들이 공부개성을 이해하고 존중하면 수업에 충분히 참여할 수 있는 학생들이 자신의 감각이 억압당하는 느낌 때문에 의도치 않게 수업을 방해하는 것처럼 보이는 것은 아닌지 살펴볼 일입니다.

자신에게 강한 지능 활용하기

I.Q.는 검사 영역이 제한적일 뿐 아니라 지나치게 우열의 관점을 부추깁니다. 반면 다중지능이론은 인간 존중의 철학을 담고 있습니다. 사람 지능의 총량에는 큰 차이가 없지만 전체를 구성하는 각 지능의 비율이 다를 뿐이라고 합니다. 교육학에서는 사람들에게 나타나는 다양한 차이를 우열이 아닌 다름의 관점에서 보라고 강조합니다. 다중지능을 활용한 교수법이나 학습법은 많이 보급되어 있어 생략하고, 대신 EBS 다큐멘터리*에서 다룬 두 가지 내용을 소개합니다.

첫째, 사회적으로 성공한 사람들은 각 분야에 필요한 강점지능과

* EBS 다큐프라임 〈아이의 사생활〉 4부 다중지능

함께 자기이해지능이 공통적으로 발달했다고 합니다. 스스로 자신을 이해하는 능력, 바로 메타인지가 잘 돼야 공부를 효율적으로 할 수 있다는 연구결과와 맞아떨어집니다. 어떻게 해야 자기이해지능의 발달을 도울 수 있을까요? 앞에서도 이야기한 것처럼 다양성이 살아 있는 교실에서 학생 사이의 왕성한 상호작용이 가장 효과적입니다. 개인적으로는 일기쓰기가 좋은 방법인데, 부모보다 다양한 방법을 동원할 수 있는 교사가 관심을 가지고 지도하는 것이 더 쉬울 것 같습니다.

다음은 강점지능을 활용한 약점지능 보완법입니다. 다중지능이론에서는 약점 지능도 발달시킬 수 있다고 보는데, 그 실험 사례입니다.

사례 1

강점지능: 대인관계지능
약점지능: 자기이해지능
해결방법: 강점지능인 대인관계지능을 활용해서 가족회의를 주도한다. 가족끼리 대화를 나누는 과정에서 자연스럽게 자신을 이해할 수 있는 기회가 생긴다.

사례 2

강점지능: 신체운동지능
약점지능: 시각-공간지능
해결방법: 강점지능인 신체운동지능을 충분히 발휘할 수 있는 야외활동을 하면서 사진촬영을 한다. 사진을 찍을 때마다 구도를 잘 잡기 위해 노력하는 과정에서 자연스럽게 시각-공간지능을 활용한다.

강점지능: 시각-공간지능

약점지능: 대인관계지능

해결방법: 양로원 건물의 빈 공간을 시각적으로 꾸미도록 한다. 양로원에 계신 할아버지, 할머니들의 칭찬을 듣는 과정에서 자연스럽게 대인관계지능을 자극받는다.

강점지능: 음악지능, 자연친화지능

약점지능: 언어지능

해결방법: 자연친화적인 성향에 따라, 자신이 좋아하는 강아지를 주제로 글을 쓰도록 한다. 강아지를 묘사하고 자신의 감정을 표현하기 위해 노력하는 과정에서 자연스럽게 언어지능을 활용한다.

EBS의 실험은 개인의 단점을 보완하는 훌륭한 방식을 알려줍니다. 하지만 다중지능 역시 개인적으로가 아니라 사회적으로 활용해야 진정한 의미를 살릴 수 있다고 생각합니다. 대부분의 학습법이 성적 경쟁에서 이기기 위한 개인적인 동기에 매몰되어 있습니다. 약점지능을 개인적인 노력으로 극복하는 방식이 아니라 교실공동체에서 강점지능을 가진 학생의 도움을 받아 협력관계에서 해결하는 방식이 훨씬 효과적입니다. 또한 자신의 약점지능을 친구가 보완해주는 방식을 집단적으로 실행하는 과정이 바로 민주시민교육이자 미래교육이라고 할 수 있습니다. 교실을 학습공동체로 발전시키는 사회적 동기는 경쟁교육에 사로잡혀 작은 차이가 차별의 빌미가 되고 있는 현실에서 매우 소중합니다. 'OECD 교육 2030'(The OECD Learning Framework 2030)

프로젝트의 중간 결과물로 나온, 미래 핵심역량도 다양성이 살아 있는 교실에서만 기를 수 있습니다.

새로운 가치 창조하기: 혁신, 협동·협업, 적응력, 창의성, 호기심, 열린 마음
긴장과 딜레마 해소하기: 욕구와 입장 이해, 시스템적 사고, 균형·절충점 찾기
책임감 가지기: 행동 결과 예측과 평가, 도덕적·지적 성숙도, 성찰, 조절·통제

특히 개인적인 성취를 여전히 중시하는 현실에서 유형별 학습법을 잘 활용하여 교실에서 집단적으로 성적 향상을 이루어낸 경험이 우리 사회에 차곡차곡 쌓인다면, 경쟁교육의 속박에서 벗어날 날도 멀지 않을 것 같습니다. 덧붙여 현직 교사들이 제안하는 유형별 학습법을 소개합니다. '다시 공부를 생각하다'라는 부제가 달린 〈교실 속 학습코칭〉*에 소개된 학습자 유형 관련 내용입니다.

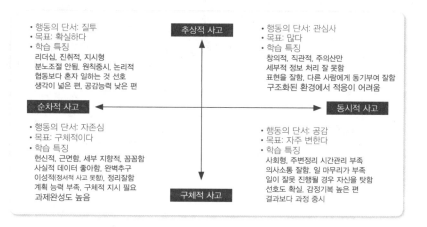

---

* 김선자, 김현미, 백수연 외 4명 저 한국협동학습센터

사교육은 책임교육기관이 아니기 때문에 학생들이 언제든지 떠날 수 있습니다. 학생을 지도하면서 발생한 다양한 기록은 학원을 옮기면 대부분 사라집니다. 계속 보관하거나 다른 학원에 전달할 필요가 없기 때문입니다. 반면 학교에서는 학생 관련 기록이 계속 누적됩니다. 학생의 학습유형과 같은, 학습자로서의 특성을 제대로 기록하고 활용하면 큰 효과를 거둘 수 있습니다. 교육행정 정보시스템-나이스 (NEIS)에 관련 항목이 만들어져 학생을 지도한 여러 선생님들의 경험이 집약되고 새로 가르치는 선생님이 활용하는 방식을 생각해봅니다. 공교육이 조금만 학습자 중심의 사고를 하면 사교육을 능가하는 경쟁력을 충분히 갖출 수 있다고 판단합니다.

올바른
개념 학습법

선생님이 칠판에 '베드bed, 레스트rest, 어웨이크awake, 타이어드tired' 4개 단어를 쓰고 암기하라고 했습니다. 한참 있다 학생들에게 기억나는 단어를 써보라고 했더니, 적지 않은 학생들이 '슬립sleep'이란 단어를 썼습니다. '슬립sleep'이란 단어는 칠판에 없었는데 말입니다. 4개의 단어와 의미가 연결되는 'sleep'이라는 단어가 실제 제시한 단어들과 비슷한 비율로 기억된 것입니다.

이 실험은 사람의 기억이 단순한 암기가 아니라는 사실을 입증합니다. 사람의 기억은 작업기억에서 정보를 처리한 결과라고 했습니다. 칠판에서 작업기억으로 입력된 단어의 의미를 파악하기 위해서는 장기기억에 저장되어 있는 배경지식을 끌고 와야 하는데, 그 과정에서 'sleep'이 저장되어 있는 뇌 신경세포의 연결망이 자극을 받았기 때문이라고 설명할 수 있습니다. 사람의 기억은 외부의 정보를 그대로 복사하는 것이 아니라 기억의 주체인 뇌가 적극적으로 반응한 결과물이기에 다분히 주관적일 수밖에 없습니다. 다음 그림을 볼까요.

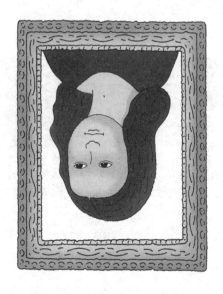

이 그림의 주인공은 누구인가요? 대부분 '모나리자'라고 말합니다. 그런데 진짜 모나리자가 맞을까요? 그림을 거꾸로 돌려보면 모나리자와 비슷하지만 다른 사람입니다. 옆쪽을 보시기 바랍니다. 그림을 보자마자 작동하기 시작한 작업기억의 정보 처리 결과는 이미 뇌에 저장되어 있는 모나리자 이미지에 큰 영향을 받습니다. 어떤 새로운 사실을 받아들일 때 흔히 벌어지는 일입니다. 새로운 정보 자체를 있는 그대로 이해하는 것이 아니라 새로운 정보가 뇌를 자극한 결과를 가지고 이해가 되면 알겠다는 느낌이 듭니다. 문제는 그 과정에서 결함이 생길 가능성이 높다는 사실입니다. 학생들이 전혀 모르는 개념을 공부하면 관련 배경지식이 부족하기 때문에 처음에는 모르거나 부분적으로밖에 이해가 안 됩니다. 하지만 부분만 이해가 돼도 '알겠다'는 느낌이 들면 넘어갑니다. 아는 것이 거의 떠오르지 않는 '무개념' 상태에서는 답답하고 '모르겠다'는 느낌이 들어 계속 공부해야 한다고 생각하지만 조금이라도 아는 것이 떠오르면 대충이지만 안다는 느낌이 들어 더 공부할 필요가 없다고 생각합니다.

특히 공부의 자발성을 이미 잃은 수동적인 학습자들은 조금만 아는 느낌이 들면 그냥 넘어갑니다. 계속 개념 공부를 해도 여전히 '오개념'인 이유가 잘 설명됩니다. 특히 수학이나 과학에서 중요한 필수 개념을 처음부터 정확하게 이해하기는 어렵습니다. 부분적인 이해 또는 주관적인 이해에 해당하는 개념의 결함을, 책이 아니라 자신의 기억에서 발견하고 제거했을 때 비로소 가능합니다.

일상개념

수학에서 '삼각형 abc'가 나오면 어떻게 해야 할까요? 삼각형에 대한 수학적 정의를 떠올려야 합니다. 삼각형의 정의를 정확하게 회상하고 있는 상태에서 문제를 읽으면 식을 세우는 데 필요한 단서를 찾을 수 있습니다. 그런데 학생들은 흔히 '삼각형 abc'를 보면 먼저 일상적으로 기억하고 있는 삼각형 모양이 떠오릅니다. 수학적 정의를 알고 있다고 해도 필요한 순간에 떠올리지 않기 때문에 무용지물입니다.

문제를 풀 때 순간적으로 학생 뇌의 작업기억에 있으면서 활성화되는 지식이 문제 해결의 단서가 됩니다. 만약 그것이 정확한 수학적 개념이 아니라면 당연히 문제를 풀 수 없습니다. 선생님의 설명을 들으면서 곧바로 작업기억으로 끌어온 정보는 정확하기 때문에 문제를 이해하는 데 어려움이 없습니다. 하지만 그런 외부의 단서가 없는 상태에서 학생의 작업기억에 활성화된 정보는 일상적인 것으로, 정확하지 않기 때문에 문제가 풀리지 않습니다. 설명을 들으면 이해할 수 있는 문제를 혼자서는 풀지 못하는 현상을 집중적으로 연구한 결과이기도 합니다.

학습자가 실제 문제를 풀 때 떠오르는 지식은 대부분 결함을 갖고 있다는 사실을 쉽게 설명하기 위해 '일상개념'이라는 용어를 만들었습니다. 수학의 '허수' 같은 용어를 처음 접하면 아무것도 떠오르는 게 없기 때문에 일상적인 지식의 개입이 발생하지 않습니다. 처음부터 정확하게 개념을 이해하고 장기기억으로 만드는 데 별다른 장애가 생기지 않습니다. 하지만 '원A'를 보는 순간, 이미 알고 있는 '원' 모양이 떠올라 안다는 느낌이 들어서 그냥 넘어갑니다. 수학적 개념이 필요한 상황에서 일상적 개념을 사용한 것입니다.

오개념과 정개념

특히 수학에서는 대부분 '오개념'을 거쳐서 '정개념'으로 갑니다. 학생들은 새로운 수학적 개념을 공부할 때 안다는 느낌이 들면 그냥 넘어가는 경향이 있습니다. 다분히 주관적인 이해임에도, 정확하게 말하자면 분명 오해인데 안다고 끄덕거립니다. 오해도 이해의 한 종류입니다. 아예 모르겠으면 배워야 한다는 생각이 듭니다. 하지만 오해와 정확한 이해를 구분하지 못하면 공부의 필요성도, 뭘 공부해야 할지도 모르는 상태가 됩니다. 수학에서 특히 치명적입니다. 오래 수학공부를 했지만 여전히 기본개념을 다시 공부하게 되는 이유입니다. 학생들에게 수학은 잘못 알고 있는 개념을 계속 고쳐가는 과정입니다.

오개념을 고치는 방법

'정개념'으로 교정하는 과정을 거치지 않으면 결국 '오개념'을 가지고 문제를 풀게 됩니다. 당연히 안 풀리거나 틀릴 수밖에 없지요. 영어단어도 '오개념'이 종종 문제를 일으킵니다. 예를 들어 'Go, Take'와 같은 단어는 중의적입니다. 그런데 문장을 해석하면서 자신도 모르게 다른 용례의 뜻을 적용합니다. 문장에서 가장 중요한 동사의 의미가 빗나가면 제대로 해석할 수 없습니다. 일이 진행되는 과정을 의미하는 Go를 보면서 장소 이동의 의미를 떠올리면 정확한 독해를 할 수 없지요. 따라서 자신이 현재 알고 있고, 실제 문제해결에 적용하는 개념이 '정개념'인지, '오개념'인지 확인하는 과정을 반드시 거쳐야 합니다.

거듭 얘기하지만 특히 공부에 수동적인 학생, 주로 사교육의 도움을 많이 받은 학생들은 막연하게 안다는 느낌이 들면 그냥 넘어가는 경향이 강합니다. 친절하고 자세한 설명을 들으면 정확하지 않지만 안다는 느낌이 강해져 자신의 뇌에 기억되어 있는 것은 분명 '오개념'이지만 그냥 넘어가기 십상입니다. 자신이 알고 있는 것이 정확한지 아닌지 확인할 기회를 갖지 못하고 그냥 넘어갑니다. 공부시간이나 학습량은 부족하지 않지만 머리에 불량품만 잔뜩 쌓이면 점점 자신감이 떨어집니다. 한발 한발 나아가는 것이 아니라 늪에 빠져 허우적거리는 느낌이 들면 공부 피로감만 쌓이고 의욕을 잃어버립니다.

강남에서 재수학원 원장을 할 때 경험한 일입니다. 무슨 설명을 하면 많은 학생들이 다 아는 내용이라고 시큰둥한 반응을 보였습니다. 하지만 아는 내용을 직접 설명해보라고 했더니 말을 얼버무리면서 당황했습니다. 사교육 덕분에 모르는 게 없지만 제대로 아는 것도 없는 학생들이 즐비했습니다.

단지 알고 있다는 느낌에 머물지 않고 말이나 글로 표현해보면 '오개념'임을 금방 알 수 있습니다. 수동적인 이해에 머물지 않고 안다고 느끼는 것들을 표현해볼 수 있는 기회를 주어야 합니다. 발표나 토론 과정이 필요하고, 공부 친구가 있어 상대방을 이해시키기 위해 노력하다 보면 자연스럽게 '정개념'이 자리 잡습니다. 또 친구끼리 '오늘 공부한 내용 설명해보기'를 하면 큰 도움이 됩니다.

혼자 공부할 때는 이미 공부한 내용을 보지 않고 떠올려봐야 합니다. 교재나 설명을 보는 순간 외부에서 들어온 내용과 자신이 기억하고 있는 내용이 순식간에 섞여 쉽게 구분되지 않습니다. 장기기억에 저장된 내용은 오개념이지만 외부에서 들어온 내용과 함께 정보를 처리하면 정확하게 안다는 착각이 일어납니다. 따라서 교재나 강의 같은 외부의 단서가 없는 상태에서 자신이 기억하고 있는 내용을 점검하는 과정이 필요합니다.

사교육이 선행학습을 선호하는 이유

사교육은 주로 진도 경쟁을 부추깁니다. '오개념'인지 '정개념'인지 확인하고 보완하는 노력은 생색내기가 쉽지 않습니다. 눈에 잘 보이지 않기 때문에 공치사가 어렵습니다. '누구는 어디까지 선행했는데…'라고 해야 경쟁의식을 불러일으킬 수 있습니다. 사교육은 학생들이 얼마나 제대로 공부하는지 관심을 기울이기 어렵습니다. 같은 진도를 공부했지만 학생들마다 '오개념'은 모두 다를 수밖에 없습니다. 스스로 하나하나 확인하는 수밖에 없습니다. 일종의 개별화교육을 해야하는데, 학생 개인에게 초점을 맞추면 반 구성이 어렵습니다. 수익을 내기 위해서는 일정 수 이상을 함께 가르쳐야 하기 때문에 개별화교육은 사교육 입장에서는 기피대상이지요.

선행학습을 시키면 편리하게 많은 학생들을 한 반에 모을 수 있습니다. 모든 학생들에게 공통 진도를 나갈 수 있습니다. 또한 학교 진도에 맞춰 지도하면 학교에서 실시하는 정기평가를 통해 자신들도 평가를 받습니다. 학원에서 가르치는 시점과 학교에서 평가하는 시점이 멀리 떨어질수록 책임회피가 쉬워집니다. 어떤 명분을 대더라도 선행학습은 사교육에 최적화되어 있는 교육방식입니다. 다시 강조하지만 사교육은 주로 진도를 미리, 빨리 나가는 것을 경쟁력으로 삼습니다. '정개념'을 위해 반드시 필요한, 확인하고 점검하는 과정은 생략될 가능성이 매우 높습니다.

새로운 내용을 배우는 것도 중요하지만 자기 학년에 맞게 천천히 진도를 나가면서 하나하나 '오개념'을 교정해야 학생들은 실력을 기를 수 있습니다. 진도는 수단이고, 목적은 기억입니다. 기억하고 있는 내용이 정확해야 실력이 됩니다. 아무리 진도를 미리, 빨리, 여러 번 나가도 '오개념'만 쌓이면 아무 소용이 없는 것이지요. 오히려 역효과에 시달립니다. 자기 개념의 완성도, 정확성이 떨어진다는 사실을 본인도 어렴풋이나마 느낍니다. 하지만 어디에 개념적 결함이 숨어 있는지, 불량품을 찾아내기가 쉽지 않습니다. 공부를 하긴 해야겠는데 어디서부터 다시 손을 대야 할지 막막합니다.

초등학교부터 정확한 개념과 지식을 차곡차곡 쌓다보면 든든한 배경지식이 되어 어느 순간 공부에 탄력이 붙습니다. 가르치는 것으로 끝나는 것이 아니라 '정개념'이 되도록 지도해야 합니다. 학교 교실에서 이루어지는 다양한 활동은 학생들이 공부한 내용을 다양하게 활용하고 확인하는 과정으로 기획되어야 합니다. 선행학습으로 치닫는 사교육을 극복하는 방법은 공교육이 '완전학습'을 추구하는 것입니다. 교과 진도를 100퍼센트 완벽하게 공부하는 것을 의미하는 것이 아닙니다. 학생들이 자신의 속도에 맞게 공부하지만 공부한 내용만큼은 100퍼센트에 가깝게 정개념이 될 수 있도록 하자는 겁니다. '오개념' 투성이인 80점과 '정개념'만으로 받은 60점의 미래는 큰 차이가 있습니다. 80점은 정체하다가 하락할 가능성이 다분하지만 60점은 70점, 80점, 90점으로 계속 성장할 가능성이 매우 높습니다.

뇌는
스토리를 좋아한다

교사의 교수행위는 학생의 학습이 성공했을 때 비로소 목적을 이루었다고 할 수 있습니다. 만약 교사의 수업내용이 학생의 기억에 정착하지 못하고 사라졌다면 어떻게 되는 걸까요? 흔히 기억력이 좋다는 말은 그 사람 뇌의 성능이 좋다, 선천적인 재능이 뛰어나다는 의미입니다. 또 기억을 잘 하려면 열심히 외워야 한다고 합니다.

우리 사회는 기억을 주로 재능과 노력의 측면에서 이야기합니다. 하지만 기억을 만들기 위해 사용하는 방법이 훨씬 중요합니다. 불수의 기관인 사람의 뇌에서 작동하고 있는 기억 시스템과 충돌하지 않는 방법을 사용해야 기억을 잘 만들 수 있습니다. 감각기억-작업기억-장기기억 시스템 못지않게 중요한 '기억의 경로'를 제대로 이해할 필요가 있습니다.

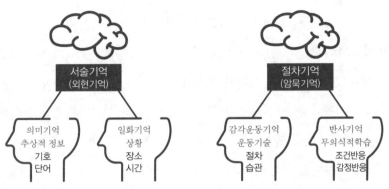

기억경로의 유형*

생활하면서 경험한 것을 기억하고 회상하는 일은 어렵지 않습니다. 가령 "지난주 일요일에 뭐 했어?"라고 물으면 누구나 일화기억을 가동해서 쉽게 답할 수 있습니다. 일화기억이 강력한 이유는 온몸으로 경험한 생생한 정보들이어서 뇌를 강하게 자극한 결과이기 때문입니다. 일화기억은 장기기억으로 전환되는 과정에서 특별한 노력이 없어도 자연스럽게 만들어집니다. 하지만 일화기억에도 문제는 있습니다. 많은 기억들이 계속 쌓이면 예전 기억들은 서서히 희미해지면서 아련한 추억으로만 남습니다.

우리가 보통 지식이라고 말하는 것은 의미기억입니다. 교실에서, 책에서 배우는 것들의 대부분이 의미기억의 대상입니다. 시험 역시 상당 부분 의미기억을 평가합니다. 한마디로 의미기억을 가르치고 배운

---

* 〈뇌기반 수업원리 10〉 한국뇌기반교육연구소, 91쪽

다고 할 수 있습니다. 일화기억과 달리 의미기억은 쉽게 만들어지지 않습니다. 앞에서 살펴본 것처럼 장기기억으로 전환되는 과정을 충실히 밟아야 합니다. 임계 학습량을 넘기면 장기기억 상태의 의미기억이 되는데, 한 번 만들어지면 일화기억과 달리 매우 안정적이고 튼튼하게 유지됩니다. 시간의 흐름도 잘 이겨냅니다. 자기 가족도 몰라보게 된 기억상실증 환자가 수학문제는 여전히 잘 풉니다.

의미기억은 현실에 존재하지 않는 개념과 지식이 대부분이기 때문에 생생하게 경험하기 어렵습니다.(최근 뇌기반학습 연구자들은 의미기억을 일화기억처럼 학습할 수 있는 방법을 연구하고 있습니다.) 일화기억과 비교하면 학습자의 뇌를 자극하는 범위와 강도가 크게 떨어집니다. 따라서 대표적인 의미기억인 개념적인 지식들을 그대로 기억하는 것은 비효율적입니다.

어떻게 하면 의미기억과 일화기억의 장점을 결합시킬 수 있을까, 오래 궁리했습니다. 바로 '스토리텔링'이 가장 효과적이라는 결론에 도달했습니다. 날것 그대로가 아니라 입맛 돋우는 '레시피'로 요리하면 맛도 좋고 소화도 잘되듯이, 의미기억의 대상이지만 일화기억과 유사한 이야기 구조로 만들면 기억하기가 수월해집니다. 일화기억은 대부분 육하원칙을 적용해 쉽게 설명할 수 있는 이야기 구조를 가지고 있습니다. 교육과정에서 배운 의미기억에 해당하는 내용들을 소재로 삼아 하나의 이야기를 만듭니다. 그리고 그 이야기를 누군가와 함께 나누는 순간, 일화기억처럼 잘 기억됩니다.

교과서에서 이야기를 찾아내자

뇌는 전체와 부분을 동시에 지각하면서 이해하기 때문에 이야기 구조를 좋아합니다. 동화, 만화, 소설책은 한 번만 읽어도 줄거리를 기억할 수 있습니다. 이런 책들은 전체적인 이야기 구조가 자연스럽게 기억되면서 이야기의 소재가 되는 개별적인 내용도 함께 잘 기억됩니다. 좌뇌는 단편 정보를 처리하고, 우뇌는 전체적인 맥락, 바로 이야기 구조를 파악하는 것으로 알려져 있습니다. 좌뇌가 처리하는 개별 정보가 우뇌가 파악한 이야기 구조에 잘 연결되지 않을 때 거부반응이 일어납니다. 답답하다, 복잡하다, 혼란스럽다 등의 느낌이 바로 거부반응이라고 할 수 있습니다. 거부반응이 일어나면 작업기억에서 진행되는 정보처리 과정이 어려움을 겪게 되고 단기기억 상태에 머물다가 사라질 가능성이 높습니다.

최근에 많이 달라지기는 했지만 교과서는 여전히 학문적 구조를 가지고 있습니다. 사실 교과서의 내용은 대부분 이야기 구조에 포함됩니다. 어떤 개념이나 지식의 형성 과정이 바로 하나의 이야기이기 때문입니다. 하지만 학생이 혼자 공부하면서 많은 내용을 압축한 교과서에서 이야기 구조를 찾아내기는 어렵습니다. 설명이 쏙쏙 들어온다는 말은 그 선생님이 나름대로 구성한 이야기 구조에 학생들이 반응한 결과입니다.

문제는 평소 많은 학생들이 이야기 구조와 무관하게 개별 정보들을 무작정 암기하고 있다는 사실입니다. 이야기 구조를 파악하려면 시간적인 여유를 가지고 전체적인 흐름을 살펴봐야 합니다. 하지만 그럴 시간도, 기회도 없는 것이 현실입니다. 선생님들도 임박한 시험을 준비하는 학생들에게 이야기 구조를 파악하라고 요구하지 않습니다. 평소에 충분한 시간을 가지고 제대로 하는 공부는 무너지고, 시간에 쫓기면서 하는 시험 대비 공부만이 판치고 있기 때문입니다.

학교 수업을 소홀히 하고 학원의 시험 대비에 의존하는 학생들은 이야기 구조를 활용하는 공부를 거의 할 수 없습니다. 요약집이나 문제집을 공부하면서 억지로 머리에 우겨넣은, 단편적이고 불안정한 지식을 가지고 겨우 시험을 보고나면 마치 강력 세척을 한 것처럼 기억에서 사라집니다. 이 문제를 해결한 학생의 이야기입니다.

"무엇을 외워야 할지 막막하다면, 문제집의 요점 정리를 이용해서 일단 중요한 내용에 대한 뼈대를 잡아요. 그리고 나서 교과서를 다시 보면 무언가 답답한 심정이 사라지고 공부에 가속도가 붙죠. 일단 그 단원의 중요 내용을 죽 읽어본 뒤, 흐름을 잡아보고 외워야 할 내용 간의 연계를 만들어보는 것이 도움이 됩니다. 이렇게 해야 오래 남습니다."

일화기억은 인간의 뇌가 발달하는 과정에서 가장 오래 사용해온 경로입니다. 당연히 대부분의 학생들에게도 쉽고 편한 길입니다. 학력의 차이는 주로 의미기억에서 비롯된다고 본다면, 의미기억의 열세를 일화기억으로 보완할 때 학습부진 문제도 해결할 수 있습니다. 평소 학교 수업에서 이야기 구조 만들기 연습을 하는 것이 가장 바람직

합니다. 특히 여러 사람이 구성한 이야기를 들어보고 나름대로 자신의 이야기를 만들어보는 것이 좋습니다. 당장 성적을 올려줘야 하는 사교육이 하기에는 무리가 따릅니다. 학생들이 수업시간에 이야기 구조를 만들어 발표하고 수정하고 보완하는 과정이 진행될 수 있도록 수업을 설계하는 것이 중요합니다. 평소 수행평가에 활용하거나 단원이 끝날 때마다 학생들이 만든 이야기들을 모아 공유하면 좋습니다. 좋은 이야기를 시상하는 등의 다양한 방법을 동원하면 큰 효과를 거둘 수 있습니다.

문제는
문제해결능력이다

'왜 이해한다면서 풀지 못할까?' 오래 연구했던 문제입니다. 앞서 '일상개념'이 '오개념'으로 작동하는 것이 원인이라고 얘기했는데 또 중요한 원인이 있습니다. 바로 문제를 이해하는 과정과 문제를 해결하는 과정이, 뇌에서는 서로 다른 길에서 이뤄진다는 사실입니다. 문제를 대하고 어느 정도 알겠다는 느낌이 들어 문제를 풀기 시작합니다. 그순간 머리에서는 맴돌지만 손은 움직이지 않습니다. 머리로 이해하는 과정과 손을 움직여 해결하는 과정이 다르기 때문입니다. 앞서 소개한 기억경로의 유형에 나오는 의미기억과 절차기억의 차이입니다. 뇌에는 지식을 담는 기억과 능력을 담는 기억이 서로 다릅니다. 개념적인 지식이 그대로 적용되는 기본적인 문제는 쉽게 풀지만 응용이 필요한 문제는 손도 못 대는 경우가 있습니다. 흔히 사고력이 부족하기 때문이라고 합니다. 사고력 부족은 원인이 아니라 결과일 뿐입니다. 원래 사고력이 부족하기 때문이 아니라 잠재적인 사고력은 충분한데 제대로 활용해본 경험이 부족해서입니다. 먼저 길을 내놓아야 하는데 길이 없기 때문에 결과적으로 사고력을 발휘하지 못하는 거라고 봐야 타당합니다. 자전거 타는 법을 시범과 설명을 통해 충분히 이해했어도 한 번도 타보지 않았다면 제대로 탈 수 없는 것과 같습니다. TV로 요리하는 방법을 배웠지만 막상 그대로 안 되는 경우와 비슷합니다. 선생님의 설명만으로는 문제해결능력을 길러줄 수 없습니다. 반드시 직접 해볼 수 있어야 합니다.

정답만을 요구할 때 응용이 어려워진다

학생들에게 응용문제를 풀라고 하면 대부분 지레 포기합니다. 문제를 딱 보고 '어려워'라는 느낌이 들면 그대로 멈춥니다. 갑자기 뇌의 하위경로가 활성화되어 초조하고 생각도 좁아집니다. 상위경로를 활성화시켜도 모자랄 판에 말입니다. 왜 그렇게 됐을까요? 과정의 의미는 무시되고 오직 결과만을 가지고 평가하기 때문입니다. 아무리 열심히 공부했어도 문제를 틀리면 아무 소용이 없고, 거꾸로 열심히 공부했다는 사실조차도 의심받아야 하는 현실이 문제를 일으킵니다. 열심히 자전거 타는 방법을 배웠지만 막상 자전거에 올라타는 순간 넘어질 것이 두려워 결국 다시 내려오고 마는 것이지요. 계속 넘어지는 과정에서만 익혀지는 것, 바로 절차기억을 거의 만들지 못합니다. 넘어지는 것을 당연하게 생각하고 계속 연습하게 하려면 실수를 허용하는 분위기가 필요합니다.

한참 학습법을 연구할 때 했던 실험이 있습니다. 학생들에게 어려운 수학문제를 나눠주고 문제풀이 과정을 발표하도록 했습니다. 정답자가 아니라 기발한 아이디어, 창의적인 오답을 시상한다고 했더니 실험에 참가한 모든 학생들이 문제를 놓고 열심히 궁리하는 모습을 보여줬습니다. 실수를 권장하는 분위기에서 학생들은 매우 적극적으로 머리를 쓰기 시작했습니다. 수학문제를 놓고 엉뚱하게라도 풀이과정을 생각해보고 떠오르는 생각들을 주저 없이 말해보는 과정은 자전거를 타면서 넘어지는 과정에 해당됩니다. 누가 잡아주지 않는 상태에서 충분히 넘어져봐야 중심을 잡을 수 있습니다. 충분히 틀려봐야 어렵게 느껴지는 문제를 만났을 때 도망가지 않고 가볍게 잽을 날릴 수 있습니다.

일단 어렵다, 못 풀겠다는 느낌에서 벗어나야 머리에서 생각이 일어납니다. 뇌의 상위경로를 작동시켜 관련 지식을 원활하게 끌어와야 문제해결의 실마리를 찾기도 한결 쉬워집니다. 사고력, 응용력이 부족하다는 지적만으로는 달라질 것이 거의 없습니다. 사고력을 평소에 기를 수 있는 실습의 기회를 충분히 제공해야 합니다. 또한 실습은 단계적으로 진행되어야 합니다. 자전거 타기를 예로 들어보겠습니다.

넘어지지 않기 → 똑바로 가기 → 속도 내기 → 방향 바꾸기

단계별로 끊어서 실습해야 손조롭게 진행됩니다. 처음부터 왼쪽과 오른쪽을 동시에 갈 수 없습니다. 왼쪽으로 갔다가 다시 오른쪽으로 가야 하는데 평소에 단계별로 접근하는 연습이 되어 있지 않으면 왼쪽으로 갈지 오른쪽으로 갈지 우왕좌왕하다 넘어지고 맙니다.

에스퀴스 선생님의 문제풀이 4단계*

〈에스퀴스 선생님의 위대한 수업〉을 보면, 평소 교실에서 매일 학생들과 함께 문제풀이 과정을 실습합니다. 다음은 책에 나오는 내용에 설명을 덧붙였습니다.

1단계: 문제 이해하기

문제를 이해하는 과정에만 집중할 수 있도록 연필을 내려놓게 합니다. 또한 문제를 충분히 이해하는 데 도움이 되도록 먼저 관련 자료를 모으고 활용하도록 합니다.

2단계: 적절한 전략 선택하기

해결 전략을 세우기 위해 다음과 같은 방법을 사용하게 합니다.

행동으로 표현하기/ 연산 방법 선택하기/ 그림 그리기/ 추측하고 검산하기

유형 찾기/ 도표나 표 만들기/ 체계적인 목록 만들기

논리적인 추론 사용하기/ 거꾸로 풀기

---

* 〈에스퀴스 선생님의 위대한 수업〉 추수밭, 201~202쪽

우리나라 수능 수학과목에서 평가하는 행동영역*의 하나인 이해능력을 다음과 같이 정의**(일부 제외)하고 있습니다.

- 문제에 주어진 수학적 용어, 기호, 식, 그래프, 표의 의미와 관련 성질을 알고 적용하는 능력
- 주어진 문제와 관련된 수학적 개념을 파악하고 적용하는 능력
- 주어진 문제 상황을 수학적으로 표현(수학적 용어, 기호, 식, 그래프, 표 등)하는 능력
- 수학적 표현(수학적 용어, 기호, 식, 그래프, 표 등)을 교환하여 표현하는 능력

무작정 문제를 풀겠다고 하는 것이 아니라, 영어 문장을 해석하듯 문제의 부분부분이 갖는 각각의 수학적 의미를 먼저 파악하도록 합니다. 또한 문제를 해결하기 쉬운 형태로 가공하는 데 도움이 되는 다양한 방법을 하나하나 적용해보는 연습을 합니다.

3단계: 문제 풀기

4단계: 분석

---

* 수능 문제는 개념과 지식에 해당하는 '내용영역'과 사고력에 해당하는 '행동영역'을 이원목적분류표에 의해 사전에 정의하고 출제한다.
** 수능 출제 매뉴얼, 한국교육과정평가원

자신의 답이 이치에 맞는지 확인하는 과정입니다. 흔히 오답노트를 만든다고 하는데 올바른 풀이과정을 옮겨 적는 경우가 대부분이어서 별 도움이 되지 않습니다. 먼저 문제를 다시 풀어본 다음에 오답분석을 해야 합니다. 실제로 자신이 문제를 어떻게 풀었는지 분명하게 기억하는 상태에서 올바른 풀이과정과 하나하나 대조해야 오답요인을 구체적이고 정확하게 확인할 수 있습니다. 자신만의 개념적 결함과 사고과정의 오류를 발견해야 실력이 향상됩니다.

3단계 문제해결 절차연습

우리 현실은 자전거를 직접 탈 기회를 주지 않고 계속 자전거 타는 방법만 알려줍니다. 학생들은 실제 시험에서야 비로소 직접 자전거를 타게 됩니다. 당연히 제대로 탈 수 없습니다. 많은 학생들이 절대적인 연습 부족으로 사고를 당하고 있습니다. 사고의 후유증 때문인지 다시는 사고를 당하고 싶지 않아서인지 많은 학생들이 공부로부터 멀리 달아나고 맙니다.

어떻게 하면 조금이라도 쉽게, 자주, 직접 자전거를 타보도록 할까, 오래 궁리했습니다. '3단계 문제해결 절차연습'을 고안했습니다. 학생들과 함께 실습하면서 많은 학생들이 드디어 머리를 쓰기 시작하는 것을 발견했습니다. 어려운 문제를 만나면 머리가 얼어붙어 쉽게 포기하던 학생들도 선생님의 설명을 듣지 않고노, 문세집의 헤선을 보지 않고도 오랜 시간 문제를 놓고 이런저런 생각을 계속 이어갔습니다. 차츰차츰 문제해결 절차에 익숙해진 학생들이 늘어났습니다.

1단계: 브레인스토밍

문제를 읽으면서 떠오르는 걸 모두 쓰도록 합니다. 예를 들어 '물탱크'가 나오면 '크기', '리터' 등 떠오르는 것을 모두 적게 합니다. 떠오른 것만이 아니라 연관되는 것들을 적극적으로 떠올려 문제의 해당부분 옆에 쓰게 합니다. 어려운 문제일수록 문제를 읽으면서 머리에 떠오르는 걸 그때그때 적는 것이 중요합니다. 문제해결과정이 실제로 진행되고 있는 작업기억에 걸리는 부하를 줄여주기 때문입니다. 작업기억 안에 동시에 있지 않은 정보는 문제를 이해하고 해결하는 과정에서 사용할 수 없습니다. 머리에 기억되어 있는 것은 맞지만 문제를 푸는 그 순간에 작업기억 안에 없으면 모르는 것과 마찬가지지요.

순간 '내가 지금 무슨 말을 하고 있지?' 할 때가 있습니다. 사람이 말을 할 때는 의도가 있는데 순간적으로 의도에 해당하는 내용이 작업기억을 이탈하면 스스로 횡설수설한다는 느낌이 듭니다. 보통 생각이 복잡해져 의도 관련 정보가 작업기억 밖으로 밀려날 때 나타나는 현상입니다. 문제를 푸는 과정에서도 비슷한 일이 벌어집니다. 학생들이 문제를 읽으면서 받아들인 정보의 양이 많아지면 작업기억에서 동시에 처리하기가 어렵습니다. 만약 일부 정보가 작업기억에서 순간적으로 빠져나가버리면 문제를 제대로 이해할 수 없게 됩니다.

특히 수학문제에는 불필요한 내용이 없기 때문에 관련 정보를 빠짐없이 동시에 처리해야 문제를 이해하고 해결과정을 생각해낼 수 있습니다. 문제를 보면서 생각한 내용을 그때그때 적는 것은 작업기억에서 끄집어내는 것과 비슷합니다. 그만큼 작업기억은 새로운 정보를 처리할 수 있습니다. 문제를 부분씩 보면서 생각한 것들을 모두 적어놓습니다. 문제와 적은 내용을 같이 보면, 문제해결에 필요한 모든 정보를 동시에 처리할 수 있어서 실마리를 찾을 확률이 훨씬 높아집니다.

2단계: 필터링

1단계에서는 떠오르거나 떠올린 내용을 빠짐없이 적는 것이 핵심입니다. 2단계에서는 문제와 적은 내용을 함께 보면서 하나씩 판단을 합니다. 논리적인 연관성이 없거나 불필요하다고 판단되는 내용을 하나씩 지웁니다. 문제해결에 도움이 되지 않는 내용을 걸러내는 과정입니다.

3단계: 디자인

문제와 2단계에서 걸러지지 않은 내용을 함께 보면서 문제해결의 방법과 순서를 구상해봅니다. 올바른 풀이과정을 빠르게 찾아내는 것보다 다양한 생각을 마음껏 해보는 연습이 중요하기 때문에 디자인이라고 이름 붙였습니다.

문제해결에 필요한 절차기억을 만드는 연습과정을 3단계로 설계한 이유가 있습니다. 우리나라 학생들은 어릴 때부터 연산 학습지를 비롯해 문제풀이 양은 엄청나기 때문에 일단 식이 세워지면 잘 풉니다. 하지만 식을 세우는 과정에 대한 연습은 절대 부족입니다. 결국은 두발자전거를 타야 하는데 세발자전거로만 연습한 것과 비슷합니다. 학교 수업시간에 3단계 문제해결 절차연습을 다음과 같이 할 수 있습니다.

① 칠판에 있는 문제를 함께 읽어나가면서 학생들이 자유롭게 의견을 말하고 선생님은 받아 적는다.(브레인스토밍)

② 다시 칠판을 보고 문제와 옆에 적어놓은 내용을 하나하나 검토한다. 학생들이 문제해결에 필요한지 여부를 판단하고 의견을 말한다. 반대 의견이 있으면 이유를 듣고 다시 판단한다.(필터링)

③ 2단계까지 진행한 결과를 놓고 어떻게 해야 문제가 풀릴지 생각하는 시간을 갖는다. 개인 또는 조별로 발표하고 토론한다.(디자인)

④ 마지막으로 디자인한 결과에 대한 선생님의 평가를 듣는다.

틀려도 좋다, 마음껏 생각하고 말하라

학원에서는 주로 가장 손쉽게 점수를 올릴 수 있는 유형별 풀이과정을 반복합니다. 하지만 숙달된 유형과 일치하지 않는 문제가 나오면 머리가 움직이지 않습니다.

처음부터 끝까지 뒤에서 잡아준 상태에서 계속 자전거를 탄 것과 다르지 않습니다. 손을 놓으면 금방 넘어집니다. 교실에서 실습할 때 친구들의 엉뚱한 대답은 큰 도움이 됩니다. 넘어지는 것이 두려운 학생들에게 웃음을 주고 정답을 말해야 한다는 강박관념에서 벗어나도록 합니다. 마음껏 생각하고 부담 없이 표현할 수 있는 기회를 갖게 되는 것입니다. 비로소 그동안 거의 써보지 않았던, 지식을 독자적으로 활용하는 연습, 절차기억을 만드는 과정이 시작됩니다.

실수를 허용하지 않는 현실에서, 특히 실수를 용납하기 어려운 사교육에서 많은 학생들의 머리는 굳어버립니다. 정답이어야 한다는 강박 때문에 사고력을 한 번도 제대로 써보지 못한 학생들이 너무나 많습니다.

우리는 제대로 연습할 수 있는 기회를 빼앗은 채 학습부진이라고 판정하고 오히려 학생들에게 책임을 전가하고 있는지도 모릅니다. 한 유명 골프 선수가 말했습니다.

"처음부터 똑바로만 치려고 하지 마라. 마음껏 되는 대로 많이 치다보면 자연스럽게 바르게 치는 방법을 익히게 된다."

"틀려도 좋으니까 마음껏 생각하고 말하라!" 이렇게 말할 수 있는 곳은 학원일까요, 학교일까요? 다양한 학생들이 모여 있는 학교 교실이기에 자유롭게, 다양한 발상을 마음껏 말할 수 있습니다. 의미기억과는 많이 다른 절차기억을 만드는 과정은, 넘어져도 비웃지 않고 손잡아 줄 수 있는 학교 교실에서 이루어져야 순조롭습니다.

구경꾼 효과: 인강 중독증 치료하기

심각한 인강 중독증도 학교 교실에서 치료할 수 있습니다. 엄청난 부를 거머쥘 수 있는 스타 강사가 되기 위해 치열하게 경쟁하는 과정에서 강의력은 진화합니다. 외국의 교육공학자들이 신비하다고 말할 정도인 1타 강사의 강의를 들으면서 많은 학생들이 감탄사를 연발합니다. 혼자 공부하면 1시간을 채 넘기기 어려운데 실물도 아닌 화면을 보는데 훌쩍 1시간이 지나갑니다. 계획한 학습량 채우기에 급급했던 학생들에게는 구세주와 다를 바 없습니다.

수능은 인터넷 강의만으로 준비할 수 없습니다. 대학수학능력이라는 말처럼 '능력'을 평가하는 시험이기 때문입니다. 의미기억이 아니라 절차기억을 요구한다는 말입니다. 손흥민 선수의 경기영상을 보면서 박수치는 것이 아니라 비록 서툴지만 직접 운동장에 나가 공을 차야 길러지는 능력을 요구하는 것이 수능입니다.

강의 흡입력이 뛰어나고 덕분에 학습량도 채워주기 때문에 학생들에게 인기가 있는 인강도 사실은 공교육을 심각하게 위협하고 있습니다. 예의상 교실에 앉아 있지만 인강과 비교하여 재미없다는 이유로 선생님의 수업을 외면하는 학생들이 많습니다. 심지어 일부에서는 학교 교사들이 수능을 가르칠 능력이 안 되기 때문에 정시 확대를 반대한다는 말까지 나오고 있는 실정입니다.

인강은 비용이 싸고 지방 학생들도 유명 강사의 강의를 들을 수 있다는 긍정적인 평가가 있습니다. 하지만 연기 실력은 명배우의 연기를 감상하는 데 그치지 않고 직접 연기를 해봐야 늡니다. 교실에서 선생님과 함께 문제해결과정을 하나하나 실습하는 것이 인강보다 실력 향상에 도움이 됩니다. 공교육이 적극적으로 나서서 이런 사실을 우리 사회에 입증할 필요가 있습니다. 학생을 구경꾼에 머물게 하는 인강의 학습효과는 제한적이지만, 학생이 주체가 되어 익힌 절차적 문제해결과정은 세월이 가도 소중한 역량으로 남습니다.

단편지식
암기법

"이해가 되지 않으면 일단 외워라!" 기성세대 대부분이 그래왔고, 지금도 은연중에 학생들에게 하는 말입니다. 그런데 이해가 되지 않은 상태에서 무작정 암기하면, 뇌는 거부반응을 일으키고, 결국 학습자의 공부감정을 부정적으로 만듭니다. 어떤 공부를 하든 정서적인 반응이 동반됩니다. 다양한 감정이 있지만 크게 '유쾌하다'와 '불쾌하다'로 구분해볼 수 있습니다. 유쾌한 감정이 동반되는 공부는 가속도가 붙지만, 불쾌한 감정이 일어나면 벗어나고 싶은 욕망이 강해집니다. 이를 억누르면서 계속 공부하기는 정말 어렵습니다.

공부하다 모르는 것이 나오면 반드시 이해하고 넘어가도록 습관화해야 합니다. 교사들이 관심을 가지고, 이해되지 않는 내용이 나오면 어떻게 해야 하는지 평소에 연습하면 도움이 됩니다. 사전 찾기, 질문하기가 가장 기본인데 과목별로 '용어 3개 사전 찾기', '하루에 3가지 질문 만들기' 등의 방법을 꾸준히 연습하면 효과적입니다. 고학년이 될수록 공부할 내용은 많아지는데 공부시간은 부족하고 집중력도 떨어집니다. 급한 마음에 단순 암기를 하면 점점 상황은 악화됩니다. 공부 거부감은 강해지고 제대로 활용할 수 없는 불량품만 머리에 잔뜩 쌓이고, 점점 공부와 멀어집니다.

문제는 단편적인 내용인데 꼭 외워야 할 것들이 있습니다. 소화효소의 종류와 기능, 역사적 사건의 순서 같은 것들인데 외워놓으면 쓸모가 있습니다. 요즘은 단편적인 지식을 요구하는 출제가 많이 줄었지만 여전히 학생들을 곤란하게 만드는 암기사항들이 적지 않습니다. 억지로 임계 학습량을 넘기기 위해 반복하다 보면 역시 부작용이 더 큽니다. 단편적인 정보를 반복적으로 암기하는 것은 뇌를 고문하는 것과 같다고 말한 학습과학자도 있습니다.

뇌가 싫어하는 단편적인 내용을 뇌가 좋아하도록 가공하는 방법으로 다양한 기억술이 개발되어 있습니다. '마인드맵'과 '비주얼 싱킹'은 기억술로도 매우 훌륭해서 적극적으로 활용할 필요가 있습니다. 아래 소개하는 전통적인 기억술 두 가지는 이야기 구조와 크게 다르지 않습니다.

스토리 연상법

'나무꾼, 숲, 화살, 오리 떼, 울타리, 스케이트, 가구, 연인, 베개, 양말'

위에 나열된 단어들은 몇 번씩 반복해도 잘 외워지지 않습니다. 서로 연관이 없는 단어들의 나열이기 때문입니다. 한 실험에서 참가자들에게 단어들을 서로 연결시켜 이야기를 만들어보라고 했습니다. 한 사람이 다음과 같은 이야기를 만들어냈습니다.

나무꾼이 숲 밖으로 화살을 쏘고, 한 무리의 오리 떼를 지나 울타리 둘레에서 스케이트를 탔다. 그후 가구 위에서 경쾌하게 춤을 추었고, 서둘러 연인의 베개로 가는 동안에 양말이 찢어졌다.

무조건 외운 그룹보다는 억지로라도 이야기를 만든 그룹이 기억해낸 단어 수가 많았습니다. 이때 스토리와 함께 시각적 이미지를 활용하면 더 효과적입니다.

말뚝어법

순서가 있는 단편정보를 기억하는 데 효과적인 방법입니다.

1은 일벌, 2는 이빨, 3은 삼각형, 4는 사오정, 5는 오징어, 6은 육교, 7은 칠판, 8은 팔찌, 9는 구두, 10은 십자가

이렇게 먼저 쉽게 기억할 수 있는 10개를 정합니다. 예를 들어 기억해야 할 순서 여섯 번째가 세종대왕이라면 '육교를 건너고 있는 세종대왕의 모습'을 연상하는 것입니다. 세종대왕의 순서가 여섯 번째라는 사실을 쉽게 기억할 수 있습니다.

> 강적을 묘언으로 멸마시키고 광주차령에 노소가 나니
>
> 낭태는 길게 서고 함마는 싸우더라.

고등학교 1학년 지리시간에 산맥을 공부하다가 저도 모르게 입에서 흘러나왔습니다. 지금은 백두대간이라는 개념을 주로 쓰지만 당시에는 산맥의 이름과 위치를 정확하게 기억해야 했는데 순식간에 해결됐습니다. 곰곰이 생각해보니 초등학교 2학년 때 큰 목소리로 선생님을 따라 외운 기억이 났습니다. 선생님은 '두문자법'을 활용해 일종의 시조를 만들어 쉽게 기억할 수 있도록 도와주신 겁니다.

무작정 외우는 과정에서 학생들의 공부상처는 생각보다 깊어집니다. 학창시절 공부하면서 언제 공부가 하기 싫어졌는지 생각해보면, 제 경우에는 외울 것은 많은데 잘 외워지지 않는 상황이 떠오릅니다. 학생들에게 알아서 암기하라고 하지 말고 기억술을 적용하여 쉽게 외울 수 있도록 도와줄 필요가 있습니다. 교육자로서 꼭 가르치고 싶은 가치 있는 내용도 중요하지만 학생들의 가려운 곳을 긁어주는 노력도 필요합니다. 교육적으로 보면 하찮은 암기사항도 알뜰하게 챙겨주려는 교사들의 노력은 학생들에게 매우 실용적인 도움을 줍니다. '가치와 실용'이 좌우의 날개가 될 때, 학생들이 공부를 쉽고 재미있게 하고 동시에 침체된 우리 공교육도 비상하리라 믿습니다.

벼락치기
학습법

살아가는 힘을 길러주는 진짜 공부가 아니라 입시 준비가 우리를 지배하고 있습니다. 이런 현실을 외면하고 '어차피 학원에 가서 공부할 텐데 뭐!' 수수방관한다면 공교육은 스스로 무너질 수밖에 없습니다. 이에 대한 해법으로 공부 분위기를 주도하는 상위권 학생들이 공교육 효과를 체감할 수 있는 학습법이 필요합니다. 일본에서 베스트셀러였던 〈뇌가 기뻐하는 공부법〉에는 '뇌를 기쁘게 하는 방법'이 나옵니다.

어려운 과제에 도전하고 짧은 시간에 끝내면서 최대한 집중하라.

사실 새롭지는 않습니다. 최선을 다하고 기대 이상의 성취를 했을 때 느끼게 되는 감정을 말합니다. 사람에게는 위기 상황에 대처하기 위한 비상 시스템이 준비돼 있습니다. 길을 가는데 사나운 사냥개가 갑자기 나타나면 평소보다 훨씬 빠르게 달립니다. 비상 시스템을 가동한 결과입니다. 〈뇌가 기뻐하는 공부법〉을 바탕으로 KBS에서 〈하루 10분의 기적〉이란 프로그램에서 실험했습니다.

초등학교 10명을 5명씩 두 팀으로 나눈다.

전혀 모르는 들꽃 이름 40가지를 외우게 한다.

한쪽 그룹은 10분 안에 외우게 하고, 다른 그룹은 "그냥 외워"라고 한다.

테스트 결과 제한시간을 둔 학생들은 30개를 기억했다.

제한시간 없이 여유롭게 공부한 학생들은 17개를 외웠다.

중요한 것은 제한시간이 학생들에게 스트레스가 되지 않아야 한다는 점입니다. 교실에서, 자연스럽게 조성된 경쟁 분위기에서 '나도 한번 도전해봐야지!' 하는 마음이 생기도록 해야 합니다. 평소보다 열심히 해야 하는 상황을 연출하고 학생들이 주인공이 돼서 최선을 다하도록 유도하는 방법입니다. '벼락치기 학습법'이라고 이름을 붙였는데, 교과 공부의 기초가 되는 단어나 개념, 공식 같은 것들을 단시간에 집중적으로 외울 때 좋은 방법입니다. 반복적인 연습이 필요한 연산 등에도 효과적입니다.

'계산문제, 5분에 20문제 풀기'처럼 일종의 게임과 비슷한 조건을 만들면 학생들이 폭발적인 능력을 발휘합니다. 인상적인 성공경험은 강한 자신감으로 이어져 적극적인 학습자를 만듭니다. 다음은 교실에서 개인별, 모둠별 경쟁에 활용할 수 있는 간단한 예입니다.

> 모둠별로 1명씩 대표를 정한다.
> 영어 단어를 50개 주고 10분 안에 최대한 많이 외우도록 한다.(이때 기억술을 활용하도록 안내한다.)
> 각자 외운 단어를 칠판에 동시에 적도록 한다.
> 모둠 구성원들은 조용히 지켜보면서 응원하도록 한다.

같은 모둠에서 골고루 대표가 될 수 있도록, 다양한 내용을 기획합니다. 만약 교실에 공부를 열심히 하는 분위기가 조성되면 '오늘부터 하루 10개씩 한 달에 300개를 외워보자'고 할 수 있습니다. 주로 사교육에서 선호하는 방식이지만 학교에서 더 쉽게 할 수 있는데 마다할 이유가 없습니다. 암기 위주의 교육을 조장한다고 오해하지 말기를 바랍니다.

지금 공교육 정상화에 필요한 것은 정부 정책으로 사교육을 억누르는 것이 아닙니다. 사교육을 능히 이길 수 있는 공부 경쟁력을 공교육이 갖추면 되는 것입니다. 특히 성적은 우수한데 사교육 중심으로 공부하는 학생들, 학교 수업을 종종 무시하는 학생들의 마음을 사로잡을 수 있는 학습법이 필요합니다. 교실에서 교사의 지도를 받으면서 학습 잠재력을 마음껏 발휘하고, 성취하고, 인정받은 경험은 그 어떤 사교육 효과보다 매력적입니다.

시험에
강해지는 연습

시험에는 사교육이 강하다는 인식이 굳어졌습니다. 그렇다면 공교육은 무엇에 강한 걸까요? 가끔 학교는 진정한 교육에 집중하고 시험공부는 학원에서 하는 것이 당연하다고 생각하는 공교육 관계자들을 만나기도 합니다. 학교에서는 미래역량을 가르쳤지만 학원에 가면 시험 준비에 매달립니다. 학교에서는 협동정신을 가르쳤지만 학원에 가면 경쟁의식에 빠집니다. 학교에서는 창의적인 사고를 가르쳤지만 학원에서는 객관식 정답 찾기에 몰두합니다.

만약 사람의 뇌에 칸막이가 있어서 미래교육, 민주시민교육을 담는 공간과 시험공부, 입시 준비를 담당하는 공간이 구분된다면 무르겠습니다. 하지만 사람의 뇌는 1,000억 개가 넘는 뇌 신경세포들이 서로 연결되고, 무럭무럭 자라 거대한 뇌 신경세포의 밀림을 이룹니다. 뇌는 영역별로 다른 역할을 담당하지만 뇌의 모든 영역은 유기적으로 연결되어 하나의 생태계를 이루고 있습니다. 또 뇌 가소성 이론이 입증하는 것처럼 고정적이지 않고, 작은 오염원이 생태계 전체를 파괴할 수도 있습니다. 악화가 양화를 구축한다는 말이 있는데, 시험과 성적 때문에 의존하는 사교육은 학생들의 뇌에 악화가 될 수도 있습니다.

이 문제를 해결하는 데는 미래역량과 협동정신을 가르치는 공교육이 시험에도 강해지는 수밖에 없습니다. 더이상 시험에 무기력하거나, 무능력하거나, 무관심하지 않고, 사교육보다 강한 성적 경쟁력까지 갖추는 것이지요.

개인별 성취 목표

사실 사교육은 상대평가라는 토양에서 잘 자랍니다. 사회의 건강한 구성원으로 성장하는 과정이 제대로 이루어지려면 반드시 절대평가가 돼야 합니다. 특히 학생부 교과성적(내신) 산출방식은 반드시 절대평가가 돼야 합니다. 학생들의 시험공부 실태와 그 결과를 보면 정말 그렇습니다. 학생들은 모두 다른데 동일한 범위를 공부하고 같은 문제를 풀어야 합니다. 사소한 실수만 해도 성적이 뚝 떨어집니다. 일부 만족감을 느끼는 소수가 있겠지만 다수는 상대평가 방식의 무한경쟁 때문에 온갖 부정적인 공부감정에 시달립니다. 그러면서 공부 자체를 거부하는 학생들이 빠르게 늘고 있습니다.

상대평가가 유발하는 다양한 압박감은 학생들의 뇌에서 하위경로를 자극하여 평소 실력도 제대로 발휘할 수 없도록 만듭니다. 무조건 열심히 하라고 말하는 대신 개인별로 성취목표를 정해주고 부담 없이 노력할 수 있도록 도와줘야 합니다. 사교육이 하위경로 상태에서도 반복적인 문제풀이를 통해 시험성적을 올려주는 곳이라면, 공교육은 상위경로를 활성화시켜 학생 스스로 자신의 능력을 최대한 발휘하도록 돕는 곳이 되어야 합니다.

상대평가 방식은 전체를 한 줄로 세우고 작은 차이를 부각시킵니다. 학생들은 남에게 지지 않으려고 1점이라도 더 받기 위해 마구잡이로 공부해야 합니다. 어쩔 수 없이 난이도가 아주 높은 문제(X)까지 손을 대는데, 이때 나타나는 부작용이 바로 무조건 반사와 비슷한 공부 거부반응입니다. 만약 절대평가 기준을 적용하여 개인별 성취목표를 정해주고, 충분히 감당할 수 있는 시험공부를 하도록 지도하면 상당 부분 개선할 수 있습니다. 자신에게 맞게 공부하고 노력한 만큼 성취하는 경험은 공부상처 치유에 특효를 보일 것입니다.

비고츠키의 '근접발달영역'이라는 개념을 적용해봅시다. 시험범위는 모든 학생에게 동일하지만 시험문제를 푸는 데 필요한 공부는 모두 다를 수밖에 없습니다. 시험범위를 찬찬히 살펴보면서 너무 어렵다고 판단되는 영역(잠재적 발달수준)은 미리 제외하고 시험공부를 하도록 했더니, 특히 중하위권 학생들이 크게 다른 모습을 보였습니다. 앞에서 문제를 O, Δ, X로 분류한 것과 비슷합니다. 만약 시험범위를 그렇게 분류할 수 있다면 어떻게 될까요? 학생들은 제대로 공부하기도 어렵고 틀릴 가능성이 높은 X를 피해서 공부할 수 있습니다. 일단 부담스럽기만 했던 시험공부를 시작할 수 있습니다.

학생들이 시험을 볼 때도 비슷한 상황이 벌어집니다. 실험을 해봤습니다. 문제를 풀기 전에 문제를 먼저 분류하도록 했습니다.

- ● : 쉽게 풀 수 있지만 가급적 빨리 풀어 시간 절약이 목표인 문제
- ■ : 정답을 맞힐 수는 있지만 실수나 오답 가능성이 있으므로 신중히 풀어야 할 문제
- ▲ : 풀 수는 있지만 시간이 필요하기 때문에 천천히 풀어야 할 문제
- × : 어차피 틀릴 가능성이 높은 문제

사전 분류 없이 1번부터 순서대로 문제를 푸는 경우와 비교할 때 적지 않은 성적 차이를 보였습니다. 특히 X에 빼앗기는 시간적, 심리적 자원을 ■, ▲에 집중시키는 연습과 분류별 목적의식에 맞게 문제 푸는 연습을 충분히 하자, 성적 향상 효과가 상당했습니다. 심지어 시간이 남아 마음 편하게 X를 풀었더니 풀렸다고 말한 경우도 종종 있었습니다.

틀릴 문제 예측하기

우리나라는 시험 결과를 가지고 너무 심하게 차별합니다. 과정의 의미는 사라지고 결과만을 놓고 정하는 보상과 처벌은 가혹할 정도입니다. 학생들은 자신의 노력에 비해 결과가 좋지 않으면 상당한 심리적

타격을 받습니다. 어떻게 해야 학생들의 노력이 시험성적으로도 잘 표현될 수 있을까요? 제가 오래 매달렸던 문제의식이었는데, '틀릴 문제 예측하기'라는 방법이 효과적이었습니다.

시험범위를 먼저 공부하고 문제를 푸는 것이 아니라, 문제를 먼저 풀고 나서 시험공부를 하는 방식입니다. 배우긴 했는데 기억은 안 나고 또 공부해야 하는 허탈감, 과연 다 끝낼 수나 있을지 걱정되는 마음, 어떤 문제가 나올지 모르는 불안감이 밀려오는데 과연 제대로 시험공부를 할 수 있을까요? 비교적 학생들이 집중하기 쉬운 문제를 효과적으로 활용해서 시험공부를 순조롭게 할 수 있는 방법을 알아봅니다.

1. 문제집 중에서 마음에 드는 것을 고른다. '체감 난이도'를 기준으로, 시험공부를 해야 풀 수 있다고 판단되는 문제를 선별한다.(앞의 ●, ▲, X 중에서 ▲에 해당)

2. 선별한 문제를 하나씩 풀고 나서 어렵게 느껴지는 이유를 생각한다. 시험범위에서 해당되는 내용을 찾아 공부한다. 다시 공부해야 할 문제는 가급적 메모리 카드나 클리어파일로 옮긴다.

3. 중복되는 문제가 가급적 적은, 다른 문제집을 골라 할 수 있는 만큼 ①, ②의 과정을 계속한다.

4. 시험범위에 해당하는 교과서나 기본교재를 보면서 빼먹은 내용은 없는지 점검한다. 만약 문제를 통해 충분히 공부하지 않은 내용을 발견하면 메모리 카드나 클리어파일로 옮긴다.

5. 메모리 카드와 클리어파일을 보면서 더 필요한 공부를 판단하고 하나하나 해 나간다. 마지막까지 더 공부해야 할 내용과 어느 정도 완성된 내용을 구분하 면서 점점 공부의 범위를 좁혀나간다.

학생들과 함께 '틀린 문제'를 분석해보면 대부분 강한 아쉬움을 드 러냅니다. 맞힐 수 있었는데 틀렸다고 안타까워합니다. 100퍼센트 몰 라서 틀린 경우는 거의 없기 때문입니다. 단순화해 정량적으로 표현 하면, 5~10퍼센트 정도가 부족해 틀린 문제가 적지 않습니다. 막연하 게 시험범위 전체를 대상으로 공부하면 노력이 분산되고 시험공부가 진척되고 있다는 느낌이 들지 않습니다. 오히려 물에 빠져 허우적대 고 있다는 느낌이 강하게 듭니다. 하지만 적합한 문제를 풀면서 자신 에게 부족한 '2퍼센트'가 무엇인지 먼저 구체적으로 확인하고, 하나하 나 해결해나가는 공부는 초점이 분명합니다. 또한 문제해결에 필요한 적정 학습량을 쉽게 가늠할 수 있기 때문에 자연스럽게 집중할 수 있 습니다.

'모래주머니 효과'와 '실전 대응 시나리오'

시험 불안도가 높은 학생들은 평소에 실전과 유사한 시험환경을 많 이 경험해야 합니다. 혼자 문제를 풀 때도 실제 시험이라고 생각하 고, 실전과 비슷한 조건에서 연습해야 평소 실력을 발휘할 수 있습 니다. 제한시간이 50분이면 10분 줄여서 40분으로 하고 실전처럼 문 제를 풀어야 합니다. 문제를 풀면서 참고자료를 뒤적이는 것은 당연히 금물입니다. 특히 수능과 같이 중요한 시험은 모의고사를 실전처럼 치러야 합니다. 한 문제라도 더 맞추기 위해 의식적으로 노력해야 합니다. 실전에서 일어나는 심리상태를 최대한 비슷하게 많이 경험하기 위해서입니다. 실전보다 난이도가 높은 문제를 선택해서 풀어보는 것도 필요합니다. 제한시간을 줄인 상태에서 실전보다 어려운 문제를 풀어본 경험은 '모래주머니 효과'를 낳습니다. 모래주머니를 달고 뛰다가 뗐을 때 느껴지는 가벼움이 실전에서 엄습하는 긴장감을 예방합니다.

학력고사 세대인 저도 실전에서 큰 위기를 맞았습니다. 수학문제를 처음부터 연속 3문제를 못 풀고 나니 정말 머리가 하얘졌습니다. 갑자기 부모님 얼굴이 떠오르고 '이러다가 재수하는구나' 싶어 포기하고 싶어졌습니다. 그저 멍하니 있는데 앞자리에 앉은 같은 반 친구의 모습이 보였습니다. 특히 수학에 강한 친구였는데 머리를 쥐어뜯고 있었습니다. 그 순간 '나만 어려운 게 아니구나!' 하는 생각에 가까스로 무너진 마음을 수습하고 다시 집중할 수 있었습니다.

재수학원 원장을 하면서 상담 때마다 '패인'을 물었습니다. 놀랍게도 대부분 패인 분석을 제대로 하지 않았습니다. '정신을 늦게 차려서', '노력이 부족해서', '실수를 많이 해서', '갑자기 컨디션이 나빠져서' 등 모두 막연한 대답뿐이었습니다. 이미 수능을 경험한 재수생들과 실제 수능 시험지를 놓고 정교하게 패인 분석을 해보았습니다. 생각보다 심리적인 요인이 많이 발견되었습니다. 대표적인 상황을 설정하고 어떻게 대처해야 하는지 개인별로 '실전 대응 시나리오'를 만들도록 했습니다.

실전 대응 시나리오

상황 1 갑자기 자신도 모르게 긴장된다.

→ 눈을 감고 심호흡을 하면서 편안한 자신의 모습을 상상한다. 긴장은 당연한 것이라고 받아들인다.

상황 2 평소보다 문제들이 어렵게 느껴진다.

→ 나만 그런 것이 아니라 모두가 그렇다고 생각한다. 조금 쉽게 느껴지는 문제를 먼저 푼다.

상황 3 시간이 부족해 쫓기는 느낌이 든다.

→ 남은 시간을 빨리 계산하고 비교적 쉽게 풀 수 있는 문제에 집중한다. 목표 점수를 받는 데는 지장이 없다고 생각한다.

상황 4 풀릴 것 같은 문제가 풀리지 않아 당황스럽다.

→ 잠시 눈을 감고 심호흡을 한다. 물을 마시거나 가볍게 몸을 움직인다. 일단 체크하고 다른 문제로 넘어간다.

상황 5 정신이 몽롱해지고 시험에 집중할 수 없다.

→ 가운데 손가락 끝에서 아픈 부분을 찾아 뾰족한 것으로 지그시 자극한다. 쉬운 문제를 골라서 푼다.

상황 6 자꾸 포기하고 싶은 마음이 든다.

→ 이번에 포기하면 다음도 없다고 생각한다. 최선을 다하면 의외의 좋은 결과가 나올 것이라고 생각한다.

상황 7 앞에 푼 문제가 자꾸 생각이 나서 집중이 안 된다.

→ 해당 문제를 다시 보고 체크하면서 '다시 풀어볼게'라고 말한다. 지금 풀고 있는 문제에 집중하는 것이 최선이라고 생각한다.

수능은 정말 잔인한 단판승부입니다. 순간적으로 벌어진 돌발상황 때문에 갈고 닦은 평소 실력을 제대로 써보지도 못하고 순식간에 무너집니다. 갑자기 아무 생각도 나지 않습니다. 고립무원 상황에서 위기탈출에 성공하려면 충분한 준비와 사전 연습이 필요합니다. 아니면 속수무책으로 당하고 맙니다.

모의고사보다 형편없이 떨어진 수능 성적표를 받고 망연자실하는 학생들을 참 많이 봤습니다. '평가도구로서 수능은 과연 공정한가. 수능 준비가 과연 학생들이 살아가는 데 어떤 도움을 줄까' 깊은 회의에 빠졌습니다. 하지만 억울한 수능 피해자가 없도록 노력하는 것이 급선무였습니다.

사실 우리 현실에서 학생들은 당연히 '시험고수'가 되어야 마땅합니다. 그렇게 많은 시험을 경험했으면 당연히 노하우가 쌓이고 위기 상황 대처능력도 길러져야 합니다. 하지만 시험을 마치고 난 대부분의 학생은 시험지라면 꼴도 보기 싫어합니다. 프로 바둑기사들은 대국을 마치면 반드시 복기합니다. 복기까지는 아니더라도 비슷하게 흉내라도 내야 그 많은 시험 경험에서 배우는 것이 있습니다. 하지만 학생들은 시험을 마치면 아예 쳐다보려고도 하지 않습니다. 시험이라는 말만 들어도 일어나는 부정적인 감정을 피하고 싶어서겠죠.

시험역량을 기르는 데도 공교육의 조건이 사교육보다 유리합니다. 일단 사교육은 뒤를 돌아보려고 하지 않습니다. 별 이득이 없기 때문입니다. 앞을 향해 쉬지 않고 학생들을 끌고 가야 합니다. 조금이라도 학생들을 늦추면 언제 떠날지 모릅니다. 끊임없이 경쟁심을 유발하고 불안감을 조장하기 위해 진도를 나가야 합니다.

시험이 끝나고 나면 단순하게 채점만 하는 것이 아니라 지난 시험을 학생들과 함께 되돌아보면서 충분한 피드백을 주는 것이 필요합니다. 시험지는 반드시 철을 해서 보관하고 시험지마다 자기 피드백 결과를 기록하게 하는 수행평가 방법도 효과가 있을 겁니다. 심리적 위기와 대처방법, 실수 분석과 예방법, 평소 공부에서 개선할 사항 등을 하나하나 생각하고 기록하는 과정에서 학생들은 그 어떤 시험도 두렵지 않은 '시험고수'로 성장할 것입니다.

학원과는 달리 실제 평가를 담당하는 공교육 선생님들의 작은 관심과 노력이 소중합니다. 그런 노력으로 사교육이 꼭 필요하다고 믿는 학부모들의 마음을 학교로 되돌릴 수 있습니다. 어쩔 수 없이 학교와 학원을 오가느라 공부에 지칠대로 지친 학생들을 위로하고 지켜줄 수 있는 사람 역시 학교 선생님들뿐입니다.

6

교사가
희망이다

학창시절 저는 공부는 잘하고 싶었지만 공부를 많이 하기는 싫었습니다.

공부하느라 하고 싶은 것들을 충분히 하지 못하는 게 늘 아쉬웠습니다.

그래서 하고 싶은 것도 어느 정도 하면서 좋은 성적을 유지하기 위해

공부법에 대한 공부를 많이 했습니다.

조금 공부해도 효율성을 높이면 좋은 성적을 낼 수 있으리라 기대했고,

실제로 효과도 꽤 좋아서 교사가 되어서도 잘 활용하고 있습니다.

1994년 토니 부잔의 <마인드맵북>을 통해 마인드맵 사용법만이 아니라

두뇌 활용법에 대해 배울 수 있었습니다.

이전에 읽었던 학습법들은 개인의 경험에서 나온 비법이었다면,

<마인드맵북>은 두뇌 사용 효율을 높이는 과학적인 방법을 소개하고 있었습니다.

25년이 지난 지금도 마인드맵을 잘 활용하고 있습니다.

이 글을 쓰기 전 아이디어를 내고 글의 구조를 만드는 데 마인드맵을 사용했으며,

사람과교육연구소를 운영하는 데 필요한 정보를 조직하고 활용하는 데도 사용합니다.

2004년에 읽은 <기적의 두뇌 학습법>은 지금 다시 살펴보아도 정리가 잘된

학습법 책입니다.

아이들에게 학습법을 가르칠 때 마인드맵, 암기법, 퀀텀러닝과 함께

가장 많이 활용해왔는데, 그 저자가 바로 이 책을 함께 쓴 박재원 소장입니다.

우리의 인연은 책으로 시작해 혁신학교 운동을 하면서 2012년에 다시 만났고,

2016년부터 학부모 교육을 함께하기 시작해서 지금은 사람과교육연구소에서

많은 일을 함께하고 있습니다.

그 인연은 사교육 현장에서 뇌과학을 활용하여 높은 성과를 올린 사람과

공교육 현장에서 뇌과학을 활용해 높은 성과를 보이며 교사 공동체를 운영해온 사람의

운명적인 만남이었습니다.

제가 공저자로 함께하게 된 것도 이 책에 정리된 뇌과학의 방법들 상당 부분을

교실에서 실천해왔기 때문입니다.

외국의 연구 결과이기만 한 것이 아니라 우리 교실에서 증명해왔고,

더 많은 교실의 아이들이 행복하도록 교사 모임을 17년 동안 운영해왔기 때문입니다.

우리는 서로 다른 곳에서 같은 꿈을 꾸며 한곳에서 만났습니다.

박재원 소장님이 우리 교사 모임에 왔을 때 그리고 우리 교실에 왔을 때

감동하던 모습이 눈에 선합니다.

지지받는
행복한 교사의 비결

우리 교육에 대해 좋은 점을 이야기하는 사람은 드뭅니다. 며칠 전 육아휴직을 하고 자녀를 돌보고 있는 남자 선생님에게 이런 이야기를 들었습니다.

"유치원과 학교에 아이들을 보내고 돌아오는 길에 카페에 앉아 책을 읽다 보면 학부모들의 이야기를 많이 들을 수 있습니다. 이야기가 시작되고 얼마 되지 않아 학교와 선생님 욕을 하더군요. 대부분의 학부모들이요. 물론 교사들이 사회에서 좋은 평가를 받지 못한다는 것은 알고 있었지만 이렇게까지 욕을 많이 먹고 있는지는 몰랐어요. 그래서 큰 충격을 받았습니다.

어느날 학부모들이 정유진 선생님 이야기를 하더군요. '정유진 선생님도 학부모들의 욕을 피해갈 수 없나보다' 생각했는데 정선생님에 대한 칭찬이었어요. 깜짝 놀랐죠. 처음으로 듣는 교사 칭찬이었으니까요. 교사가 학부모들의 대화에서 욕을 먹지 않고 칭찬을 받을 수 있다는 사실에 기분이 조금 좋아졌어요."

이번에는 세종시에 있는 혁신학교인 온빛초등학교에서 함께 근무했던 행정실장의 이야기입니다.

"행정실에 있기 때문에 학급에서 어떤 일들이 이뤄지는지 자세히 알 수는 없습니다. 하지만 돈의 흐름을 보면 어떻게 지내고 계실지 예상할 수 있습니다. 선생님들께서 정말 많은 노력을 하고 계시다는 것을 알 수 있습니다.

가끔 식당이나 카페에서 학부모님들이 우리 학교에 대해 이야기하는 것을 들을 때가 있습니다. 우리 학교를 좋아하고 선생님들에게 감사하는 이야기를 들을 때면 저도 이 학교의 구성원으로 자랑스러웠습니다."

두 이야기는 학부모들이 우리 교육과 교사들을 얼마나 불신하고 있는지 그리고 이렇게 험악한 분위기에도 드물게 지지를 받는 교사와 학교가 있다는 사실을 말해줍니다. 우리 교육이 무엇 때문에 문제인지, 이를 어떻게 극복하고 지지와 협력을 받을 수 있었는지 지난 20년의 교사 경험을 간단하게 정리해보고자 합니다. 이 이야기는 1~5장에서 박재원 소장이 다룬 '공부 관련 연구'들의 국내 실천 사례라 할 수 있습니다.

교육기본법대로 하려고 노력했을 뿐

교육은 인간다운 삶과 민주시민, 인류공영이라고 하는, 인간 그리고 우리 모두의 행복을 이루기 위한 노력입니다. 즉 교육의 목적은 성적이 얼마나 나오는가가 아니라 어떤 사람이 되어 어떻게 살아갈지에 대한 것임을 교육기본법에 명확하게 밝히고 있습니다.

> 교육은 홍익인간의 이념 아래 모든 국민으로 하여금 인격을 도야하고 자주적 생활능력과 민주시민으로서 필요한 자질을 갖추게 함으로써 인간다운 삶을 영위하게 하고 민주국가의 발전과 인류공영의 이상을 실현하는 데에 이바지하게 함을 목적으로 한다.
>
> — [교육기본법] 제2조(교육이념)

그런데 우리 교육은 오로지 대학 입학을 목표로 이뤄지고 있습니다. 우리 교육의 가장 큰 문제는 법대로 하지 않는다는 것입니다. 만약 법에 명시되어 있는 대로 보다 인간다운 삶, 민주시민, 인류애를 가진 사람으로 키우기 위해 노력했다면 우리 교육이 지금처럼 비난받고 있지는 않을 것입니다. 교육 본연의 목적을 뒤로 하고 시험점수를 높이기 위한 공부를 하기 때문에 학생과 부모 그리고 우리 사회 전체가 고통을 받고 있는 것이 아닐까요?

이처럼 문제가 많은 교육현실에서 교사로서 행복하고 학생과 학부모로부터 지지받을 수 있었던 비결은 무엇일까요? 한마디로 '법대로 하려고 노력'했기 때문입니다. 교육기본법 제2조대로 한 것입니다.

① 인격도야

② 자주적 생활능력

③ 민주시민 자질

④ 인간다운 삶

⑤ 인류공영의 이상 실현

여기에 다섯 가지가 더 있습니다.

⑥ 재미있고 효과적인 수업

⑦ 뇌기반 학습법

⑧ 학교–가정의 학습 사이클

⑨ 학부모와 소통 및 협력

⑩ 이를 지원하는 학교공동체 만들기

앞의 5가지가 교육기본법을 따르는 것이라면, 뒤의 4가지는 학습을 보다 재미있고 효과적으로 만들기 위한 것으로 뇌과학의 원리를 따르고 있습니다. ⑩은 앞의 것들이 이뤄질 수 있는 학교공동체, 즉 혁신학교를 만들기 위한 노력이었습니다.

아이가 학교에 가고 싶어 해요

자신이 학부모라 생각해봅시다. 자녀가 학교에 가는 것을 좋아합니다. 학교에 다녀오면 즐거운 표정으로 학교 이야기를 나눕니다. 무엇을 공부했고 뭐하고 놀았으며 요즘 친구들과 어떻게 지내는지 이야기합니다. 학급과 학교의 중요한 일에 대해 토의하고 결정해서 실천한다는 이야기, 선생님에게 사랑받고 있고 수업이 재미있어서 잘 배우고 있다는 이야기도 듣습니다. 복습을 철저히 하고 간단히 예습도 합니다. 학급에서 생활하는 이야기를 학급 온라인 커뮤니티에서 사진과 함께 볼 수 있습니다. 대부분의 아이들 표정이 밝고 사랑받으며 열심히 공부하는 게 느껴집니다. 내 자녀의 교실만이 아니라 다른 교실도 전반적으로 만족스럽다는 이야기를 다른 부모들에게 듣습니다.

"아이가 아침에 가방을 메고 학교를 가면서 이렇게 이야기를 해요. '나를 위해 학교에 가야겠어'라고요. 그런 모습을 보면서 얼마나 기쁜지 몰라요."

"학교 마치고 집에 오면 책상에 앉아서 뭔가를 하더라고요. 가서 물어봤더니 마인드맵 복습을 하고 있어요. 짧게는 10분, 길게는 한 시간씩 스스로 공부하는 모습을 보니 대견하지요."

이것이 부모 입장에서 우리 교육에, 학교와 선생님에게 바라는 것이 아닐까요?

교사의 1년,
학생의 백년 공부 기초

교육으로 인해 불만스럽고 고통스러운 경우가 많습니다. 교육법대로 하지 않고 대학 입학을 목표로 하는 교육이 강력한 힘을 발휘하고 있기 때문이지요. 그런데 왜 교육은 그토록 대학입시에 목을 매게 되었을까요?

1. 대학을 나온 사람과 대학을 나오지 않은 사람이 선택할 수 있는 직업과 급여, 대우의 차이가 어떤가요?
2. 성적 상위권 대학이나 학과를 졸업한 사람과 그렇지 않은 사람이 선택할 수 있는 직업과 급여, 대우의 차이가 어떤가요?
3. 비슷한 일일지라도 정규직과 비정규직의 급여와 대우의 차이는 어떤가요?

19살까지 공부한 것으로 줄 세우기 한 결과가 가져올 이후 직업세계의 경제적, 사회적 대우의 차이가 너무 큽니다. 그렇기에 부모들은 자녀들이 19세 이전에 더 많이 공부해서 20대 이후 많은 사람들이 부러워하고, 보다 급여가 많고 안정적인 직업을 선택할 수 있기를 바라기에 이렇게 대학입시에 매달리는 것입니다. 교육이 문제라고 이야기하지만 그 핵심은 바로 19살까지 공부하면서 받게 된 성적표가 그 이후의 인생에 결정적 영향을 미친다는 데 있습니다.

부모로서 자녀가 예술가 또는 프로게이머가 되고 싶다고 한다면 어떤 마음이 드나요? '예술가는 먹고 살기 힘들어', '좋은 대학 나오지 않으면 사회에서 사람 취급 못 받는다' 이런 마음 아닌가요?

우리나라 교육열의 핵심이자 교육문제의 핵심은 바로 이 두려움입니다. 공부 못하면 먹고 살기도 힘들고, 사람대접 받지 못한다는 두려움입니다. 이런 본질적인 원인을 해결하지 않는다면 백약이 무효할 것입니다. 그렇다고 우리 사회가 바뀌기만을 기다릴 수도 없으니 교실에서 작은 변화부터 우리 사회의 큰 변화까지 함께 이루도록 노력하는 수밖에 없습니다.

백년 공부: 뇌기반 학습법과 사회 시스템 변화

이제 100세 시대입니다. 19년 동안 시험 공부한 것으로 나머지 80년을 행복하게 살 수 있을까요? 어린 시절 좋은 공동체에서 다양하고 행복한 경험을 하면서 자라기는커녕 시험공부 하느라 너무 많은 행복을 희생하고 사는 것이 정말로 가치 있는 것일까요?

대학입시만을 위한 공부가 아니라 100년 인생을 살아갈 힘을 키우는 공부로 바뀌어야 합니다. 19살에 받은 성적표에 의해서가 아니라 19년을 살아온 그 아이의 삶을 바탕으로 자신이 원하는 것을 사회에서 이루고 공헌하며 살 수 있어야 합니다.

학생들이 나와 함께하는 1년이 100년 인생 공부의 기초를 만드는 1년이라 생각하니 얼마나 귀중하고 얼마나 하고 싶은 것이 많았겠습니까? 그렇지만 시험이라고 하는 현실을 무시하지 않고 '뇌과학에 기반한 교수학습법'으로 학습 효율성을 높이기 위해 노력했습니다. 공자가 이야기한 '배우고 때때로 익히니 어찌 즐겁지 아니한가!'를 이루기 위해 많은 노력을 했습니다. 교사로서 교수학습법을 연구하고 수업에서 실천하며 학생들에게 뇌기반 학습법을 가르치고 활용하면서 교실이 크게 변했습니다.

여기에 중요한 변화가 한 가지 더 있습니다. 그것은 헌법과 교육기본법을 좀더 잘 지킬 것 같은 정치인과 협력하는 것입니다. 교사의 정치적 참여를 제한하고 있지만, 교사 이전에 한 시민이자 학부모로서의 권리를 지키기 위한 노력입니다. 그것이 우리 교육, 우리 교실에 미치는 영향이 매우 크기 때문에 절대로 소홀히 할 수 없는 권리인 것입니다.

교육은 결국 좋은 사람으로 자라 행복한 삶을 살아가도록 돕는 것이라 할 수 있습니다. 이를 위해서는 좋은 사회를 만들기 위한 노력도 필요합니다. 우리 아이들이 직업으로 인해 차별받지 않고, 원하는

것을 이루며 사회에 공헌할 수 있는 좋은 사회 시스템을 만들어가는
것도 매우 중요합니다.

학생들의
'행복한 공부' 돕기

부모와 교사 모두 학생이었던 때가 있었습니다. 그때 행복하다고 느꼈나요, 아니면 불행하다고 느꼈나요? 우리 아이들은 지금 어떻게 느끼고 있을까요? 국가별 고등학교 1학년 학업시간 조사에 따르면 핀란드 학생들은 수업이 640시간입니다. 한국의 아이들은 무려 1,540시간입니다. 초등학교 6학년만 되어도 1년에 1,000시간 가까이 됩니다. 학원 시간은 빠진 거니까 도대체 얼마나 공부를 많이 하는 걸까요. 이렇게 공부를 많이 하는데 행복할 수 있을까요? 사실 학생들만이 아니라 부모도 OECD 평균 1,759시간에 비해 15퍼센트 이상 많은 2,024시간을 일합니다. 직장 가는 것이 즐겁고 보람있다고 느끼는 직장인도 있겠지만 그렇지 않은 사람들도 많을 겁니다. 학생들도 마찬가지입니다. 부모가 야근할 때 자녀들은 학원을 돌고 있는 것이지요.

EBS 다큐멘터리 〈아이의 사생활〉 4부 다중지능 편에서 직장에 만족하고 행복감을 느끼는 사람들과 직장에 만족하지 못하고 이직을 고려하는 사람들의 다중지능 검사를 했습니다. 결과를 보면 행복감을 느끼는 사람들은 강점지능 3가지가 직업과 관련이 있었습니다. 즉 자신이 좋아하고 잘할 수 있는 일을 하는 것이지요. 그래서 아이들이 어떤 부분에 재능이 있고 좋아하는지 찾을 수 있도록 다양한 경험과 대화가 필요합니다.

행복한 사람들이 공통적으로 높은 지능도 있고, 반대로 자기 삶과 직업에 만족하지 못하는 사람들이 공통적으로 낮은 지능도 있습니다. 놀랍게도 그 둘이 일치하는데, 바로 '자기이해지능'입니다. 즉 자신이 누구인지 성찰하고, 좋아하고 잘하는 것을 찾아서 능력을 개발하고 즐기는 사람이 어떤 직업을 가지든 행복하게 살 가능성이 높다는 것입니다.

교실에 적정한 학생 수

저는 다섯 아이를 키우고 있습니다. 한두 아이를 키우는 가정을 보면 우리 아이들에게 좀 미안할 때가 있습니다. 부모가 충분히 주지 못하는 사랑을 아이들이 서로 채워주고 그것이 결코 작지 않음을 알지만 그래도 미안하지요. 학부모 상담을 해보면 자녀 하나 키우기도 힘들다고 합니다. 만약 자녀가 20~30명이라고 생각해보면 부모로서 어떤가요? 매일 아침부터 오후까지 그 많은 아이들이 한 교실에서 지냅니다. 학생 15명인 학급과 30명인 학급 중 어느 학급의 아이들이 선생님의 사랑과 개별적인 지도를 더 많이 받게 될까요?

선생님의 사랑과 개별적인 지도를 더 많이 받은 아이와 그렇지 않은 아이의 삶이 같을까요? 교육의 질을 높이고 싶다면 학급 당 인원 수를 줄이기 위해 더욱 노력해야 합니다. 내 자녀가 더욱 더 좋은 교육을 받을 수 있는 가장 좋은 방법이기 때문입니다.

처음에 6명으로 시작했는데 28명이 전학 와서 34명까지 가르쳐본 적이 있습니다. 10명 안팎일 때는 10명 다 대부분의 수업에서 개인 지도가 가능했고 대부분 아이들의 실력이 크게 향상되었습니다. 하지만 다양한 활동이나 체육수업 때 사람 수가 적어서 역동성이 부족했습니다. 15명 정도였을 때 개별지도와 모둠활동을 최대로 해낼 수 있었습니다. 학생들도 실력이 향상되는 기쁨을 누리고, 교사로서 최고의 유능감을 느낄 수 있었습니다. 20명을 넘어가면서 교사의 눈에 들어오지 않는 아이들이 생기기 시작하고, 학습이 아니라 생활지도에 써야 하는 시간이 더 많아지게 되었습니다. 30명 내외에서는 확실히 잘하는 아이와 못하는 아이가 나뉘기 시작했습니다. 이를 최소화하기 위해 많은 노력을 했지만 아쉽게도 20명 이내일 때에 비하면 그 효과가 많이 떨어졌습니다.

아이들을 공부 못한다고 하기 전에, 어르들이 일하기 힘든 것처럼 아이들도 공부하기 힘들다는 것을 우리 사회가 이해해야 합니다. 그리고 공부 잘하기 이전에 한 인간으로서 존중받고 행복할 수 있도록 도와주어야 합니다. 손을 들고 물어보는 것을 두려워하는 아이가 있었습니다.

"몰라도 괜찮아. 네가 다 알면 내가 직업을 잃어. 너는 아직 어리기 때문에 잘 모르는 거고 나는 그것을 가르쳐주기 위해 교사가 되었지. 네가 알게 될 때까지 친절하게 가르쳐줄게."

아이들은 공부 못하는 것에 대한 두려움이 큽니다. 그런데 괜찮다고, 알게 될 때까지 친절하게 가르쳐주겠다는 선생님에게 아이는 하나씩 물어보기 시작하고 공부의 즐거움을 느끼기 시작했습니다. 수업 중 아이들의 탄성이 터져나옵니다. "아하~" 온몸이 짜릿해집니다. 이것이 바로 교사의 견딜 수 없는 기쁨인 것입니다.

교실은
생활·학습 공동체

학교, 교실이 안전하고 사랑스러운 곳이라면 학생들은 자신이 가진 능력을 더욱 더 발휘할 수 있습니다. 하지만 무섭고 외로운 곳이라면 자신을 지키고 사랑받기 위해 안간힘을 써야 합니다. 당연히 공부하는 데 사용할 에너지가 모자랄 수밖에 없지요.

실수한 것에 대해 혼나는 학급이라면 학생들은 새로운 것에 도전할 수 없습니다. 도전했지만 실패할 가능성이 높기 때문에 혼날까 두려워서 안전한 것만 하게 됩니다.

반면 도전을 즐기고, 실수나 실패를 성장의 기회로 여기는 학급이면 학생들은 보다 용기를 내고 환기차게 살아갈 수 있습니다. 게다가 서로 사랑하고, 함께 배우고 도와주는 학급이라면 학생들은 더욱 행복하게 공부하고 성장할 수 있습니다.

교실에 답이 있다

학생들은 부모의 사랑만큼이나 학교에서 친구들과 지내면서 사랑받고 싶고 인정받고 싶어합니다. 공부하는 게 싫어도 학교는 가고 싶어하는 아이들이 있습니다. 친구가 있기 때문입니다. 부모나 선생님이 자신을 이해해주지 않아도 자신과 비슷한 처지에 있는 친구는 나를 이해해주고 놀아주기 때문입니다.

어떤 친구를 만나느냐에 따라 학습에 더욱 관심을 갖고 노력하게 되기도 하고, 반대로 학습에서 더 멀어질 수도 있습니다. 친구들과 함께 무리 지어 다니며 잘못된 행동을 할 수도 있고, 정말 소중한 추억으로 남을 우정을 나눌 수도 있습니다.

그런데 요즘 많은 학생들이 사교육으로 인해 학교에서의 삶이 무너진 채 살아가고 있습니다. 학원에서는 시험 성적을 높이면 되지만, 학교에서는 학문적 지식만이 아니라 함께 살아가는 법을 배웁니다. 교실에는 공부를 잘하는 아이, 운동을 잘하는 아이, 노래를 잘하거나 그림을 잘 그리는 아이 등 다양한 아이들이 모여서 자신들의 '삶'을 함께 살아가지요. 학교와 교실에서 어린 시절을 잘 보낸 학생들이 성인이 되었을 때 사회에서 잘 지낼 것이라는 것은 당연하지 않을까요? 오늘 행복하지 않은 아이가 어른이 되면 행복해질까요?

앨더퍼의 **ERG** 이론에서는 인간의 가장 기본적인 욕구를 생존의 욕구(Existence needs)와 관계의 욕구(Relatedness needs) 그리고 성장의 욕구(Growth needs)로 나눕니다. 학생들은 교사가 무서운 사람은 아닌지, 나를 괴롭히는 친구가 있지는 않은지, 잘 모른다고 혼나지는 않을지 걱정합니다. 선생님이 두렵고, 친구가 두렵고, 공부가 두려운 거죠.

인간은 두려움을 느끼면 생존뇌 수준으로 떨어지기 때문에 합리적인 사고나 이타적인 마음을 발휘할 수가 없습니다. 그렇기 때문에 교실을 두렵지 않은 공동체, 즉 안전한 공동체로 만들어야 합니다. 내가 잘 모르고 실수하더라도 선생님이 혼내지 않고 친구들이 비웃지 않으며 도리어 알 수 있도록 가르쳐주고 격려해주는 선생님과 친구들이 있다면 어떻게 될까요? 안전한 공동체에서 비로소 사랑이 싹틉니다. 충분히 사랑받은 아이들이 자신을 사랑할 수 있으며, 자신을 사랑하는 아이가 다른 사람을 사랑할 수 있습니다.

안전한 교실에서 선생님, 친구들과 서로 사랑하고 행복한 관계를 맺은 아이들이 그 다음으로 하고 싶은 것이 무엇일까요? 성장 욕구가 강해져서 배우고 나누면서 실력을 키우고 싶어 합니다. 모르는 것을 알게 될 때, 할 수 없었던 것을 할 수 있게 될 때 아이들은 유능감을 느낍니다. '어! 나 꽤 능력있는 사람이잖아!'

아이들이 이렇게 생각하게 되는 것은 안전한 공동체에서 사랑하는 친구, 선생님과 함께 공부하면서 성장하며 유능감을 느낄 때 가능합니다. 저는 이런 교실을 '안사성'이라고 부릅니다. 양만춘 장군의 안시성이 아니라 '안전하고 사랑하며 성장하는 교실'이 안사성 교실인 것이지요.

교실은 성인이 아닌 아이들에게 중요한 생활·학습 공동체입니다. 성인에게 직장이 생활과 생산의 공동체라면, 학생들에게 교실은 생활과 학습의 공동체입니다.

성인은 직장에서 일을 하면서 가치 있는 무언가를 만들어내고 그로 인해 생계를 유지하고 원하는 삶을 사는 데 필요한 돈을 받습니다. 학생은 교실에서 함께 살아가면서 아직 돈으로 지불할 만한 무언가를 실질적으로 만들어내지는 않습니다. 하지만 교실에서 자신의 능력을 키워서 언젠가 세상으로 나가 의미있는 일을 하고 돈을 벌어 생계를 유지하며 원하는 것을 이루며 살아갈 것입니다.

교실을 생활·학습 공동체라 부르는 이유는 먼저 안전하고 사랑받는 생활공동체가 되어야 하고, 이를 바탕으로 비로소 학습이 이루어지기 때문입니다. 앞서 비법이라고 이야기한 ①~⑤는 교육기본법의 내용이자, 학생들의 삶, 즉 생활공동체에 대한 이야기입니다. 나머지 ⑥~⑩은 학생들의 학습, 즉 학습공동체에 대한 이야기입니다. 이것이 바로 교실에서 찾은 답이기도 합니다.

교사가
희망이다

교사 개인이 어찌할 수 없는 학생의 개인적, 가정적 요인과 교사를 통제하는 사회적 요인들 사이에서 선생님들이 상처받고 좌절하게 되는 일들이 많이 일어납니다. 문제의 원인은 다양하고 보다 결정적인 요인들이 있음에도 사회는 교사에게 가장 큰 책임을 돌리고 비난합니다. 그런데 누군가를 모욕하면서 잘하기를 기대하는 것은 얼마나 어리석은 짓인가요?

그럼에도 "교사가 희망이다"라고 말하고 싶습니다. 진부하게 들릴 수도 있습니다. 내 자식이 아닌데, 이렇게 긴 시간 정성을 다해서 돌보고 가르치는 사람이 누가 있을까요? 다른 요인들이 다 무너져서 아이의 삶이 어떻게 될지 뻔하더라도, 그 한 사람이 포기하지 않고 노력한 결과 아이들은 인생을 살아갈 수 있는 힘을 갖게 됩니다.

1950년 하와이의 카우아이 섬은 실업자와 알코올, 마약 중독자들이 많은 곳이었습니다. 심리학자 에이미 워너는 '불우한 환경이 범죄자를 만든다'는 가설을 입증하기 위해 종단 연구를 시작했습니다. 800여 명의 아이들을 연구하면서 201명의 위험군 아이들을 집중적으로 살폈습니다. 그들은 앞서 살펴본 개인적, 가정적, 사회적 요인이 최악의 상태인 아이들이었습니다. 실제로 대부분의 아이들이 사회부적응자가 되었습니다. 부모에게 사랑받지 못하고 사회에서 지지받지 못하는 상황이었으니 그럴 수밖에 없었을 겁니다. 그런데 놀랍게도 31퍼센트의 예외가 있었습니다. 그들은 학교에서 좋은 성적을 거두고 대학을 가거나 훌륭한 시민으로 성장했습니다.

이들에게는 어떤 일이 있었던 것일까요?

부모의 삶이 무너져서 제대로 사랑받지 못하고 방치되고 학대당했을 가능성이 높았지만 '어떤 상황에서도 자신을 지지해준 한 사람'이 있었습니다. 그 한 사람으로 인해 포기하지 않고 노력하는 삶을 살아갈 수 있는 힘을 갖게 된 것입니다. 이를 '회복탄력성'이라고 부릅니다. 부모가 아니면 조부모나 친척 아니면 이웃, 선생님들이 그 한 사람이 되어주지 않았을까요?

모든 요인이 무너졌을 때조차도 우리는 교사로서 긍정적 힘을 발휘할 수 있습니다. 그래서 다시 한 번 이야기하게 됩니다.

"교사가 희망이다."

교사의 역할

신경학자 맥린은 인간의 뇌를 뇌간, 대뇌변연계, 대뇌피질 3개로 나눠서 보는 삼중뇌 이론을 주장했습니다. 생존과 관련된 역할을 하는 뇌간 부분은 파충류의 뇌와 같은 기능을 하기 때문에 파충류의 뇌라고 부르고, 감정 및 기억과 관련 역할을 많이 하는 대뇌변연계는 포유류의 뇌라고 부르며, 사고작용이 많이 이뤄지는 대뇌피질을 인간뇌라고 불렀습니다.

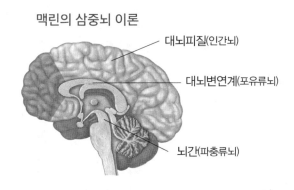

맥린의 삼중뇌 이론

앨더퍼의 **ERG** 이론은 인간의 세 가지 기본욕구인 생존욕구, 관계욕구, 성장욕구가 뇌의 삼중구조에서 나오는 것으로 설명하고 있습니다. 욕구가 좌절되면 부정적 감정을, 충족되면 긍정적 감정을 느끼기 마련입니다.

교사는 가능하면 학생이 긍정적 심정을 느끼도록 도와야 합니다. 욕구가 좌절된 상황에서 욕구를 조절하면서 문제를 해결할 수 있는 능력도 키워줘야 합니다. 생존욕구를 채워주는 보호자의 역할, 관계

앨더퍼의 ERG 이론에 바탕한 욕구와 감정, 교사 역할

욕구	감정	교사 역할
G: 성장의 욕구 (인지, 심미, 성장)	무기력과 불안/ 유능감, 자신감	교육자
R: 관계의 욕구 (소속, 존경)	외로움과 슬픔/자존감, 소속감, 존중	양육자, 지도자
E: 생존의 욕구 (생존, 안정)	두려움과 분노 / 안정감, 용기	보호자

욕구를 채워주는 양육자의 역할, 성장욕구를 채워주는 교육자의 역할을 해야 합니다. 아직 성숙하지 않은 많은 아이들과 교실에서 함께 지내기 위해서 지도자의 역할도 중요합니다.

교사가 이런 역할을 잘 수행하는 것은 물론 아이들에게도 좋은 일이지만 교사 자신에게도 필요한 일입니다. 교사가 보호자 역할을 제대로 하지 못해서 아이들 사이에 폭력이 자주 일어난다면 교사는 안전할까요? 교사가 양육자의 역할을 제대로 하지 못해서 아이들이 정서적 학대를 당한다고 누군가 주장한다면 교사는 무사할 수 있을까요?

'학교폭력예방 및 대책에 관한 법률'과 '아동학대범죄의 처벌 등에 관한 특례법'은 학생들을 보호하기 위해 만들어진 법입니다. 하지만 많은 부분에서 교육적 관점이 반영되지 않아 부작용도 많습니다. 교육적으로 해결해야 할 문제조차도 사법적으로 해결하려는 어른들의 편의적 사고가 종종 비교육적 상황을 만들곤 합니다.

어쨌든 교사는 위의 역할을 잘 해내야만 합니다. 그것이 교사로서

행복한 삶을 사는 길이며, 예상치 못했던 위험으로부터 자신을 보호
할 수 있는 길이기도 합니다.

7

공교육에서
교사의
10가지 실천

교사로서 좋은 철학을 갖는 것은 매우 중요합니다.

이와 함께 그 철학을 현실에서 구현해낼 수 있는 능력을 갖추는 것도 매우 중요합니다.

또한 현실에서 이룰 수 있는 방법이 효과적이어야 합니다.

그동안 학급에서 안전하고 사랑받는 생활공동체를 만들고,

효과적이고 성장하는 학습공동체를 만들기 위해 실천해온 10가지를 소개합니다.

: : 안전하고 사랑받는 생활공동체 만들기

1. 아침인사와 태도

2. 학생보호와 문제해결

3. 자아성찰과 변화

4. 몸과 마음 사용하기

5. 의사소통능력과 협력

: : 효과적이고 성장하는 학습공동체 만들기

6. 수업규칙

7. 수업구조와 기술 활용하기

8. 강의력 높이기

9. 뇌기반 학습기술 활용하기

10. 학습 사이클 활용하기

안전하고 사랑받는
생활공동체 만들기

생활공동체를 만드는 5가지 실천을 살펴보기 전에 다음 질문에 답해
봅시다.

1. 학생들을 만나면 밝게 인사하고 따뜻하게 대해주나요?

2. 학생들이 성찰하며 성장하도록 친절하면서도 단호한 태도로 돕고 있나요?

3. 학생들이 두려움을 느끼지 않도록 보호하고 있나요?

4. 학생들의 몸의 건강과 마음의 안정을 위해 노력하고 있나요?

5. 학생들이 서로의 생각과 감정을 나누면서 협력하는 힘을 키우기 위해 노력하
   고 있나요?

이 질문을 읽으면서 충분히 하고 있다고 느끼나요, 아니면 학생들

을 가르치면 되지 이런 것까지 신경써야 하나, 하는 생각이 드나요? 아니면 이런 생각은 하고 있지만 실제로 잘 되지 않아서 답답한가요? 어떤 상황이든 앞으로 읽게 될 내용들은 보다 행복하고 성장하는 교실을 만드는 데 큰 도움이 되리라 믿습니다.

2011~2012년에 EBS 〈우리 선생님이 달라졌어요〉에서 교사 코칭을 할 때 많은 선생님이 수업기술을 가르쳐 달라고 했습니다. 수업기술이 좋아지면 잘 가르칠 수 있을 것이라 믿었습니다. 하지만 선생님들의 교실을 살펴보면, 학생들이 보호되지 않고 사랑으로 연결되지 않은 경우가 많았습니다. 감정적으로 예민해져서 누군가의 말에 쉽게 화를 내거나 선생님의 눈을 바라보고 듣지 못했습니다. 수업 중에도 감정이 격해져서 싸움이 일어나기도 했습니다. 수업기술이 부족해서가 아니라 생활공동체로서 기초를 만들지 못한 데서 비롯된 것이었습니다. 공부하기 이전에 공부할 수 있는 환경, 마음가짐을 만들기 위해 노력해야 합니다. 이는 농부가 땅을 갈고 물과 거름을 주는 것과 같습니다. 딱딱하게 굳은 땅에 씨를 뿌려봐야 뿌리내릴 수 없는 것처럼 두려움과 외로움으로 굳어버린 아이들의 마음 밭에 지식의 씨앗은 뿌리내릴 수 없기 때문입니다.

1. 아침인사와 태도

인사를 한다는 것은 누군가를 발견하고 반겨주는 것입니다. 한 존재를 소중하게 여기고, 만난 것을 기뻐하는 것입니다. 가르치기 전에 만나는 것이 먼저이고, 마음이 연결되어야 합니다. 그래야 선생님의 이야기, 학습 주제가 학생들의 뇌에서 의미있게 처리되기 시작합니다. 교육은 학생들이 사랑받는다고 느끼게 하는 것부터 시작해야 합니다. 학생들이 싫어하는 선생님 중 인사를 잘 받아주지 않는 선생님이 손에 꼽힌다는 것은 당연한 것입니다. 어린아이라도 자신을 소중하게 여겨주고 반가워해주는 사람을 만날 때 행복하고, 무시하는 사람을 만날 때 화나고 슬퍼집니다. 어린 아이들일수록 더욱 더 그렇습니다. 우리 반에서는 아침에 일정 시간이 되면 음악을 틀어놓고 아이들은 돌아다니면서 5명의 친구와 인사를 하고 나에게 와서 인사를 했습니다. 악수를 하기도 하고, 하이파이브나 손유희 인사 또는 안아주기 인사를 했습니다. 아침에 아이의 눈을 바라보고 손을 잡거나 안아주면서 "사랑한다, 오늘도 잘 지내자"라고 이야기했습니다. 기분이 아주 좋아보이거나 안 좋아 보인다면 물어보기도 했습니다. 이렇게 하루를 시작하면서 우리 반 모두가 사랑으로 연결되어 있다는 것을 느꼈습니다. 선생님이 학생들에게 환하게 웃으면서 인사할 때 학생들은 자신이 소중한 존재임을 느끼며 자존감이 높아지는 것과 함께, 다른 사람을 대하는 태도를 배웁니다. 소중하게 대해졌기 때문에 다른 사람을 소중하게 대할 수 있게 되는 것이지요. 다른 사람을 존중하라고 백 번 이야기하는 것보다 아침에 서로를 반기며 나누는 인사에서 더 많이 배웁니다. 때로는 너무 힘들고 속상해서 아침인사를 하지 않을 때도 있습니다. 화내고 혼내는 것은 아니지만 스트레스로 인해 표정이 굳어 있고 잘 웃지 않으니 아이들이 와서 묻습니다. "선생님, 왜 요즘 아침인사를 안 해요?"

2. 학생보호와 문제해결

인간의 가장 기본적인 욕구는 생존과 안전에 대한 욕구입니다. 두려움을 느끼면 마음속에 사랑과 존중이 싹트기 어렵고, 머리에서 학습이 이뤄지기 어렵습니다. 우리 뇌는 생존을 가장 중요하게 여기기 때문에 자신을 지키기 위한 생존반응을 하게 됩니다. 이 상태에서 자기를 보호하기 위해 움츠러들거나 공격적인 행동을 하는 것입니다. 그래서 교사는 보호자가 되어야 합니다. 학생들이 경험할 수 있는 위험을 예방하고, 보호해줘야 합니다. 특히 교사의 부정적 감정으로 인한 폭발은 학생들이 교실에서 많이 경험하는 두려운 일 중 하나입니다. 친구들 사이의 갈등이나 다툼도 많이 경험하는 두려운 일이며, 공부를 잘하지 못했을 때 혼나는 것에도 큰 두려움을 갖고 있습니다. 학생들을 보호하고 문제를 긍정적으로 해결하기 위해서 교사의 문제해결기술 4단계를 사용합니다.

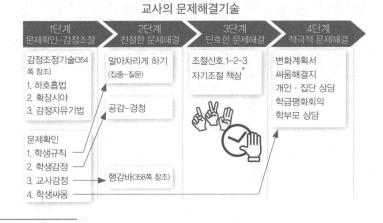

교사의 문제해결기술

* 자기 자리에서 수업규칙을 지키고 스스로 조절하는 게 어려운 학생이 교실 맨 앞, 선생님 가까이에 앉아서 일정 시간 공부한다.

1단계: 문제확인-감정조절

먼저 무엇이 문제인지, 문제를 일으킨 원인에 대해 판단해야 합니다. 교사의 감정에서 비롯된 측면이 강한 경우라면 교사가 먼저 감정 조절기술인 '하호흡법'(숨을 마시고 멈추고 내쉬고 멈추기를 반복) 또는 '확장시야'(시야를 확장해서 주변을 모두 보면서 마음을 안정시키는 방법) 또는 '감정자유기법'(348쪽 참조)을 사용하여 심리적으로 안정을 찾는 것이 우선되어야 합니다.

2단계: 친절한 문제해결

문제 상황이 아직 심각하지 않다면 친절하면서도 간단한 해결방법을 사용합니다. 학생이 규칙을 지키지 않아 발생한 문제라면 규칙을 알아차리도록 학생 가까이 가거나, 해당 학생에게 집중하여 규칙을 확인시켜 주거나 학생에게 해야 할 일이 무엇인지 묻습니다. 만약 학생이 감정적으로 안정되는 것이 필요한 상황이라면 우선은 공감하며 이야기를 들어줍니다. 학생의 문제행동 때문에 교사의 감정이 동요하는 경우라면 학생에게 '행감바'(상대의 행동-나의 감정-바람)로 이야기합니다.

3단계: 단호한 문제해결

문제행동을 멈추지 않는다면 단호한 문제해결을 사용합니다. 자기조절을 할 수 있도록 신호를 보냅니다. 마치 축구의 옐로카드-레드카드처럼 화를 내거나 참지 않고 덤덤하게 신호를 보냅니다. 문제가 되니까 스스로 조절하라는 신호입니다. 축구와 달리 두 번이 아니라 세 번을 보냅니다. 기회를 한 번 더 주는 것입니다. 이때 중요한 것은 화를 내지 않고 담담하면서도 단호하게 '하나' 또는 '하나, 스스로 조절하세요'라고 말합니다. 그래도 문제행동을 멈추지 않는다면 '둘' 그래도 계속된다면 '셋, 자기조절연습 책상으로 오세요'라고 합니다. 자기조절연습 책상(선생님 책상 바로 옆에 있는)에 앉아서 선생님 가장 가까이에서 공부합니다.

4단계: 적극적 문제해결

그래도 해결되지 않는 아이가 있다면 4단계 적극적 문제해결 방법을 사용합니다. 1~3단계가 문제상황에서 즉각적으로 이뤄졌다면, 4단계는 그 상황에서 바로 할 수도 있지만 쉬는 시간이나 점심시간, 방과후에 시간을 내서 좀 더 긴 시간 깊이 있게 이야기를 나누면서 해결합니다. 변화계획서는 규칙을 반복적으로 어길 때 책임감을 키우기 위해 어떻게 할 것인지 약속하고 며칠 동안 점검하면서 변화를 돕습니다. 싸움해결지는 싸웠을 때 나눠주고 작성한 후 상담하는 방법인데 이 절차를 거치면서 학생들은 문제가 생기면 해결하는 과정이 만만치 않다는 것을 배우게 됩니다. 필요하면 방과 후에 상담을 더 할 수도 있습니다. 중요한 것은 아이들이 두려움을 느끼지 않고 책임감을 느끼도록 해야 한다는 것입니다. 두려움은 콜버그 도덕성 발달단계의 1단계, 책임감은 4단계에 해당됩니다. 그래서 1단계인 교사의 감정조절기술이 매우 중요합니다. 학급평화회의를 통해 좋았던 점, 아쉬운 점, 해결방안, 바라는 점을 이야기 나눕니다. 앞자를 따서 '좋아 해바 회의'라고 부릅니다. 이렇게 함께 문제를 해결하면서 학생들은 개인적으로 성장하며, 민주시민으로 자라게 됩니다.

학생들이 스스로 문제를 해결할 수 있는 능력을 키워줘야 합니다. 교사는 모든 곳에 있을 수 없으며 언제나 함께할 수도 없으니까요.

우리 반에서는 문제해결 시스템으로 학급문제해결 8단계를 만들어

학생의 문제해결기술

---

* 감정자유기법은 미국의 개리 크레이그가 만든 심리치료기법으로, 몸의 경혈들을 두 드리면서 확언(어떤 문제가 있지만 자신을 받아들이고 사랑한다고 말하기)를 하면서 감정 을 조절하고 상처를 치유하는 기법이다. 한의학의 경혈요법과 서양의 심리치료가 결 합되어 보다 뛰어난 효과를 발휘한다. 초등학생들이나 유치원 아이들도 배워서 사 용할 수 있을 정도로 간단하기까지 하다. EFT KOREA에서 더 많은 정보를 확인할 수 있다. http://eftkorea.net

활용했습니다. 3단계까지는 스스로 문제를 해결하지만, 스스로 해결하는 게 어려운 문제는 4단계부터 교사가 함께 해결합니다. 또 교사의 능력이나 권한 밖의 일은 학부모 상담 또는 선도위원회, 학교폭력대책자치위원회와 같은 기구를 이용할 수도 있습니다.

왼쪽 그림 '학생의 문제해결기술' 중에서 용어가 낯선 확장시야(하칼라우), 인사해약, 수호천사 약속, 멈조방은 다음과 같습니다.

확장시야(하칼라우)

하와이의 명상기법 중 하나로 하칼라우라고도 한다. 화나거나 스트레스 상황에서는 시야가 좁아져 터널시야 상태가 되고, 마음이 편할 때는 시야가 넓어져서 확장시야 상태가 된다. 산의 정상에 올라 아래를 바라보거나 바다의 수평선을 바라볼 때가 확장시야 상태이다. 이때 마음이 편해지는 것을 경험할 수 있다. 확장시야(하칼라우)는 의도적으로 시야를 확장하여 빠르게 감정을 안정시키고, 마음이 편해지며, 명상상태가 되도록 하는 기법이다.

인사해약(인정-사과-해결-약속)

사과받을 때 어떤 경우에 마음이 편해지고 용서할 수 있었는지 회의를 통해 만들어낸 사과방법이다. 먼저 인정하고 사과한다. 어떻게 해결할 수 있을지 묻는다. '어떻게 하면 네 마음이 풀어질까?' 이야기 나눈 것을 지키겠다고 약속한다.

수호천사 약속

어려움에 당한 친구를 도와주겠다는 약속과 어려울 때는 친구(수호천사)에게 도와달라고 하겠다는 약속이다.

멈조방(멈춤-조절-방법)

친구들이 다투고 있을 때 수호천사들이 멈추도록 이야기한다. 감정을 조절하라고 이야기하고 해결방법을 함께 찾는다.

3. 자아성찰과 변화

앞서 다중지능에 대한 이야기를 하면서 행복한 사람들이 대체로 자기이해지능이 높고 강점지능을 잘 활용한다고 이야기했습니다. 그래서 스스로 성찰하고 강점을 잘 활용하는 교사가 행복하고 능력 있을 가능성이 높습니다. 또한 아이들도 스스로 성찰하고 강점을 찾아서 잘 활용하도록 가르쳐야 합니다.

콜버그의 도덕성 발달단계를 활용하는 것도 도움이 됩니다. 인간에게 수준이 있다는 것을 모르는 사람과 아는 사람의 삶은 크게 차이가 납니다. 알기만 하는 사람과 성찰하고 실천하는 사람의 삶도 크게 차이가 납니다. 교육의 목적은 지식의 습득 이전에 좋은 사람이 되도록 도와주는 것입니다.

아이들이 1단계 벌을 두려워하는 수준의 도덕성이나 2단계 욕구충족과 보상을 바라는 수준의 도덕성, 3단계 평판을 중시하는 수준에 머물지 않고 좀 더 높은 수준으로 나아갈 수 있도록 도와주어야 합니다. 특히 4단계 법과 질서에 대한 책임감과 5단계 사회계약, 즉 모든 사람들을 소중하게 여길 수 있는 사람으로 키워야 합니다. 4~5단

	6단계	보편적 윤리의식
후인습적 도덕기 (25세 이상)	5단계	사회계약 중시
인습적 도덕기 (12~25세)	4단계 법과 질서 중시	
	3단계 평판 중시	
전인습적 도덕기 (3~11세)	2단계 욕구충족과 거래 중시	
	1단계 벌의 회피 및 복종 중시	

콜버그의 도덕성 발달단계: 3수준 6단계

계가 바로 인간다운 삶이자 민주시민의 삶이라 할 수 있습니다. 6단계 보편적 윤리의식이 인류공영의 이상으로 나아가는 것이라 할 수 있습니다.

이런 자아성찰과 함께 문제가 있을 때 알아차리고 선택하는 과정도 매우 중요합니다. 잘못했을 때 혼내는 것은 1단계 벌의 회피 수준이며, 잘하면 보상을 주는 것은 2단계 욕구충족 수준입니다. 혼나는 걸로 좋아진다면 아이들은 이미 천사가 되었을 테지요. 3월 초에 학생들과 1년 동안 어떤 말과 행동을 할 것인지 이야기를 나누고 다짐을 써서 교실에 붙여둡니다. 문제행동을 할 때 혼을 내기보다, 써서 붙여둔 곳으로 가서 이야기합니다.

"유진아, 3월 둘째 날 어떻게 말하고 행동할지 다짐하고 써서 붙여

둔 것 기억하지? 선생님이 읽어줄까, 네가 와서 읽어볼래, 알아서 잘 할래?"

많은 아이들이 알아서 잘하겠다고 이야기합니다. 자신의 잘못을 알아차리도록 도와주고 스스로 조절할 수 있는 기회를 주는 것입니다. 잘해냈을 때 기뻐하고 칭찬해준다면 아이들은 더욱 더 잘하게 될 것입니다. 사람은 기분 좋을 때 더 잘할 수 있기 때문입니다. 우리가 원하는 우리 반을 생각해보고 이를 위해서 우리가 해야 할 것과 하지 말아야 할 것을 정합니다. 만약 해야 할 것을 하지 않았다면 어떻게 하게 할 것인지, 하지 말아야 할 것을 했다면 어떻게 책임지고 회복시킬 것인지 이야기를 나눕니다. 꼭 지켜야 할 몇 가지를 선택해서 학급의 규칙으로 만들어둡니다. 문제가 일어날 때만 활용하는 게 아니라 일어나기 전에 규칙을 상기시키고, 문제가 커지기 전 작은 문제일 때 규칙을 알아차리게 하고 스스로 지킬 수 있도록 도와줍니다. 규칙을 잘 지켰을 때는 긍정적인 반응을 하는 것도 잊지 마시고요.

4. 몸과 마음 사용하기

1) 요가

몸이 아프면 마음도 불편하고 공부도 잘 되지 않기 마련입니다. 몸과 마음은 깊이 연결되어 있기 때문에 마음을 다스리기 위해 몸을 조절하는 것은 큰 도움이 됩니다. 우리 반에서는 매일 아침 인사를 하고 교실의 적당한 자리에 서서 요가를 했습니다.

산자세　나무자세　　삼각자세　　　　전사자세　　　　선 활자세

　놀랍게도 아이들은 산자세조차 하는 것이 쉽지 않습니다. 주의가 밖으로 나가 있어서 말하고 떠드느라 산자세를 안정적으로 수행하는 것이 쉽지 않은 것이지요. 이어지는 나무자세는 한쪽 발을 다른 쪽 다리의 무릎에 대고 한 발로 서는 자세인데, 역시 제대로 서는 것을 어려워합니다. 이 자세를 취하려면 밖으로 향한 주의를 자신의 몸으로 되돌리고 몸을 느끼면서 균형을 유지해야 합니다.

　몸을 조절하지 못하는 사람이 어떻게 감정을 조절하고 생각을 조절할 수 있을까요? 재미있는 것은 아이들의 요가 자세가 안정되면 학습 태도 또한 매우 안정되더라는 것입니다.

2) 춤추기

"지금 알고 있는 걸 그때도 알았더라면

나는 분명코 춤추는 법을 배웠으리라."

－ 〈지금 알고 있는 걸 그때도 알았더라면〉 열림원, 류시화 엮음

그래서 아이들과 같이 춤을 추곤 했습니다. 체육교과에 있는 민속춤이나 라인댄스 그리고 유튜브에서 저스트 댄스를 검색해서 쉬운 춤을 함께 추면서 놀았습니다. 조금 쑥스럽지만 이렇게 1년 동안 자주 춤을 추면서 지냈습니다.

3) 스트레칭

운동할 때만이 아니라 공부하기 전이나 중간에 스트레칭은 몸을 편안하게 하고 혈액순환을 도와서 학습에 큰 도움이 됩니다. 목, 어깨와 등, 허리 스트레칭 5가지 동작을 자주 활용했습니다. 교실 밖에서도 몸을 편안하게 하기 위해 자주 사용하도록 가르쳤습니다.

4) 감정조절기술

앞에 문제해결기술에서 다루었지만 다시 정리해보자면, 감정과 호흡은 깊은 관련이 있습니다. 화나면 호흡이 가빠지고, 우울해지면 호흡이 느려지지요. 호흡이 아주 느린 상황에서 화내기 어렵고, 호흡이 가쁜 상태에서 우울하기 어렵습니다. 그래서 화났을 때 호흡을 좀 더 천천히 길게 해주고, 기운이 없을 때는 호흡을 길고 깊게 한 다음 좀 더 빠르게 반복해주면 힘이 납니다.

특히 시야를 확장하여 명상상태가 되어 감정을 조절할 수 있는 확장시야기법과 중요한 경혈을 두드려서 몸과 마음을 안정시키는 감정자유기법EFT(Emotional Freedom Techniques)을 활용하여 많은 도움을 받았습니다.

5. 의사소통능력과 협력

인생을 살아가면서 자신의 생각과 감정, 욕구를 알아차리고 전달하며 타인의 생각과 감정, 욕구를 이해하는 것은 매우 중요합니다. 그래야 함께 살아갈 수 있고, 협력하여 개인의 능력을 넘어서는 일들을 해내면서 보다 즐겁게 살아갈 수 있습니다. 의사소통능력은 학습에서도 대단히 중요합니다. 수업이 바로 의사소통으로 이루어집니다. 교사와 학생이 이야기를 나누고, 학생이 교재를 보면서 지식을 받아들입니다. 배운 내용을 친구들과 이야기 나누고 서로 묻고 가르치기도 합니다.

1) 듣기 기술
네 가지 듣기 기술을 가르치고 활용했습니다.

① 바라보며 듣기: 눈으로 말하는 사람을 바라보면서 듣는다. 듣기의 시작이다.

② 반응하며 듣기: 상대가 하는 말에 반응하면서 듣는다. 좀 더 많은 이야기를 하게 된다.

③ 공감하며 듣기: 마음을 느끼면서 공감하면서 듣는다. 더욱 깊이 연결된다.

④ 생각하며 듣기: 중요한 것이 무엇인지, 어떻게 하면 좋을지 생각하면서 듣는다.

수업시간에 선생님의 이야기를 바라보며 듣고, 반응하며 듣고, 공감하고 듣고, 생각하면서 듣는다면 당연히 더 잘 배울 수 있습니다.

2) 말하기 기술

① 생각 말하기: 나는 ~라고 생각해. 왜냐하면~

② 감정 말하기: 나는 ~해. 왜냐하면~

③ 바람 말하기: 나는 ~를 원해. 왜냐하면~

듣기 기술을 활용하면서 말하기 기술을 사용하면 대화와 수업이 풍성하고 깊어질 수 있습니다. 잘 들을 때 이해할 수 있게 되고, 잘 말하고 다른 사람들이 잘 들어주면 존중받고 있다고 느끼고 스스로 유능하다고 느낍니다.

3) 질문하기

수업 중에 어떤 활동을 하고 나면 다음과 같이 물어봅니다.

"이에 대해 어떻게 생각하나요?" 또는 "무엇을 배웠나요?"

"어떤 감정을 느꼈나요?"

"어떤 것을 해보고 싶나요?"

학생들이 아직은 명확하지 않은 생각과 감정, 바람을 살펴볼 수 있도록 도와줍니다. 대답이 막연하다면 "좀 더 구체적으로 이야기해 줄래요?", "구체적인 예를 들어본다면?"과 같이 구체적으로 생각할 수 있는 질문을 합니다. 또는 육하원칙을 이용해서 질문할 수도 있습니다. "언제 일어난 일이죠?" "그것을 어떻게 알 수 있나요?" "그렇게 생각한 이유는 무엇인가요?"

반대로 너무 구체적이라면 "그것은 무엇의 예인가요?", "그것은 어떤 의미가 있나요?", "지금 이야기한 것 그리고 이와 비슷한 것들을 묶어서 뭐라고 할 수 있나요?"처럼 보다 추상적으로 생각하거나 유목화해서 상위 개념을 찾아낼 수 있는 질문을 합니다.

4) 주제 돌림 말하기

① 어떤 주제를 주고 생각할 시간을 준다.

② 순서대로 돌아가면서 한 단어나 한 문장씩 이야기한다.

③ 생각나지 않으면 '나중에'라고 말하고 모두 이야기한 다음에 이야기한다.

④ 앞 사람이 말한 것과 같은 것을 말해도 괜찮다.

⑤ 모두 다 이야기하고 나면 박수를 치면서 축하한다.

어떤 주제에 대해 이야기하거나 복습할 때도 많이 활용했습니다. 모든 사람이 짧고 빠르게 말하기 때문에 평소 발표하지 않던 아이도 말을 하게 됩니다. 생각나지 않으면 나중에 말해도 되고, 앞 사람이 한 것을 그대로 이야기해도 되기 때문에 부담이 적습니다. 아이들이 말하는 것을 주의깊게 듣고 반응해주면 좀 더 자신감을 갖고 말할 수 있게 됩니다. 이 방법을 자주 활용하면 말하는 것에 대한 두려움이 줄어들어 활발한 수업 분위기를 만드는 데 도움이 됩니다.

5) 학급회의

매주 금요일 5교시에는 지난 1주일을 돌아보면서 좋았던 일, 아쉬운 일, 해결방안에 대한 학급회의를 실시했습니다. 앞 글자를 따서 '좋아해 학급회의'라고 불렀습니다.

먼저 좋았던 일을 이야기 나눕니다. 좋았던 일을 이야기 나누지 않고 문제점만 이야기하면, 학생들은 회의를 부정적으로 생각할 수 있습니다. 회의는 우리의 삶을 다 같이 깊이 있게 살펴보면서 서로 칭찬, 격려, 감사하기도 하고 아쉬운 것을 이야기하면서 공감하기도 하고 해결방법을 찾아서 실천하기로 마음먹는 시간입니다. 그래서 특별히 문제가 있어서 회의를 시작한 게 아니라면 좋았던 일부터 시작하는 것이 좋습니다. 학생들도 좋았던 일을 다시 생각하고 말하고 들으면서 우리 반이 꽤 괜찮다고 느끼게 됩니다.

두 번째는 아쉬웠던 일을 이야기 나눕니다. 아쉬운 것을 이야기할 때는 반드시 비난하지 않고, 존중하는 방식으로 이야기해야 합니다. 아쉽고 기분 나쁘다고 거칠게 말한다면 해결하기 어려워집니다. 어떠한 말과 행동이 자신의 감정을 어떻게 만들었는지, 바라는 것이 무엇인지 이야기합니다. 앞자를 따서 평화대화법 '행감바' 말하기라고 합니다. 예를 들어 보겠습니다.

행: 요즘 우리 반에 보드게임을 가지고 논 다음 제대로 정리하지 않는 일이 자주 일어나고 있습니다. → 문제가 되는 **행동**

감: 보드게임이 널브러져 있고 부품이 굴러다니는 것을 볼 때면 주워서 담거나

정리하기도 하는데 마음이 매우 불편합니다. → 내가 느끼는 **감**정

바: 오늘 회의시간에 이에 대해 이야기를 나누고 해결방법을 찾을 수 있기를 바랍니다. → 잘 해결되었으면 하는 **바람**

세 번째는 해결방법을 이야기 나눕니다. 문제를 해결할 수 있는 방법들을 이야기 나눈 다음 그 방법이 합리적인지, 존중하는 방식인지, 실현가능한지 확인해서 실천 방법을 고릅니다.

문제를 회피하거나 교사에게 의존하지 않고 스스로 생각하고 함께 이야기 나누고 결정해서 실천하여 해결합니다. 이 과정을 통해 학생들은 자신의 삶을 개선하고 공동체 구성원으로서 책임을 다하게 됩니다. 민주시민으로 성숙하는 과정이기도 합니다.

효과적이고 성장하는
학습공동체 만들기

앞에서 제안한 것들을 실천하면서 생활공동체의 기초가 어느 정도
잡혔다면, 학습공동체를 만들기 위한 5가지 실천이 효과를 볼 수 있
습니다.

먼저 다음의 질문에 답해봅시다.

1. 우리 반에는 수업규칙이 있고 제대로 활용되고 있나요?

2. 다양한 학습 스타일을 가진 학생들이 학습하도록 다양한 수업기술을 사용하
   고 있나요?

3. 학생들이 재미를 느끼고 효과적으로 배울 수 있게 수업을 진행하고 있나요?

4. 학생들에게 뇌기반 학습기술을 가르쳐서 학습효율을 높이고 있나요?

5. 학교와 가정의 학습 사이클을 구축해서 학교에서 배운 것을 가정에서 완성

시키고 있나요?

게임을 하루 12시간 동안 했는데 얻은 아이템이 거의 없고, 적을 만나기만 하면 몇 대 맞고 사망하고, 캐릭터의 경험치나 레벨이 거의 오르지 않는다면 그 게임을 계속 하고 싶을까요? 그런 게임을 만든 제작자들은 당장 망하고 말 겁니다. 아이들이 왜 게임을 하고 싶어할까요? 어려움이 있기는 하지만 시간과 노력을 들이면 적을 무찌르고 임무를 완수하고 아이템을 얻고 경험치가 높아지고 레벨이 오릅니다. 학교에서는 공부 못한다고 혼나고 친구들에게 무시당하곤 했는데 게임 상에서는 무적의 용사로 다른 게임 유저들에게 존경을 받습니다. 공부를 싫어하고 게임을 좋아하는 게 당연하지요. 공부도 적당한 시간을 하지만, 할수록 실력이 커지고 유능감을 느낄 수 있어야 합니다. 그러려면 공부의 효율을 높여야 합니다.

생활공동체의 안정을 바탕으로 학습효율을 높이기 위해서 먼저 수업을 할 수 있는 분위기를 만들어야 합니다. 수업 중 싸우는 아이, 떠드는 아이, 딴짓 하는 아이, 자는 아이 등 많은 문제가 발생합니다. 수업규칙을 함께 잘 만들고 활용하면 이런 문제들을 예방하고 해결하는 데 큰 도움이 됩니다. 이는 학습시간을 더욱 확보하고, 수업 중 부정적 감정을 줄여주기 때문에 학습효율을 높일 수 있습니다. 선생님들을 코칭하다 보면 안타깝게도 수업규칙이 없거나, 있어도 기록되어 있지 않거나, 있어도 활용되지 않거나, 있어도 효과적인 규칙이 아닌 경우가 많았습니다. 효과적인 수업규칙을 만들고 활용하는 것은 교실에서 수업이 이루어질 수 있는 기초를 만드는 것입니다. **(수업규칙)**

다음은 수업의 구조와 기술 그리고 진행하는 교사의 강의력을 향상시켜야 합니다. 다양한 학습자들이 효과적으로 학습하기 위해서는 사고의 흐름을 따르며 촉진하는 수업구조와 기술들이 필요합니다. 이를 연마하는 것은 축구선수가 드리블, 슈팅, 패스, 헤딩, 체력훈련, 기술연습을 하는 것과 같습니다. 충분히 연습해서 시합에서 사용하는 것처럼, 수업기술도 충분히 연습하고 활용해야 합니다. **(수업구조와 기술, 강의력 높이기)**

학생들이 공부하는 것을 살펴보니 학습기술이 너무나 부족했습니다. 많은 시간을 공부하나 의욕도 없고 기술도 없으니 효율이 너무 떨어졌습니다. 축구를 의욕도 기술도 없이 전후반 90분이 아니라 225분을 뛴다고 생각해보세요. 우리 학생들이 학교에서 학원으로 새벽부터 밤늦게까지 공부하는 것은, 남들보다 몇 배 더 바다에 나가 고기를 잡았는데 달랑 세 마리 잡은 것과 비슷합니다. 물고기가 어디에 많이 있는지, 시간에 따라 어디로 이동하는지를 알아야 합니다. 그물이 너무 촘촘하면 찢어지거나 끌어올릴 수가 없고, 너무 성글면 다 빠져나가기 마련입니다.

대부분의 아이들은 고기가 어디 있는지도 모르고, 학습 그물은 너무 성글고 찢어져 있는 경우가 많았습니다. 그러니 공부를 하면 할수록 자신이 무능한 인간이 되어가니 공부하기 싫은 게 당연하지요. 학습이 이뤄졌다는 것은 정보를 받아들이고 처리해서 기억이 되고, 그것이 필요한 상황에서 회상해내어 활용할 수 있다는 것을 의미합니다. 이처럼 기억되고 회상하려면 뇌세포가 연결되어야 합니다. 즉 학습이 이뤄졌다는 것은 뇌 세포의 연결이 만들어져서 사용할 수 있다는 것을 의미합니다. 그래서 뇌의 작동원리에 학습방식을 사용하는 것이 중요합니다. 의욕을 가지고 좋은 방법을 활용하여 적정한 시간 동안, 적정한 주기를 활용하여 공부할 때 학습효과가 높아집니다. (뇌기반 학습기술 활용하기)

초임교사일 때 몇몇 아이들이 수업 중에 딴짓 하는 것을 보았습니다. 확인해보니 학원 숙제를 하고 있었던 것입니다. 학원 숙제를 해가지 않으면 매를 맞기 때문에 어쩔 수 없었다고 용서를 구했습니다. 맞는 것에 대한 두려움 때문이라니 어떻게 할 수 없었지요. 이후로도 이런 일들을 가끔씩 경험했습니다. 학기 초에 이에 대한 주의를 주기 때문에 수업 중에 학원 숙제를 하는 일은 없어졌지만 쉬는 시간에는 바쁘게 학원 숙제를 하고 있거나 같은 학원 다니는 친구 것을 베끼는 모습은 가끔 볼 수 있었습니다.

수업시간에 최대한 학습이 이뤄지게 해야 하고, 가정에서 복습을 통해 학습을 확고하게 만들어야 합니다. 학원은 스스로 해내지 못하는 부분에서 꼭 필요한 부분만 활용할 수 있어야 합니다. 지금처럼 학원의 노예가 되고 학교 공부를 침식하는 방식은 너무나 비효율적입니다. 특히 학원의 선행학습은 1층이 만들어지지 않았는데 2층, 3층 작업을 하는 것과 같습니다.

학부모와 상담할 때 선행학습을 많이 하는 학원은 학생들에게 해롭고 학습효과도 떨어지는 나쁜 학원이라고 이야기합니다. 5학년 학생이 5학년 수학도 잘 모르는데 중학교 2학년 수학 공부를 하면서 괴로워합니다.

"학원에서 하는 중학교 2학년 수학 문제를 잘 모르겠어요. 그러면 선생님이 다른 애들은 다 하는데 너는 왜 못하냐고 그래요. 그렇게 무시당하고 나면 기분 나쁘고 화나요."

"그런데 왜 계속 그 학원을 다니니?"

"엄마가 다니래요. 안 간다고 하면 혼나요. 다른 애들도 다 하는데 왜 너만 못한다고 하냐면서요."

"그렇게 선행학습 한 것이 너에게 도움이 된다고 생각하니?"

"아니요. 이렇게 5학년 수학 문제도 틀리잖아요."

이건 마치 걷기 시작한 아이에게 뛰라고 하고 허들을 넘으라고 하는 것과 같습니다. 이렇게 운동시키면 몸이 망가지듯이 이렇게 공부시키면 몸과 마음이 망가집니다. 그래서 제대로 된 학습 사이클이 필요합니다. 학교에서 효과적으로 공부하고, 집에서 복습을 통해 확실하게 자기 실력으로 만드는 학습 사이클을 만들어야 합니다.

학교에서 공부하고 학원에서 공부하는 학습 사이클은 매우 비효율적이며, 학원에서 선행학습을 주로 하고 있다면 심각한 문제가 생길 수밖에 없습니다. 문제는 풀 수 있을지 모르지만 학습의욕을 잃기 마련입니다. 학원이 필요하다면 학교 수업과 가정학습을 보조하는 수준, 말 그대로 보충학습 학원이어야 합니다. (학습 사이클 활용하기)

6. 수업규칙

수업의 기본 규칙을 만들고 활용하는 것이 중요합니다. 코칭 기술인 GROW 모델을 이용해서 수업규칙을 만들어봅니다.

Goal: 어떤 수업을 원하는가?

Reality: 지금 수업은 어떤 장점과 문제점을 갖고 있는가?

Option: 장점을 더 잘 활용하기 위해 어떤 선택을 할 것인가?

문제점을 극복하기 위해 어떤 선택을 할 것인가?

Way Forward: 좋은 수업을 위해서 실천 계획을 정한다.

학급의 수업에 대해 성찰하는 것은 큰 도움이 됩니다. 수업 중에 어떤 문제가 많이 일어나나요?

① 수업을 시작했는데도 여전히 장난치고 있어서 수업 준비가 제대로 되지 않는다.

② 엎드리거나 뒤돌아 앉아 있고 돌아다니고 있어서 분위기가 안 잡힌다.

③ 수업 중 딴 생각이나 딴짓을 하고 집중하지 않아서 제대로 배우지 못한다.

④ 아는 주제가 나오면 서로 말하려고 하고 친구들이 말하는 것은 듣지 않으려 한다.

⑤ 친구들을 도와주지도 않고, 도와줘도 고마워하지 않는다.

이외에도 많은 문제가 있을 겁니다. 그 모든 문제를 막기는 어렵지만 자주 일어나는 문제 몇 가지를 예방하는 규칙을 만들면 훨씬 더 안정적으로 수업을 할 수 있습니다. 뿐만 아니라 문제가 커지기 전에 적절하게 해결할 수 있어서, 수업 중 문제를 해결하는 데 시간과 노력을 적게 쓰고 주제에 집중해서 수업효율을 극대화할 수 있습니다.

우리 반에서 만들었던 규칙을 소개합니다.

① 수업 준비하고 정리하기

② 자세를 바르게 하기

③ 보고 듣고 생각하고 말하고 쓰기

④ 손들고 말하기 – 바라보기

⑤ 도와주고 감사하기

이 가운데 '③ 보고 듣고 생각하고 말하고 쓰기'를 예로 들면, 학생들이 수업 중 딴짓을 하며 집중하지 않을 때 이 규칙을 알아차리게 도와줍니다.

"유진아, 규칙 3번 지켜줄래?"

어느 정도 익숙해지면 손으로 규칙 3을 가리키면서 이름만 불러도 되고, 더 익숙해지면 눈을 맞추고 규칙 3을 가리켜도 됩니다. 수업에서 자주 일어나는 문제들에 대한 규칙이면서 규칙의 수가 그리 많지 않아서 활용하기 쉽습니다. 이렇게 수업규칙을 함께 만들면 학생들이 어떤 것이 문제가 되며, 어떻게 해야 할지 배우기 때문에 예방 효과가 있습니다. 다음의 방법을 같이 활용하면 예방 효과가 더욱 좋습니다.

① 수업규칙은 칠판에 잘 보이게 기록해서 붙여둔다. 이미지를 이용해서 만든다면 효과가 더욱 좋다.

② 수업 시작하기 전에 같이 읽는다. 교사가 질문하고 학생들이 답하는 방식으로 확인을 한다.

수업 중 문제가 생기면 다음과 같은 방법을 사용합니다.

전체가 문제행동을 할 경우

① 학생들이 지키지 않는 규칙을 가리켜서 어떤 규칙을 지키지 않는지 알아차리게 하고 스스로 지킬 것을 요구하기

② 규칙을 다 같이 소리내어 읽고 스스로 지킬 것을 요구하기

③ 눈을 감고 선생님이 규칙을 이야기하면 마음속으로 규칙을 지키는 상상을 하면서 자기조절 연습하기

④ 앞으로도 이 문제들이 반복된다면 이 문제를 해결하기 위한 회의를 하게 될 것이라고 안내하기

⑤ 학급회의를 통해 문제 해결방법 다시 찾기

이렇게 해서 잘 지켜지면 좋지만 그래도 잘 지켜지지 않는다면 문제의 정도와 지속성에 따라 아래의 방법들을 활용합니다.

몇몇 학생이 문제를 일으킬 경우

① 알아차리게 하기: 그 학생 쪽으로 다가가서 그곳에서 수업하기

② 그 학생에게 규칙을 가리키면서 스스로 조절하라는 신호 보내기

③ 조절신호 1-2-3: 그래도 문제를 일으키면 손가락 하나를 펴면서 '하나! 스스로 조절하세요'라고 차분하고 명확하게 말하기. 그래도 계속되면 '둘!'이라고 자기조절 신호 보내기

④ 자기조절 책상: 그래도 문제를 일으키면 '셋! 자기조절 책상'으로 나오게 하기 (교실 맨 앞에 비어 있는 책상은 자기조절 연습을 하는 책상으로, 자기 자리에서 수업규칙을 지키고 스스로 조절하는 게 어려운 학생이 앉아서 공부하는 곳임)

⑤ 개인상담: 그래도 문제를 일으키면 자기조절을 할 것인지, 남아서 교사와 좀 더 깊이 있는 상담을 하거나 부모님과 함께 상담할 것인지 선택하게 하기

여기서 중요한 것은 존중하면서도 책임을 다한다는 겁니다. 특히 문제 상황에서 교사가 감정을 조절하고 존중하며 책임을 다하며 문

제를 해결하는 모습을 많이 본 학생들은 자기 감정을 조절하고 타인을 존중하며 책임을 다하는 능력이 크게 향상됩니다. 아직 어리기 때문에 말보다는 모델링을 통해 배우는 게 많기 때문입니다. 이렇게 규칙을 만들어서 수업 중 문제행동을 예방하고 해결한다면, 수업에 집중할 시간이 많아지고 상호작용도 더욱 좋아져서 수업효율이 매우 높아집니다.

7. 수업구조와 기술 활용하기

수업을 위한 기본 규칙을 만들었고 문제가 생기면 해결할 수 있게 되었으니 수업으로 들어가봅니다. 수업에는 일련의 흐름이 있습니다. 간단하게 도입-전개-정리 3단계로 나눌 수 있는데 좀 더 자세히 살펴보면 다음과 같습니다.

1. 도입 단계에서는 동기를 유발하고, 학습목표와 과정을 안내한다.
2. 전개 단계에서는 교사가 강의하고, 학생들이 활동하고 나눈다.
3. 정리 단계에서는 복습하고 평가하고, 의미 있게 마무리한다.

1) 수업에서 활용하는 기술

그동안 제가 수업에서 활용했던 기술을 다음 페이지에서 간략하게 정리해보았습니다. 표에서 실제 수업의 핵심이라 할 수 있는 전개 과정 중 '5. 실습기법'은 표에 나오는 5가지 영역에 구체적인 기술 90가지가 더 포함되어 있습니다. 이렇게 다양한 수업기술은 3단계 수업구조에 따라 분류되고 번호가 매겨져 있어서 어느 단계에서 몇 번 기술을 사용할지 선택하면 되기 때문에 빠르게 수업설계를 할 수 있습니다. 효과적으로 가르치는 기법과 다양한 실습기법들로 인해 수업이 역동적이고, 학생들은 뇌기반 학습기술을 수업에서 적극적으로 활용하므로 학습효과도 매우 높아집니다. 이 가운데 용어가 낯설 수 있는 '65 퍼실리테이션-아구결실'과 '73 경알느하 복습'을 소개하면 다음과 같습니다.

65 퍼실리테이션-아구결실

① 아이디어 내기

② 구조화하기

③ 결정하기

④ 실천계획 세우기

: 어떤 주제에 대해 아이디어를 내고, 구조화하고, 결정한 다음, 실천계획을 세우는 퍼실리테이션 기법

73 경알느하 복습

① 경험한 것

② 알게 된 것

③ 느낀 것

④ 하고 싶은 것

: 수업시간에 경험한 것, 알게 된 것, 느낀 것, 하고 싶은 것을 생각해서 글을 쓰

과정	수업기법		
	1. 동기유발 기법	**2. 목표제시 기법**	**3. 과정안내 기법**
도입	11 동기유발 하는 법 12 이미지&영상 13 이야기 14 라디오 사연 15 게임&역할극 16 문제 제시 17 학습전문가단 18 설문조사	21 수업목표 제시하기 22 동기유발-목표 맞추기 23 전시학습-목표 맞추기 24 캐릭터 수업목표	31 사전지식 요약 32 사전지식 퀴즈 33 학습과정 안내 34 마인드맵 안내 35 모험지도 안내 36 자기이익 질문
	4. 강의기법	**5. 실습기법**	**6. 소통관리 기법**
전개	41 기본 강의법 42 직접 교수법 43 간접 교수법 44 탐구학습법 45 문제해결학습법 46 자료질문강의법 47 강의중 학생활동 — 471 필기 / 472 퀴즈 쇼 / 473 읽기 / 474 짝 가르치기 48 학생 강의 — 481 모둠 강의 / 482 토크 쇼	51 실습진행기술 52 개인활동 53 짝활동 — 531 짝활동 하는 법 / 532 서로에게 배우기 54 모둠활동 — 541 학습모둠 구성하기 / 542 학습전문가단 / 543 직소학습법 55 전체활동 — 551 질문하고 응답하기 / 552 생각 정리하기 / 553 생각 평가하기 / 554 토의-토론 / 555 학습게임 / 556 역할극 / 557 심상화 / 558 다중지능	61 질문기술 62 격려기술 63 반응기술 64 상태관리기술 65 퍼실리테이션-아구결실 66 퍼실리테이션-월드카페
	7. 복습기법	**8. 평가기법**	**9. 정리기법**
정리	71 주제돌림 말하기 72 마인드맵 복습 73 경알느하 복습 74 PMI[66] 복습 75 중요한 것 5가지 76 전시회 77 카드 만들기 78 퀴즈 만들기 79 만나서 이야기 나누기 710 별표 복습법	81 퀴즈 82 시험 – 누적평가 83 발표관찰평가 84 학습태도평가 85 자기평가 86 구술평가 87 논술평가 88 보고서 89 포트폴리오	91 실천계획 세우기 92 가정학습 안내 93 심상화 94 축하와 감사 95 시작-끝 이야기

거나 이야기하면서 복습하는 방법

2) <수학 마법사 프로그램 ver 1.0>을 소개합니다

학생들이 보다 재미있게 참여하고 개인적으로 연습하고 서로 도우면서 함께 성장하기 위해 만든 수학수업 프로그램입니다. 5가지 수업기술 및 4가지 학습기술로 이루어져 있습니다.

수업기술	학습기술
35 모험지도 안내 559 수학천사 82 시험−누적평가 710 별표 복습법 522 연산력 학습지	문장제 풀이기술 검토기술 문제집 활용기술 오답연구기술

35 모험지도 안내

① 달성해야 할 수업 목표(미션)를 목적지로 정한다.

② 아래쪽에 시작 지점을 그리고, 캐릭터를 그리거나 붙이고 현재 상태를 적어넣는다.

③ 시작 지점에서 목표까지 길을 그리고, 해야 할 과업(활동)들을 쓰고 그린다.

④ 통과 조건, 예상되는 몬스터(문제)를 표시해둔다.

[수학수업에 적용한 예]

① 여러분들은 수학 용사입니다. 저 앞의 '분모가 다른 진분수의 덧셈' 던전(장애물과 몬스터, 보물이 있는 동굴이나 성 같은 공간을 의미)을 통과해야 합니다. 분모가 다른 진분수의 덧셈을 할 수 있어야 이번 미션을 통과할 수 있습니다.

② 여러분들은 지금 이곳에 있습니다. 이미 이전 모험을 통해서 분모가 같은 분수의 덧셈 스킬과 분모가 다른 분수를 공통분모로 만드는 통분 스킬을 갖고 있습니다. 대단히 강력한 스킬들이지요.

③ 목표까지 가는 길입니다. 세 가지 장애물과 수학 몬스터들이 여러분들을 덮칠 것입니다. 이미 갖고 있는 스킬을 잘 활용해서 잘 통과하기를 바랍니다.

④ 첫 번째 장애물은 진분수를 더할 수 있어야 통과할 수 있습니다. 두 번째 몬스터는 진분수 덧셈의 여러 가지 계산방법을 익혀야만 이길 수 있습니다. 세 번째 몬스터는 조금 강력한데요. 분모가 다른 진분수의 덧셈 방법 2가지를 사용해보고 좋은 점을 찾아서 정리해야만 이길 수 있습니다. 마지막 관문은 바로 수익 던전(수익은 수학익힘책. 수학익힘책 푸는 것을 좀더 재미있게 표현한 것임)으로 들어가서 배운 스킬을 사용해 몬스터들과 싸워서 풀어야 합니다.

559 수학천사

① 교사는 효과적인 강의기술을 이용해서 가르치고, 학생들은 학습기술을 이용해서 배운다.

② 수학익힘책에서 공부할 부분을 칠판에 적고 주의사항을 안내하고 풀기 시작한다.

③ 평소 수학을 어려워하는 학생에게 가서 개인지도를 한다.

④ 수학익힘책을 먼저 다 푼 학생 3~4명을 채점해주고, 칠판에 수학마법사 이름을 적는다.

⑤ 문제를 다 푼 학생들은 수학마법사에게 채점을 받거나 잘 모르는 것을 물어본다. 채점을 받았으면 수학마법사의 사인을 받고 교사에게 가져온다.

⑥ 틀린 문제는 왜 틀렸는지 이유를 적고 다시 풀어서 교사에게 가져온다. 잘 맞춘 것을 축하하고, 틀린 것에 대해 간단하게 이야기를 나누고 사인을 해준다. 사인을 받은 학생은 자신을 도와준 수학마법사의 옆에 자신의 이름을 쓰고 수학마법사가 된다.

⑦ 수학마법사는 다른 사람을 3명 이상 도와주고 나면 책을 읽거나 심화 학습지를 풀 수 있다.

⑧ 교사는 학생들이 서로 채점하고 도와주는 동안 실력이 부족한 학생들을 철저하게 개인지도 한다.

⑨ 모든 학생들이 열심히 공부해서 수학마법사가 되면, 서로의 성장을 위해 도와주고 감사하는 수학천사로 업그레이드 하고 함께 기뻐한다.

수학수업이 마치 게임처럼 재미있고, 서로 돕고 고마워하며 마음이 따뜻해지는 시간이 됩니다. 수학을 힘들어하던 아이들도 수업시간에 배운 내용에 대해 개인지도를 받으며 확실하게 이해하면서 더욱 흥미를 갖게 되고 실력이 크게 향상됩니다.

문장으로 된 문제를 어려워하는 학생들을 위해 문장제를 푸는 방법을 가르치고 활용하도록 합니다. 문장제는 우리가 일상적으로 사용하는 언어로 된 문제를 수학 언어인 식으로 바꿀 수 있어야 합니다. 문장 문제에서 문제해결에 필요한 정보와 방법을 찾아내서 식으로 바꾸어야 합니다.

• 수학문장제 풀이기술

① 문제를 읽으면서 문제가 원하는 것에 밑줄을 긋는다.

② 문제를 푸는데 필요한 정보에 동그라미를 그린다.

③ 주어진 정보를 활용하는 방법에 네모를 그린다.

④ 정보, 방법, 원하는 것으로 식을 세운다.

⑤ 풀이 과정을 쓰면서 정확하게 계산한다.

⑥ 답을 기록하고 단위를 확인해서 쓴다.

예) 태영이는 어제 동화책 전체의 $\frac{1}{4}$ 을 읽었고, 오늘은 전체의 $\frac{3}{10}$ 을 읽었습니다. 어제와 오늘 읽은 양은 전체의 얼마입니까?

식 $\frac{1}{4} + \frac{3}{10} =$ ————

• 검토기술

① 자신이 선생님 또는 채점자라고 생각하고 다시 풀면서 표시한다.

   a. 이전에 푼 것과 답이 같으면 번호 앞에 작게 동그라미(○)

   b. 이전에 푼 것과 답이 다르면 번호 앞에 작게 세모(△)

   c. 정확하게 잘 모르겠으면 번호 앞에 작게 물음표(?)

   d. 아무리 생각해도 모르겠으면 번호 앞에 작게 엑스표(×)

② b, c, d를 다시 푼다.

1~5학년 수학 연산 기초 훈련			
과정		단계	내용
사칙연산	1학년	1	100칸 계산 덧셈
		2	100칸 계산 뺄셈
	2학년	3	100칸 계산 곱셈
	3학년	4	빈칸 채우기 구구단
		5	빈칸 채우기 나눗셈
		6	나머지가 있는 나눗셈
		7	두 자릿수 × 한 자릿수
		8	두 자릿수 × 두 자릿수
자연수	4학년	9	세 자릿수 × 두 자릿수
		10	세 자릿수 × 세 자릿수
		11	두 자릿수 ÷ 한 자릿수
		12	세 자릿수 ÷ 한 자릿수
		13	세 자릿수 ÷ 두 자릿수
		14	네 자릿수 ÷ 두 자릿수
		15	자연수의 혼합 계산
분수		16	가분수와 대분수 변환
		17	분모가 같은 분수의 덧셈
		18	분모가 같은 분수의 뺄셈
소수		19	소수의 덧셈
		20	소수의 뺄셈
분수	5학년	21	약수와 공약수
		22	배수와 공배수
		23	최대공약수
		24	분수의 덧셈
		25	분수의 뺄셈
		26	세 분수의 덧·뺄셈
		27	분수 × 자연수
		28	분수 × 분수
		29	세분수의 곱셈
도형		30	평행사변형의 넓이
		31	삼각형의 넓이
		32	사다리꼴의 넓이
		33	마름모의 넓이
		34	단위
소수		35	소수의 곱셈
문제해결		36	문제해결 방법 찾기

만약 학습결손이 심해서 어려워하는 학생이 있다면 연산력 기초 훈련 학습지를 활용해서 부족한 부분을 확인하고 보충지도와 연습을 통해 연산력 기초를 만들어줍니다. 연산력의 기초가 되어 있는 아이들도 이 활동을 통해 보다 정확하고 빨라지기 때문에 더욱 자신감을 갖게 됩니다.

우리 반 학생들은 학원을 많이 다니지 않았습니다. 학기초 학부모에게 이렇게 이야기했습니다.

"교실에서 철저하게 가르칠 뿐만 아니라 숙제도 해야 하기 때문에 학원을 다닐 경우 시간이 부족하고 부담스러울 수 있습니다. 수학 학원을 다니는 것보다 수업시간에 열심히 공부하고 집에서 수학 문제집을 진도에 따라 푸는 것이 실력 향상에 더욱 효과적입니다."

학부모도 처음에는 불안해서 아이를 학원에 보내지만 시간이 지나면서 아이들의 자기주도 학습능력이 좋아지면 점차 학원을 줄여나갔습니다.

문제집 활용기술

수학책과 익힘책으로 개념과 방법을 공부할 수 있지만 다양한 문제들을 연습하면 실력이 더욱 향상되기 때문에 문제집을 적극적으로 활용한다.

① 문제집의 난이도는 조금 쉬운 것이 좋다. 모르는 새 문제에 더 많이 도전하는 것보다 학교에서 배운 내용을 연습해서 확실하게 이해하는 것을 첫 번째 목표로 한다.

② 학교 진도에 맞춰서 그날 배운 것은 그날 풀면서 연습한다.

③ 맞추는 것도 중요하지만 잘 모르는 것, 틀린 것을 확실하게 알게 되는 것이 더욱
   더 중요하다. 그 문제는 다음에 나오면 또 틀릴 가능성이 높기 때문에 오답연구
   공책에 기록한다.

④ 실제로 시험을 보는 마음으로 시간을 정하고, 문제풀이기술을 활용해서 문
   제를 풀고 검토기술을 활용해서 검토한다.

⑤ 채점을 하고 틀린 문제는 오답연구공책에 기록하고, 확실하게 알 수 있을 때까지
   반복한다.

⑥ 나중에 틀린 문제들만 다시 풀어서 잊지 않았는지 확인한다.

⑦ 문제집에서 틀린 문제들도 다시 풀어서 99퍼센트 정도로 맞출 수 있다면 난
   이도가 더 높은 문제집을 활용할 수 있으나 이 정도로도 기본실력은 충분히
   닦았다고 할 수 있다.

• 오답연구기술

① 틀린 문제가 적다면 오답연구공책을 사용하는 것이 좋다.

② 틀린 문제가 많다면 포스트잇을 문제집에 붙여서 사용할 수 있다.

③ 틀린 이유를 찾아서 쓴다. 잘 모르면 '이해x', 문제를 잘못 읽었으면 '독해x',
   식을 잘못 세웠으면 '식x', 연산 실수였으면 '연산x'라고 표시한다.

④ 다시 시험 보는 마음으로 식을 다시 세워서 풀고 정확한 답을 쓴다.

⑤ 오답연구를 하면서 알게 된 것을 간단하게 쓴다. 국어, 사회, 과학의 경우 관
   련된 내용을 책이나 참고서에서 찾아서 간단하게 정리한다.

⑥ 다음 날 복습하고 표시한다. 주말에 복습하고 표시한다. 시험 보기 전에 복

습하고 표시한다.

710 별표 복습기술

① 복습할 때마다 별표의 선을 하나씩 긋는다.

② 다섯 번 복습하면 선 다섯 개가 그려져서 별표가 완성된다.

82 시험 - 누적평가

수학 한 단원을 마치고 다음 단원으로 넘어가면 앞의 단원에서 배운 내용이 잘 기억나지 않는다. 그래서 지난 단원에서 풀었던 문제를 몇 개 함께 풀어보는 누적평가를 사용한다. 누적해서 문제를 낼 때는 새로운 문제를 내기보다는 이전 시험지에서 중요한 문제, 많은 아이들이 틀렸던 문제를 다시 낸다.

① 1단원 평가 20문제를 낸다.

② 2단원 평가에서는 2단원 20문제와 1단원 5문제를 함께 낸다.

③ 3단원 평가에서는 3단원 20문제와 2단원 5문제, 1단원 2문제를 함께 낸다.

④ 4단원 평가에서는 4단원 20문제와 3단원 5문제, 2단원 2문제를 함께 낸다.

다양한 수업기술을 조합해서 수학수업 프로그램으로 만들어서 사용하는 예를 살펴보았습니다. 이런 수업구조와 기술들을 사용해서 한 차시 수업설계를 할 수도 있고, 자신의 수업 프로그램을 만들어서 활용할 수도 있습니다.

구체적인 기법들은 출간 예정인 〈체계적 교수학습법(가제)〉에서 자세히 살펴보도록 하고, 먼저 자신은 어떤 수업의 구조를 활용하고 있는지, 어떠한 기술들을 자주 사용하는지 표로 정리해봅니다. 사용하는 수업기술이 다양하다면 학생들도 수업에 흥미와 열정을 가지고 참여했을 가능성이 높고, 단순하고 수가 적었다면 지금이 바로 수업기술을 연마할 좋은 기회입니다!

8. 강의력 높이기

교사가 수업을 한다는 것은 학생들에게 어떤 주제를 만나게 하고, 관심을 갖고 그것을 받아들이고 다양한 경험을 통해 자신의 지식체계로 재구성해 나가도록 돕는 과정이라고 할 수 있습니다. 이때 밋밋하게 소개하는 것보다 학생들이 흥미를 갖고, 더욱 효과적으로 받아들이고 체험할 수 있도록 수업을 설계하고 진행하는 것도 대단히 중요합니다. 선생님의 수업을 들으면서 지루함을 느낀다면 뇌는 제대로 작동하지 않습니다. 반대로 수업에 흥미를 느낀다면 뇌는 더욱 더 활발하게 작동하면서 학습효과가 더욱 높아집니다.

지금까지 수업구조와 기술을 살펴보았습니다. 그런데 수업을 운영하는 기술 중에서 강의력은 대단히 중요합니다. 같은 수업이라도 어떻게 강의하느냐에 따라 흥미와 학습효율에 큰 차이를 보이니까요.

교사는 학습 주제를 말과 시각자료로 전달하고 체감각적 활동을 하도록 하고, 학생들은 시각, 청각, 체감각을 활용하여 받아들이고 뇌에서 처리하여 학습이 이루어집니다. 강의를 잘하는 교사들은 주제를 잘 이해하고 효과적으로 구성하여 잘 표현해냅니다. 학생들은 교사의 표현을 통해 재미있게 배우고 이해하게 됩니다.

주제에 대한 이해는 교재 연구를 통해, 효과적으로 구성하는 것은 수업구조와 기술을 통해 할 수 있다면, 잘 표현하기 위해서는 강의력을 높이는 노력이 필요합니다. 앞에서 언어보다 비언어적 요소에 더 영향을 받는다는 메라비언의 법칙을 이야기했는데, 예를 들어 칠판에 쓴 '유진아'라는 문자는 7퍼센트의 전달력을 갖습니다. 놀러 가자는 느낌으로 '유진아~'라고 부르면 38퍼센트의 전달력이 더해져서 45퍼센트의 전달력을 갖습니다. 손을 흔들면서 밝은 표정과 목소리로 놀러가자는 마음을 담아 '유진아~'라고 부르면 55퍼센트의 전달력이 더해져서 100퍼센트에 가까운 전달력을 갖게 됩니다. 자신은 목소리와 몸짓을 얼마나 적극적으로 활용하고 있나요?

41 기본강의법	411 기본전제
	412 언어기술
	413 비언어기술
	414 시각자료 활용기술
	415 역동적 강의기술

412 언어기술

① 밝고 또렷한 목소리로 말한다.

② 속도를 조절해서 이야기의 리듬을 만든다.

③ 억양을 조절하여 이야기의 멜로디를 만든다.

④ 중요한 부분을 강조하기 위해 속도와 억양을 조절하고 멈추고 반복한다.

⑤ 따라서 말하게 하여 학습자의 언어적 참여를 높인다.

413 비언어기술(눈표제자공)

① 눈맞춤: 학생들과 적당하게 눈을 맞춘다.

② 표정: 학생들과 공부하는 것을 기뻐하는 표정을 짓고 가능하면 웃게 한다.

③ 제스처: 전달하는 내용을 묘사하거나 강조하는 제스처를 취한다.

④ 자세: 비판적이거나 권위적 자세, 무기력한 자세보다는 친절하고 전문적이고 활기 넘치는 자세를 취한다.

⑤ 공간: 앞에서만 강의하지 말고 교실을 적당하게 오가면서 공간을 활용한다. 너무 많이 오가면 산만한 느낌이 들지만, 적당한 공간 활용은 학생들의 집중력을 높여준다.

414 시각자료 활용기술

① 교사가 슬라이드를 읽고 중요 내용을 이야기한다.

② 학생 개인 또는 모둠, 전체에게 슬라이드를 읽어달라고 하고 중요 내용을 이야기한다.

③ 중요한 내용은 다 같이 읽고, 교사는 중요 내용을 이야기한다.

④ 학생 눈으로 읽도록 하고, 교사가 중요 내용을 묻고 이야기한다.

⑤ 중요한 내용이 있으면 되묻는다. "뭐라고요?", "다시 한 번 읽어주시겠어요?"

415 역동적 강의기술

수업을 뮤지컬처럼 만든다.

① 동영상, 음악, 사진 등 구체적 소품을 사용한다.

② 몸을 활용해서 표현하고 학생들도 몸을 더 많이 활용하도록 한다.

③ 배우는 내용은 칠판에 구조화해서 기록한다.(도해 조직자, 시각 사고법)

④ 중요 내용은 전지에 기록해서 붙이고 활용한다.

⑤ 흥미로운 이야기를 손과 몸으로 표현하며 이야기한다.

⑥ 중요 부분에서 소품, 의상을 사용한다.

⑦ 기억법을 사용하여 연습시킨다.

⑧ 심상화를 사용하여 기억하고 적용하는 연습을 시킨다.

⑨ 수업 중 삶에 어떻게 적용할지 짝, 모둠별로 토의한다.

여기 제시된 방법들을 많이 연습할 것을 권합니다. 연극이나 뮤지컬 수업을 듣는 것도 표현력을 향상시키는 데 큰 도움이 됩니다.

9. 뇌기반 학습기술 활용하기

전학 온 지 2주 정도 된 학생의 어머니가 이런 이야기를 했습니다.

"선생님, 우리 아이가 학원을 보내달라고 하더라고요?"

"아니? 왜요? 저는 학원을 가지 않아도 충분하게 가르치고 있는데요. 심지어 아이들이 다니던 학원도 줄이고 학교공부와 집에서 자습까지 하는데 왜 그런 이야기를 했을까요?"

"반 아이들이 자신을 빼고 다 공부를 너무 잘한다는 거예요."

"왜 그렇게 느꼈을까요?"

"대부분의 아이들이 수업시간에 발표도 너무 잘하고 적극적으로 공부하고 자신감이 넘친다는 거예요. 그에 비하면 자신은 너무 못하는 것 같다고 하네요."

"아~ 그렇군요. 그럼 아이들이 학원을 다녀서 그렇게 공부를 잘하게 된 걸까요?"

많은 교사들이 수업 효율성을 높이기 위해 수업 준비를 열심히 합니다. 교사가 열심히 한다고 학생들도 열심히 하는 것은 아닙니다. 심지어 학생들이 열심히 한다고 잘하게 되는 것도 아닙니다. 왜 그럴까요? 뇌를 활용해서 공부 잘 하는 방법을 모르기 때문입니다. 그래서 학생들이 학습기술을 익혀서 활용할 수 있도록 도와주어야 합니다.

1) 영어 공부하기
① 초등학생의 단어 외우기

영어 단어를 외우는 걸 학생들이 너무 어려워합니다. 놀랍게도 제가 학창시절에 외우던 방식에서 더 나아지지 않았습니다. 우리 반 학생들과 워드 패밀리를 활용한 영어 단어 학습을 했을 때 효과가 매우 높았습니다. 다음의 글을 영상으로 상상하면서 읽어봅니다.

> '-ake 에 ㅋ'의 워드 패밀리를 활용해서 구워서 bake 만든 make 가짜 fake 케이크를 cake 호수에 lake 가져가서 take 먹고 놀다 잠들었는데 지금 막 깼다 wake

-ake 패밀리 7개를 이미지 스토리텔링 기법으로 외운 것입니다. 아이들은 훨씬 쉽게 단어를 외울 수 있을 뿐만 아니라 마치 랩을 하는

것처럼 즐겁게 영어 단어 공부를 했습니다. 심지어 방학 동안에 관련된 책을 구입해서 한 권을 스스로 다 공부하고 가져온 아이들도 있었습니다.

② 중·고등학생의 단어 외우기

중학생이나 고등학생이라면 수준에 맞는 단어책 한 권을 정해서 가능하면 빠른 시간 내에 마칩니다. 두 번째 보면서 모르는 것들을 표시하고 그것들을 중심으로 반복해서 단어 공부를 합니다. 세 번째 보면서 모르는 것들을 다시 표시하는데 두 번째 것과 비교해서, 얼마나 늘었고 어떤 단어들이 유독 어려운지 확인합니다.

단어 책 한 권을 네 번, 다섯 번 보고 그래도 자주 틀리는 단어들만 종이에 써서 붙여두고 외웁니다. 영어 단어책 한 권을 완벽하게 공부하고 나면 모르는 단어가 적어 공부가 수월하게 느껴집니다. 모르는 단어는 단어장에 기록하고 연습해서 아는 단어를 늘려갑니다.

③ 영어 기초 만들기

한국인과 외국인이 사고하는 방식에 큰 차이가 있습니다. 이런 차이를 이해하지 않고 영어를 공부하는 것은 효율이 떨어집니다. 미국 거지도 잘하는 영어, 소말리아 해적도 잘하는 영어를 왜 우리 한국 사람들은 잘 못할까요? 공부를 적게 하는 것도 아닌데! 원리를 이해하지 않고 영어 공부를 하기 때문에 외워야 하고, 원리를 모르니 외워지지 않고 잊어먹는 게 문제입니다. 영어의 원리를 이해하면 훨씬 수월하게 영어를 공부할 수 있습니다.

영어는 주인공에서부터 확장되어 나아가는 문장구조를 갖고 있습니다.

I go to the school.

나 – 간다 – 나아가서 만나는 것은 – 그 학교.

한국어식 이해는 '나는 그 학교로 간다'이지만 영어식 이해는 주어에서부터 순서대로 나아갑니다. 조금 더 긴 문장을 사진과 함께 살펴봅시다.

Riot police rappel down from a helicopter onto the roof of the building.

폭동진압 경찰 – 강하한다 – 아래로 – 출발지는 – 헬리콥터 – 닿는 곳은 – 지붕 – 관련된 것은 그 건물

한국어식 이해는 '폭동진압 경찰이 헬리콥터에서 빌딩의 지붕 위로 강하한다'이지만, 영어식 이해는 폭동진압 경찰이 Riot police 내려오는 rappel down 것부터 시작합니다. 어디서? from 헬리콥터에서 a helicopter, 어디로? onto 지붕 the roof. 이런 영어의 기본 구조를 이

해하지 못하면 공부를 많이 해도 효과가 떨어지기 마련입니다.

손으로 영어 문장을 가리고 사진을 보면서 영어 단어를 주어에서부터 순서대로 놓아봅니다. 사진을 머릿속으로 떠올릴 수 있다면 주어에서부터 순서대로 늘어놓으면서 영어 문장을 만들 수 있을 것입니다. 이런 영어 원리를 활용하여 사진 500장을 영어로 말할 수 있다면 영어 실력은 쑥쑥 자랍니다.

최재봉의 저서 〈애로우 잉글리시〉를 적극 추천합니다. 공저한 〈교사가 실천한 영어학습법 with 애로우 잉글리시〉와 〈초등필수영문법〉 그리고 에듀니티의 원격연수 〈애로우 잉글리시〉를 공부한다면 큰 도움이 될 것입니다.

2) 학습기술과 활동

수업을 들었다고 학생들의 학습이 이뤄지는 것은 아닙니다. 교사의 교수와 함께 학생들의 학습이 효과적으로 이뤄지도록 학습기술을 가르치고 수업을 설계해서 진행해야 효과가 높습니다. 전학 온 아이가 충격을 받았던 이유는 친구들이 뇌기반 학습기술을 사용하고 있었기 때문입니다. 우리 반에서 실시하는 학습기술과 관련된 활동을 소개합니다.

5분 정보 사냥꾼

① 교과서에서 적당한 범위를 정해주고 5분 동안 공부할 시간을 준다.

② 시험을 보고 채점을 한다.

③ 5분 동안 스스로 교과서에서 정보를 찾아내고 기억해낸 것에 대해 이야기
나눈다.

우리 반 수업비법 만들기

① 점수가 낮은 아이들에게 기분이 어떤지 묻는다.

② 점수가 높은 아이들에게 기분이 어떤지 묻는다.

③ 시험 점수가 높고 낮은 것에 감정이 영향을 받기도 하지만 더욱 중요한 것은
내가 유능한 사람이라는 느낌, 노력하면 원하는 것을 이룰 수 있다는 기대를
갖게 되는 것이 중요하다고 이야기한다. 어렸을 때부터 이런 감정을 많이 가
지고 지내면 성인이 되었을 때 어떤 삶을 살아갈 수 있을지, 시험 점수의 높
고 낮음보다 더 중요한 능력임을 이야기한다. 이런 학습능력을 키우기 위해
함께 이야기해보자고 한다.

④ 점수가 낮은 아이들에게 어떤 방법으로 공부했는지 묻는다.

⑤ 점수가 높은 아이들에게 어떤 방법으로 공부했는지 묻는다.

⑥ 효과적인 학습기술을 아이들과 함께 정리해서 교실에 붙여두고 수업시간에
활용한다.

수업집중기술

① 바라보고 듣고 쓰고 생각하기(눈귀손뇌 집중법)

② 활동할 때 적극적으로 참여하기

③ 중요한 내용에 밑줄 긋기

④ 마음속으로 상상하고 말하기

⑤ 연습장에 쓰고 그리면서 이해하고 외우기 위해 노력하기

⑥ 외운 것을 제대로 기억해내는지 스스로 확인하기

다른 범위를 주고 '5분 정보 사냥꾼' 활동을 다시 해봅니다.

① 교과서에서 다른 범위를 정해주고 5분 동안 공부할 시간을 준다.

② 공부할 때 수업 집중법을 활용하도록 한다.

③ 시험을 보고 채점을 한다.

④ 수업 집중법을 활용하고 달라진 점에 대해 이야기 나눈다.

이전에 비해서 학생들의 정보처리 능력이 확연하게 높아진 것을 느끼게 될 것입니다. 우리 반 수업비법을 정리해서 벽에 붙여두고 지속적으로 활용합니다. 공부하기 전에 같이 읽어보고, 공부한 후에 얼마나 활용했는지 스스로 평가해보면서 자신의 학습기술로 만들 수 있도록 도와줍니다.

이어서 세 번째 '5분 정보 사냥꾼' 활동을 다음과 같이 해봅니다.

① 교과서에서 적당한 범위를 정해주고 5분 동안 공부할 시간을 준다.

② 공부할 때 수업 집중법을 활용하게 하고, 중요하다고 생각하는 것을 1~3문제 만든다.

③ 모둠이 함께 자신들이 낸 문제를 친구들에게 내고 함께 풀어본다.

④ 시험을 보고 채점을 한다.

⑤ 아무런 방법 없이 공부했을 때, 효과적인 방법을 이용했을 때, 친구들과 함께 했을 때 어떤 차이가 있는지 이야기 나눈다.

3) 평균 기억률과 효율적인 학습법

평균 기억률표를 활용하여 수업에서 듣고 읽고, 보고 듣고, 시연을 보고 실습하고, 토의하는 다양한 학습방법에 대해 이야기합니다. 그렇게 공부한 것은 친구에게 가르칠 때 매우 효율적이라는 것을 가르칩니다. 앞에서 한 실습에서도 친구들과 함께 문제를 풀거나 가르치고 배울 때 효율이 높다는 것을 경험했을 것입니다.

친구 가르치기

① 주제를 확인하고 주어진 시간에 맞게 꼭 가르칠 것 1~3개를 고른다.

② 빈 종이에 중요한 개념을 쓰고, 표나 그림을 그려가면서 설명한다.

③ 중요한 내용은 물어봐서 대답하게 하거나 종이에 써보게 한다.

④ 궁금한 것이 있으면 질문하도록 하고, 종이에 기록한 것을 바탕으로 다시 설명하거나 새로운 내용을 추가한다.

⑤ 간단한 퀴즈를 내고 풀어보도록 한다.

⑥ 가르치고 배운 소감을 나눈다.

처음 시작했을 때에 비해 학습능력이 훨씬 향상된 것에 학생들이 깜짝 놀라곤 했습니다. 그리고 많은 학생들이 이 방법에 자신만의 방법을 더해서 자신의 학습법으로 만들어가는 것을 볼 수 있었습니다.

평균 기억률
(Average Retention Rates)

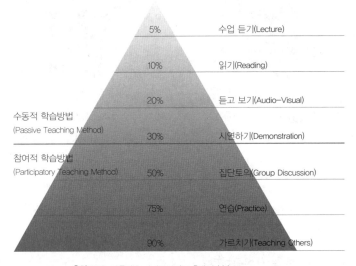

출처: National Training Laboratories, Bethel, Maine

10. 학습 사이클 활용하기

학교에서 배우고 익힌 것을 완전히 내 것으로 만들려면 몇 번의 복습이 필요합니다. 그래야만 장기기억이 되기 때문에 학교 수업과 가정학습(복습)의 학습 사이클이 매우 중요합니다.

학교에서 배우고, 학원에서 선행학습 하는 학습 사이클은 배운 것을 장기기억으로 만들지 못하고, 학원에서 이뤄지는 선행학습은 유치원생에게 철인3종 경기를 시키는 것처럼 학습과 삶을 망가뜨리게 됩니다. 그래서 효과적인 학습 사이클을 만들어서 학습효율을 높이는 것이 중요합니다.

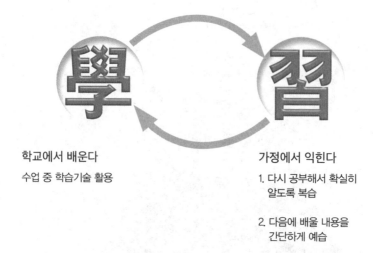

학교에서 배운다
수업 중 학습기술 활용

가정에서 익힌다
1. 다시 공부해서 확실히
   알도록 복습

2. 다음에 배울 내용을
   간단하게 예습

1) 효과적인 학습 사이클이란?

① 우리의 뇌는 이미 알고 있는 것을 활용할 때 학습이 더 잘 일어납니다. 그래서 예습을 하는 것이 필요합니다.

② 우리의 뇌는 즐겁게 열심히 참여한 것을 더 잘 기억합니다. 그래서 수업에 적극적으로 참여하는 것이 필요합니다. 선행학습으로 너무 많이 알고 있으면 흥미가 생기지 않고, 너무 모르면 좌절하기 쉽지요. 적당한 예습으로 어느 정도 알지만 깊게는 모르는 상태가 학습에 효과적입니다.

③ 우리의 뇌는 여러 차례 반복되는 것을 더 잘 기억합니다. 그래서 수업 후 반복해서 연습하는 것이 중요합니다. 공부하기 좋은 환경이라면 집에서 할 수도 있고, 독서실을 활용할 수도 있습니다. 꼭 필요하다면 공부방이나 학원을 활용할 수도 있습니다. 이때는 반드시 선행학습이 아닌 보충학습을 할 수 있는 학원이어야 합니다.

2) 효과적인 학습 사이클 만들기

① 예습

어느 정도 자신이 있고 수업을 잘 따라가는 과목이라면 1~2분 예습으로도 충분합니다. 수업 전날 교과서를 펴고 제목과 굵은 글씨, 표와 그림 등을 쭉 훑어봅니다. 중요하다고 생각되는 것에 밑줄이나 동그라미를 칩니다.

수업 시작 전에 다시 훑어봅니다. 머리에 그물을 만들어두는 것과 같습니다. 수업시간에 공부하는 것들이 이 그물들에 걸리면서 촘촘한 지식 그물망이 만들어집니다. 어려움을 느끼는 과목이라면 예습 시간을 조금 더 늘릴 필요가 있습니다. 너무 많이 예습하면 도리어 수업시간이 지루해져서 효율이 떨어질 수 있습니다.

예습, 수업, 복습 중 가장 중요한 것은 수업에 적극적으로 참여하는 것입니다. 그 다음은 복습을 통해 배운 것을 완전히 내 것으로 만드는 것입니다. 예습은 수업에 적극적으로 참여하기 위해 하는 것임을 명심해야 합니다. 학원에서 선행학습을 하는 것은 지나친 예습으로 수업을 낭비하고, 복습해야 할 시간을 빼앗깁니다. 즉 학습 사이클이 망가져서 죽어라 공부해도 효과가 떨어지는 것입니다.

② 수업

수업시간에 사용하는 뇌기반 학습기술은 9번에서 자세하게 설명했습니다. 예습은 조금만 해도 수업시간이 더욱 재미있어집니다. 수업 시작 전에 1분 예습을 하는 것도 괜찮습니다. 가능하면 수업 중에 웬만한 것은 다 익히고 기억하려는 마음을 갖는 게 좋습니다. 선생님이 시키지 않아도 제대로 이해하고 있는지 스스로에게 물어보고, 필기를 하고, 암기하기 위해 속으로 되뇌입니다. 수업 마칠 때 1분 동안 빠르게 복습을 합니다.

③ 복습

마인드맵 복습하기

우리 반 아이들은 집에 가서 그날 공부한 것을 마인드맵으로 복습하는 숙제를 합니다. 연습장에 기록한 것을 활용하기도 하고, 기억을 더듬어서 그날 공부한 내용을 한 장의 마인드맵으로 정리합니다. 이때 생생하게 상상하고 감정을 느껴보고 그림으로 표현하면 더욱 효과가 좋습니다.

문제집 활용하기

너무 어려운 문제집은 학생들을 좌절하게 만들 수 있습니다. 조금 쉬운 문제집을 활용하는 것이 좋습니다. 수학책과 수학익힘책의 문제와 어려운 문제집의 고급 단계 문제를 비교해보면 차이가 너무 큽니다. 그래서 학생

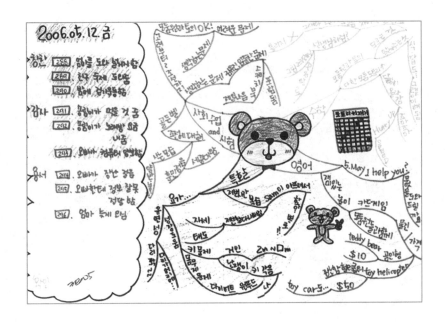

이 수학 학원에 다니는 것입니다. 학교에서는 수학책과 수학익힘책을 이용해서 기초적인 문제들을 주로 다루는데 학원 문제집의 고급 단계를 보면 풀 수 있는 문제가 없으니 본인이 실력이 부족하다고 느끼게 되는 것이지요. 부모도 불안해져서 아이를 학원으로 내몰게 됩니다.

고급 단계의 문제는 과거의 수학경시대회나 수학올림피아드에나 나올 수준의 문제들입니다. 그런 문제들을 풀기 위해 너무 많은 시간과 비용을 들여서 공부하고 또 공부하고도 풀지 못해서 수학을 포기하는 게 나을까요, 아니면 수학책과 수학익힘책 수준의 문제를 좀 더 연습하면서 기초를 탄탄하게 하고, 그것보다 조금 더 높은 수준의 문제에 도전해보면서 실력을 늘려가는 것이 나을까요? (구체적인 활용방법은 '7. 수업구조와 기술 활용하기'를 참고하세요.)

3) 중·고등학생의 학습 사이클

초등학생의 경우 위에 소개한 학습 사이클만으로도 충분하지만 중·고등학생의 경우 기본 학습 사이클에 기억주기를 더해서 학습 사이클을 만들어 활용하면 큰 도움이 됩니다.

① 전날 집에서 예습

② 수업에 열심히 공부하기

③ 수업 마치고 1분 복습

④ 가정에서 복습

⑤ 문제집 풀기

⑥ 시험 준비 기간 복습

⑦ 시험 보기 바로 전 복습

자신이 부모라고 가정해보세요. 자녀가 아침부터 즐겁게 시작해서 열심히 공부하고 집으로 돌아온다면 어떨까요? 자기 방으로 가서는 마인드맵 공책을 꺼내서 그날 공부한 내용을 소리 내어 말하면서 마인드맵으로 정리합니다. 20~30분 정도 마인드맵을 하더니 수학 문제집을 꺼내서 그날 배운 부분에 해당하는 부분을 풀어보고 채점합니다. 틀린 것은 표시를 하고 오답 공책에 옮겨 적으면서 확실하게 이해하기 위해 다시 책을 공부하고 풀어봅니다.

잠시 후 자녀의 목소리가 들립니다. '베잌ㅋ, 메잌ㅋ, 풰잌ㅋ, 케잌ㅋ, 레잌ㅋ, 테잌ㅋ, 웨잌ㅋ'

자기 방에서 나온 자녀의 표정은 어떤가요? 시험 문제를 더 많이 맞히는 수준의 공부가 아니라, 학교 공부와 복습을 통해 더욱 더 유능한 사람이 되었다는 기쁨으로 가득합니다. 그러고서 스마트폰이나 컴퓨터로 게임을 하거나 유튜브를 보면서 놉니다. 자녀가 스마트폰, 컴퓨터를 하는 것이 문제인가요, 해야 할 공부는 하지 않으면서 하기 때문에 문제인가요? 자녀도 혼날까봐 걱정하지 않으면서 떳떳하게 스마트폰을 사용하고 나서 집안일을 돕거나 책을 읽거나 놀러 나가기도 합니다.

꿈같은 이야기인가요? 우리 교실에서 종종 일어나는 일입니다. 아쉬운 것은 학원을 포기하지 못한 부모로 인해 힘들어하는 아이도 있다는 것입니다. 앞서 소개한 가정학습을 해내지 못하는 아이라면 학원이 필요할 수도 있습니다. 하지만 초등학생이 하루 1~2시간 정도 가정학습을 해낼 수 있다면 학원이 무슨 필요가 있을까요?

학생들과 국어 시간에 학원에 대한 토론을 합니다. 문제점과 학원이 필요한 이유도 이야기해봅니다. 지금처럼 학교 수업과 선행학습 학원을 함께 하는 것이 효과적인지 이야기 나눕니다. 학원을 가지 않도록 부모님을 설득하려면 어떻게 해야 할지 이야기를 나눠봅니다.

물론 학부모 총회나 상담에서 교사로서 이런 이야기를 학부모에게 합니다.

"담임교사를 믿고 당장 학원을 끊으시면 좋겠습니다. 그게 어렵다면 교실에서 가르치는 학습법과 가정학습법을 활용해서 스스로 공부하는 모습이 보인다면 아이와 이야기를 나눠서 학원의 학습량을 줄이거나 끊어주세요. 그만큼 제가 더 열심히 가르치겠습니다."

그 과정에서 학부모에게 듣게 되는 이야기입니다.

"선생님, 어제 아이와 학원에 대해 많은 이야기를 나눴어요. 깜짝 놀랐어요. 아직 어린 줄만 알았는데 자기 의견을 어쩜 그렇게 조리 있게 말하는지, 게다가 요즘 학교를 재미있어하고 집에 와서 스스로 숙제하는 모습을 보니 아이를 믿고 학원을 끊기로 했어요. 무엇보다 짜증이 줄고 행복해해서 저도 기뻐요. 그리고 잔소리도 많이 줄었네요. 고맙습니다."

공교육 전문가, 학교 밖에서 희망을 만들다

아이들을 가르치는 초등교사가 되고 싶었으나 가족들이 많이 반대했습니다. 거창고등학교의 '직업선택의 십계' 9번 "부모나 아내나 약혼자가 결사반대를 하는 곳이면 틀림없다, 의심치 말고 가라"라는 가르침은 가족들이 반대할수록 의심없이 내가 하고 싶은 것을 하겠다고 결단을 내리게 도와주었습니다. 그렇게 초등교사가 되었습니다.

군인 같은 선생님

대학을 졸업하고 발령이 나자마자 휴직하고 군대에 갔습니다. 오랫동안 무술 수련을 해왔기 때문에 수색대대 장교로 복무하게 되었습니다. 매일 아침 일찍 일어나서 달리기, 체력단련, 태권도, 특공무술, 수색, 정찰, 매복, 공중강습, 헬기레펠 등 군생활은 하루하루가 재미

있었습니다. '나는 레저 활동을 하는데 돈까지 주네!'라는 생각과 '전쟁이 나면 나라를 지키기 위해 최고의 훈련상태를 유지하고 있어야 해!'라는 생각으로 군생활도 정말 즐겁고 열심히 했습니다.

자신의 군생활을 이렇게 긍정적으로 이야기하는 것은 처음 들어봤을 것입니다. 그런데 문제는 이렇게 군생활을 하고 6월 30일 전역, 7월 1일 학교로 복직했다는 것입니다. 어떤 교사로 살았을지 상상이 되시나요? 수색대대 소대원들을 훈련시키듯 어린 학생들을 교육했습니다. 아이들은 제 말을 너무나 잘 들었습니다. 그렇게 말 잘 듣던 아이들에게서 "정유진 개xx"라는 욕을 먹고서 큰 충격을 받았습니다. 아이들은 나를 무서워서 따른 것이지, 사랑하지 않았던 것입니다.

인디스쿨, 어깨동무 그리고 사람과교육연구소

교대를 졸업하고 군 복무를 마치자마자 교사로 살아가는 것은 쉽지 않았습니다. 그래서 많은 문제를 경험했습니다. 그 문제를 극복하기 위해 공부하고 실천하면서 2003년부터 인디스쿨에 실천했던 이야기나 자료를 올리기 시작했습니다.

기록하고 공유하기 시작하면서 제 삶을 좀 더 깊이 들여다볼 수 있었습니다. 동료교사들의 댓글에 힘이 나서 더욱 더 열심히 실천하고 기록하고 공유했습니다. 인디스쿨 연수기획팀장과 3기 대표운영자로 초등교사들의 공유와 성장을 위한 온라인 오프라인 커뮤니티를 만들기 위해 많은 노력을 했습니다. 군인 같은 선생님에서 벗어나 교사다운 교사가 되기 위해 많은 노력을 하고 실천하고 기록하고 공유한 내용들이 꽤 많아졌습니다. 공부모임에서 공부하고 실천하고 나누면서 더욱 깊어졌습니다. 저의 자료를 본 선생님들이 자신들에게도 가르쳐 달라는 부탁을 받고 우리 반 아이들의 자료를 들고 전국을 돌아다녔습니다. 처음에는 내가 이런 실천을 했다는 이야기와 실천한 자료들을 보여주는 방식의 연수였습니다. 인디스쿨 연수에 오신 한 선생님이 연수에 참가한 이유를 이렇게 이야기했습니다. "지니샘을 만나러 왔어요. 올해 발령 나서 지니샘의 자료를 받아서 열심히 실천해봤습니다. 그리고 완전히 망했어요."

제가 실천해서 올린 자료를 보고 따라하다가 어려움을 겪는 선생님이 있다는 것을 깨달았습니다. 지금까지와는 다른 접근 방법이 필요하다고 느꼈습니다. 그래서 보다 체계적인 교사 수련 모임을 만들게 되었습니다.

2003년 인디스쿨 서울 모임의 5명 선생님들과 함께 공부모임 '어깨동무'를 만들어서 3년 동안 매주 만나서 공부했습니다. 그때 교사로서 성장하는 기쁨, 협력의 가치를 경험했으며 학급운영과 생활지도의 수준이 높아졌습니다. 지금도 그때 선생님들과 좋은 관계로 소중한 인연을 이어가고 있을 뿐 아니라, 더 큰 인연인 사람과교육연구소로 이어지고 있습니다.

교사 경험 Best 10

가족들이 그렇게 반대하던 교사가 된 지 20년 만에 명예퇴직을 했습니다. 우리 반 아이들과 함께 행복하게 지냈던 이야기들을 나누기 위해 공부모임을 17년 동안 운영해왔습니다. 그 규모가 너무 커져서 교사로 지내면서 감당할 수 없는 수준에 이르렀습니다. KTX 오송역 인근에 교육연수원을 만들면서 '겸직 금지의 의무'를 지키기 위해 명예퇴직을 하게 되었습니다. 퇴직을 준비하면서 교사로 지냈던 삶을 돌아보니 참 많은 일들이 있었습니다. 그중 특히 기억에 남는 것을 10가지로 정리해보았습니다.

1. 정유진 개xx, 씨xx -나는 어떤 교사가 될 것인가? [교사의 4가지 유형]

2. 선생님이 그때 좀 때리셨죠 -어떤 사람으로 어떻게 키울 것인가? [도덕성 발달단계]

3. 교단의 이슬로 사라지다? -학부모와 어떻게 소통할까? [학부모 상담]

4. 상처받은 아이들(틱, 소아우울증, ADHD) -상처를 어떻게 치유할까? [치유의 학급]

5. 노랑머리 소녀가 전학 왔다 -길 잃은 어린 양을 어찌할까? [아이의 인생]

6. 왼손이 없는 아이 -사람은 어떻게 변화하는가? [변화를 돕는 법]

7. 10년 동안 통합학급, 14명의 장애학생 -아이들이 수호천사가 되려면 [통합학급 운영]

8. 그때 공부 좀더 하라고 하시지 -행복과 실력의 균형 [체계적 교수학습법]

9. 올해! 28명이 전학왔다 -학급문화를 어떻게 만들까? [학급당 학생 수와 교육의 질]

10. 생활부장 3년, 학폭업무 8년 -문제를 어떻게 해결할까? [문제해결시스템]

"어떤가요? 이런 삶을 한번 살아보고 싶지 않으세요?" 연수에서 물어보면 다들 고개를 저으시더라고요. 교사로서 짧았지만 굵직한 삶을 살았습니다. 그러면서 제가 경험한 문제, 그로 인한 저의 고민, 고민과 실천을 통해 저의 이론을 하나씩 만들었습니다. 예를 들면 10년 동안 통합학급을 맡아 14명의 장애학생과 다양한 경험을 하면서, 아이들이 서로를 존중하고 보호하는 친구로 지내게 하려면 어떻게 해야 하나 고민하고 공부하고 실천했습니다. 이런 경험을 정리해서 다음 해에 통합학급을 할 때는 좀 더 준비된 상태로 시작하기 위해 자료를 정리하고 이론체계를 만들었습니다.

행복교육학, 실천교육 프레임 워크

특별한 경험들을 공부와 실천, 기록으로 나름의 체계를 만들어왔습니다. 그 이론체계에 스턴버그의 '성공하는 사람들의 3가지 지능'에서 이야기하는 요소지능, 경험지능, 맥락지능도 모두 활용했습니다. 우선 경험이 너무나 특별하다 보니 힘들었고, 그 어려움을 해결하려 꾸준히 공부를 했고, 그 과정과 결과를 기록하고 체계화해서 나름의 이론 체계를 만든 것입니다. 그것이 바로 '행복교육학'입니다. 물론 엄밀한 학문적 체계라고 할 수는 없지만 20년 동안의 경험과 공부를 바탕으로 만든 '나의 실천교육학'입니다. 이로 인해 저는 어떤 학급을 맡아도 크게 어렵지 않았습니다. 그래서 학교에서 가장 어려운 학급, 어려운 아이들, 가장 기피하는 업무를 맡았습니다. 더불어 저의 행복교육학은 점점 더 정교해지고 풍부해졌습니다. 경험의 강도가 세니까 성장도 빨랐습니다.

지금은 선생님들이 자신의 실천교육학을 만들 수 있도록 1년 동안 함께 공부하는 과정을 만들어서 11년째 운영하고 있습니다. 1년 공부하고 나면 좋은 이론과 방법을 배우는 것을 넘어서 자신의 실천교육학을 위한 기본 프레임을 만들고 다양한 활동을 배우고, 기술들을 갖추게 되는 것입니다.

선생님들은 아이들과 함께 더욱 행복하기를 바랍니다. 이를 위해 자신을 성찰하고 교육철학을 만들어가고 이를 현실에서 실현할 수 있는 기술을 익히고 활동을 배웁니다. 실천하고 기록하고 체계화해서 자기만의 실천교육학을 만들 수 있는 프레임 워크라고 할 수 있습니다.

사교육 전문가와의 만남

아이들이 학원 숙제 하는 것을 보면 자존심이 상했습니다. '아니! 내가 가르친 게 뭐가 그리 부족하다고 학원을 다니나?' 그래서 더 열심히 가르쳤습니다. 아이들이 학교공부와 가정에서의 복습이라는 학습 사이클을 갖추고, 수업을 재미있게 하고, 아이들은 뇌기반 학습기술을 가지고 공부하니 학업성취도 높아졌습니다.

뇌기반 학습법에 대한 책과 혁신학교 운동으로 인해 박재원 소장님을 만났습니다. 제가 초등교사들 사이에서 지니샘으로 활동하고 있었다면, 박재원 소장님은 사교육에서 박보살로 유명한 분이었습니다.

학교를 바라보던, 교사가 되지 못했던 사람과 학교를 떠난, 교사였던 사람이 만났습니다. 사교육 현장에서 실천하고 내린 결론과 공교육 현장에서 실천하고 내린 결론이 놀랍게도 같았습니다. 어쩌면 놀라운 일도 아닙니다. 뇌가 학습하는 방식을 이해한다면 이건 너무나 당연한 것이니까요. 공교육과 사교육 양 끝에 서서 열정적으로 산 두 사람이 함께 내린 결론입니다.

지금까지 희망을 이야기했습니다.

이야기가 아니라 희망을 직접 만들어왔습니다.

그리고 지금 선생님에게 손을 내밉니다.

우리가 희망이 되자고요.

2019년 11월

정유진

◆ PAMA ◆

좋은 부모가 되기 위해 꼭 알아두어야 할 부모 아카데미 PAMA

1.부모에게 특화된 교육 프로그램
자녀 성장단계별, 주제별 학부모 맞춤형 콘텐츠 제공

2.짧은 영상 콘텐츠를 모바일에서 쉽게
5~10분의 영상 콘텐츠를 언제 어디에서나 학습 가능

3.지능적인 학습 어시스턴트
인공지능을 통해 분석된 학습패턴 데이터로 더 유용한 콘텐츠를 최적의 시점에 추천

4.함께 공부하는 그룹 기능
별도 그룹을 통해 교육청이나 학교에서 가지고 있는 자체 콘텐츠를 활용한 과정운영 가능

5. 효율적인 운영으로 업무경감
학습 스케 설정 시 자동알림, 학습경과 조회 등 담당자 업무 경감을 위한 편리한 운영

6. 학습성과 리포트
학습성과 실시간 확인 및 학습 완료 후 결과 리포트 다운로드

파마는 〈최초의 마이크로 러닝 기반 학부모 교육〉 지원 서비스로,
학교에서 요구되는 부모교육을 효과적으로 지원합니다.

홈페이지 www.pama.kr / 문의전화 070-4342-6109

대한민국 학부모로 잘살아가기
박재원

당신이 몰랐던 진짜 진로!
조진표

친절하며 단호한 부모의 비법_긍정훈육
김성환

21세기 부모의 조건
미래교실네트워크

**김현수 교수가 이야기 하는
사회정서학습(SEL)이란?**
김현수

**부모님이 궁금해하는
소프트웨어 교육의 모든것**
이현아

**5분만에 배우는
우리아이 미술놀이**
김보법

학부모를 위한 학교폭력 예방교육
송형호외 2명

**자해와 자살을 시도하는
아이들의 마음 들여다보기**
김현수

**이상인 경감이 알려주는
가정폭력 예방교육**
이상인

신하영 경위가 말하는 성범죄 예방교육
신하영

사이버범죄에서 아이들 보호하기
이상인

창의성코칭, 지금바로 시작하기!
김홍태

역사가 머무는 곳, 서대문형무소
변상철

직무연수 2학점(30시간)

뇌과학으로 시작해서 또래효과까지
학습법에 대한 오해와 진실
사교육을 이기는 공교육 효과

공부를 공부하다

공교육 전문가와 사교육 베테랑이 만나 내놓은 공부 해법!
학교에 기대가 없는 학부모들이 사교육으로 전력 질주하는 현실에서 교사로서 해답이 필요하다면 〈공부를 공부하다〉를 만나보자!

강의 **박재원**
사람과교육연구소 부모연구소 소장